小企业做大外贸的制胜法则
——职业外贸经理人带队伍手记

The Golden Rules Of Small Foreign Trade Enterprises

胡伟锋 / 著

中国海关出版社

图书在版编目（CIP）数据

小企业做大外贸的制胜法则：职业外贸经理人带队伍手记／胡伟锋著．
—北京：中国海关出版社，2015.7
ISBN 978-7-5175-0071-1

Ⅰ.①小… Ⅱ.①胡… Ⅲ.①中小企业—对外贸易—研究—中国
Ⅳ.①F279.243

中国版本图书馆 CIP 数据核字（2015）第 114086 号

小企业做大外贸的制胜法则——职业外贸经理人带队伍手记
XIAO QI YE ZUO DA WAI MAO DE ZHI SHENG FA ZE——ZHI YE WAI MAO JING LI REN DAI DUI WU SHOU JI

作　　者：胡伟锋	
策划编辑：马　超	
责任编辑：郭　坤	
助理编辑：王梦璇	
责任监制：王岫岩　赵　宇	
出版发行：中国海关出版社	
社　　址：北京市朝阳区东四环南路甲 1 号	邮政编码：100023
网　　址：www.hgcbs.com.cn；www.hgbookvip.com	
编 辑 部：01065194242-7554（电话）	01065194234（传真）
发 行 部：01065194221/4238/4246/4227（电话）	01065194233（传真）
社办书店：01065195616/5127（电话/传真）	01065194262/63（邮购电话）
印　　刷：北京天宇星印刷厂	经　　销：新华书店
开　　本：710mm×1000mm　1/16	
印　　张：16.25	字　　数：251 千字
版　　次：2015 年 7 月第 1 版	
印　　次：2018 年 2 月第 2 次印刷	
书　　号：ISBN 978-7-5175-0071-1	
定　　价：35.00 元	

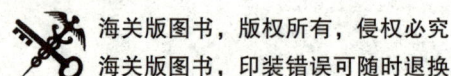

海关版图书，版权所有，侵权必究
海关版图书，印装错误可随时退换

为中小微企业腾飞引路

2008年的全球金融危机,到2015年依然寒气逼人。玩具、家具、纺织、电子等行业的知名企业相继被爆出倒闭的消息。这场危机不仅给我们带来巨大损失,同时也暴露出中国企业普遍存在的各种问题。这些问题很多企业在经济繁荣时期不曾予以重视,待金融危机爆发时,多数企业来不及调整就已无还手之力。正如巴菲特所说,只有在突然退潮的时候,你才知道谁在裸泳。

这本书对中国企业,尤其是中小微企业中存在的普遍性问题做了冷静的思考和深度的分析。从这个角度来说,无论做不做外贸,这本书都值得中小微企业的老板和管理层读一读。对于如何解决中小微企业存在的问题,本书作者以创造性思维,灵活运用了各种管理理论和工具,同时又不被这些理论和工具所束缚,并在此基础上创造了大量适用于中小微企业的管理工具和方法。作者甚至能把《道德经》和《孙子兵法》的精髓运用在企业管理上,这很不简单,需要很强的悟性。

中国民营企业缺乏世界500强品牌,现如今国人疯狂地追求像LV、苹果等国际品牌,而这个现象背后的原因是中国国际品牌的缺失。中国需要我们自己的国际品牌,中国企业未来需要创造大量让世界追随的国际大品牌。而在创造我们自己的国际品牌的践行者中,更多的是中小微企业。他们在这个过程中会遇到各种挫折和困难,社会需要给予他们更多支持和关注,需要为他们指引方向、提供建议和方法。本书关注的正是中小微企业的发展,本书不仅挖掘出中小微企业在发展中存在的问题,而且从战略、战术、企业文化建设、管理工具和方法上为中小微企业做了细致的指引,并且对企业发展的关键环节做了系统的梳理。

作者是我金融班的学生，我对他的印象比较深刻。他为人谦和，做事认真、踏实、细心。在一群人中，他不爱高谈阔论，但一涉及项目落地，他总是先人一步，在别人还在讨论要不要干的时候，他已经动手做了。我非常欣赏他这种实干精神。

他既有实干精神，又有远大的理想和抱负，敢做梦也敢追梦。他自己开办了企业战略咨询机构，专门针对中小微企业服务。他树立的目标就是要帮助一批中小微企业走向中国行业50强。先不说这目标实现的概率是多少，我先为他这种精神感到欣慰，也祝愿他能早日成功。他的成功，背后必定是一批中小微企业的成功。

希望这本书能真正为中小微企业的腾飞引路。

中国著名经济学家、金融专家、改革风云人物

温元凯 教授

2015年1月20日于北京

中小微企业的出路

去年底,珠三角的很多企业面临着严峻的挑战。有的企业侥幸存活下来,但员工离职率高达1/3,更严重的超过2/3,有的企业老板甚至被逼亲自上生产线加班加点完成订单!这个现象似乎不是珠三角的特例,而是多数小微企业的真实写照。下半年股市持续回暖的小阳春,对解决小微企业的问题没有带来多少实际帮助。小微企业老板越来越多地感觉到,以前是员工给自己打工,现在更像是自己给员工打工。

为什么生意越来越难做?为什么人越来越难管?为什么人才越来越难招?为什么企业越做越累?这些问题成天困扰着小微企业老板和高管,这些问题也迫使我们不得不对过去企业的发展历程进行反思。

中国改革开放30多年是中小微企业发展的黄金时期。这个时期的政策红利和人口红利成为企业快速发展的关键推手。可以说,多数企业在过去都是依靠这两个"红利"发展起来的。胆子大、能吃苦也成为企业家过去成功的两大法宝。

但进入21世纪以后,中国各方面的情形已发生翻天覆地的变化。过度追求GDP导致的环境污染使政府开始在环境治理上下功夫,对环保不达标的产业和工艺在很多工业区开始关停和整改,各方面的法律法规得到全面完善;随着生活水平、教育水平的提高,廉价劳动力变得越来越稀少,劳动力成本越来越高,过去依靠人口红利发展的劳动密集型产业感觉步履维艰,甚至难以为继;逐渐成为劳动者主力军的"80后"、"90后"与"60后"、"70后"有着极大的差异,他们生活在物质和机会相对富足的年代,他们强调个性和内心感受,干得不爽随时会炒老板鱿鱼,极少看到他们为了一份工作和安稳的收入而委曲求全;更多的变化每天都在发生……

部分企业能够顺应时势，及时调整发展策略，从而脱颖而出。引入机械自动化生产线，进行企业管理改革，建设新型的企业文化，打造企业品牌，申请企业自主知识产权，建立人才培养体系，这些都是在新形势下常见的企业改革策略。而更多的企业则继续沿用过去的"成功"经验，对新形势没有警觉，对新的改革趋势缺乏了解，直到这些经验成为阻碍企业继续发展的绊脚石。

要活下去，要活得更好，企业必须拿起改革的大刀，必须放下以过去成功自居的傲气和自负。既然在手机业称霸全球的诺基亚也会沦落到破产，既然华为老总任正非在达沃斯论坛上还那么低调，我们的中小微企业就没有骄傲的理由，更不能有高枕无忧的侥幸。

人是有惰性的，由人组成的企业同样有惰性。改革，势必会冲击这种惰性，更重要的是会冲击企业的既得利益者。所以，改革，无论是社会改革还是企业改革，从来都不是一件可以轻松完成的事情。选择改革，就意味着选择面对艰难险阻。而不改革，对于很多企业来讲，无异于以"安乐死"的方式"同归于尽"。如何让改革顺利推进，同样成为企业老板头痛的问题。

改革一定是有规律可循的。本书试图挖掘出企业普遍存在的各种问题，并从企业的系统建设、市场营销、团队建设三个方面对企业改革的方方面面进行一次梳理，为中小微企业的改革提供借鉴。这些内容，是西方的管理思想和东方的哲学智慧在实践中融合的经验总结和理论再创造，更适合于中国的中小微企业的实际情况。为了大家能学以致用，书中提供了不少资料、工具、表格，易学易用，基本可以让改革的方法落地。但是，每个企业都存在个体差异，所以我更希望大家学会一些思考问题和解决问题的方法，能把书中的案例和方法活学活用，灵活运用，而不只是机械照搬。如果在改革的过程中遇到什么困难，也欢迎和我一起探讨。希望我可以给大家一些帮助。

本书是基于《小企业做大外贸的四项修炼》一书的升级版，在知识体系和内容深度上有较大变动，篇幅也增加到以前的两倍。全书分为四个部分：问题篇、系统篇、营销篇、团队篇，每个部分各有侧重，又相互关联。问题篇以故事的形式、以日记体裁勾勒出外贸企业的常见问题。这是一面镜子，让每个企业对镜自省，发现问题。系统篇强调企业大环境建设，营销篇强调外贸实战的战略和策略，团队篇则为外贸团队建设提供了全新的团队组建思路和培养方法。阅读时，可以从第一页读到最后一页，也可按自己的兴趣或需要优先选择阅读顺序。

虽然全书围绕"外贸"展开，谈的内容却不只是外贸交易过程。外贸业绩的好坏，绝不只是外贸部一个部门的事。如果一个企业的配合部门不能很好地支持外贸部工作，外贸业务代表销售能力再强，所产出的业绩也是非常有限的。一个外贸业务代表的业绩好坏，20%取决于个人能力，80%取决于企业的配套环境支持。在某些企业，外贸业务代表没有业绩提成，只拿固定工资，也就是这个原因。同理，一个在A企业每月冲不过5万元业绩的业务代表，到了B企业可能每月业绩超过50万元。企业搭建的平台不同，个人创造的价值就相去甚远。所以，本书花了很多篇幅来强调如何搭建一个好的企业平台，让平凡的人创造不平凡的价值。这是企业老板和管理者必须了解的，对于想在未来从事管理工作的基层员工也不妨提前学习，从而能更正确地了解公司各项政策意图，主动配合公司管理，提升个人价值，为自己未来的职业生涯铺路。

本书在写作过程中，吸收了不少热心读者的建议，在此表示感谢。同时感谢中国著名经济学家、金融专家温元凯教授，在筹备赴哈佛大学讲学前用心为本书写序；感谢著名财经作家、北京大学特邀研究员余胜海先生，在百忙之中为本书写推荐语；感谢中国海关出版社马超女士，多次和我沟通本书的创作思路，督促书稿进度。最后，感谢本书所引资料的作者。部分资料未能找到出处，也只能在此一并致谢！

胡伟锋

2015年3月31日

目录

第一章 问题篇
掐灭火苗，不做温水里的青蛙

引　子 / 3

第一节　新官上任 / 4
　一、外贸人才难觅有根源 / 4
　二、外贸主管不等于外贸业务员 / 7
　三、没有准备，就是准备失败 / 8
　四、主管必须激励团队 / 9

第二节　矛盾初现 / 11
　一、好主管要站对位置 / 11
　二、团队参与，决策更有效 / 12
　三、责权错位，徒增内耗 / 13

第三节　小试牛刀 / 15
　一、从一线了解问题 / 15
　二、好战略胜于雄兵百万 / 17
　三、好形象是策划出来的 / 18

第四节　竭力破局 / 19
　一、让专业的人做专业的事 / 19
　二、提升效率须找突破点 / 20
　三、思维差异决定淡季或旺季 / 22

四、没钱照样做培训 / 23
　　五、要事多用书面沟通 / 24

第五节　矛盾升级 / 25
　　一、人性化制度更留人 / 25
　　二、用行动领导团队解决问题 / 26
　　三、解决问题抓重点 / 27
　　四、老总态度决定改革成败 / 28

第六节　梦想破灭 / 30
　　一、关键时刻人才方显价值 / 30
　　二、错过契机，改革难成功 / 32
　　三、领导须明辨是非 / 34

第七节　痛定思痛 / 38
　　一、国际贸易是一项系统工程 / 38
　　二、在困境中生存和发展——给外贸经理人的建议 / 39

第二章　系统篇
小企业快速成长和复制的秘诀

第一节　小企业须有必胜信念 / 51
　　一、小企业也可以在国际竞争中取胜 / 51
　　二、大企业都是从小企业开始的 / 53

第二节　小老板须有大格局 / 55
　　一、格局决定企业发展高度 / 55
　　二、突破企业成长的思维局限 / 57

第三节　重塑企业文化系统 / 61
　　一、企业文化是企业的成长基因 / 61
　　二、员工感受的企业文化 / 64
　　三、重塑企业文化系统的工具 / 68
　　四、激活企业文化系统的四项基本原则 / 77

第四节　重视人力资源系统 / 79

一、"重视人才"不能说说而已 / 79
二、正确认识人才的价值 / 82
三、为何外贸优秀人才爱创业 / 83
四、四招留住外贸精英 / 84
五、人力资源部挑起战略重任 / 85

第五节 落实运营管理系统 / 86
一、用制度来驾驭企业 / 86
二、授权与监督 / 90
三、交期控制系统 / 92
四、排除生产隐患 / 98
五、人员管理 / 98
六、5S 管理 / 100

第六节 应用视觉识别系统 / 104
一、第一印象定乾坤 / 104
二、严把五道形象关 / 105
三、创造品牌/企业识别元素 / 107

第三章 营销篇
四招决胜千里之外

第一节 B2B 不等于国际营销 / 115
一、小企业迷失在 B2B / 115
二、营销体系决定业绩 / 116

第二节 大道至简的五个外贸营销法则 / 117
一、最适合法则 / 117
二、门当户对法则 / 117
三、优势兵力法则 / 118
四、奇正创新法则 / 119
五、四步营销法则 / 119

第三节 知己知彼——找到生存空间 / 120

一、不可忽视的情报战 / 120

二、知己，成就不可战胜 / 123

三、知彼，成就战无不胜 / 127

第四节 战略定位——先胜然后求战 / 133

一、定位决定生死 / 133

二、有效定位的四条铁律 / 133

第五节 战术支持——攻城略地之必杀技 / 140

一、小企业海外营销的常规战术 / 140

二、战术选择对定位的"六匹配"原则 / 148

三、网络营销战术之极致 / 162

四、出奇制胜战术之"七剑降魔" / 167

第六节 高效执行——让战果加倍 / 184

一、打造一流执行力团队 / 184

二、强化"高效执行"文化 / 186

三、强化跨部门协同作战能力 / 186

四、把团队激励成超人 / 187

第四章 团队篇
价值链：铸造攻无不克的外贸团队

第一节 团队组建 / 196

一、组建外贸团队的基本原则 / 196

二、外贸团队价值工作链 / 198

三、改革团队考评与激励方案 / 202

四、价值工作链考评方案 / 204

第二节 标准化作业流程 / 210

一、情报链作业流程 / 210

二、营销链作业流程 / 210

三、催化链作业流程 / 210

四、交易链作业流程 / 213

第三节　团队培训 / 215

一、建设高效外贸团队文化 / 215

二、心态培训 / 216

三、制度培训 / 223

四、产品培训 / 224

五、销售技能培训 / 225

六、领导力培训 / 225

第四节　团队领袖的七项修炼 / 226

一、良好的品行 / 226

二、深厚的营销专业素养 / 227

三、把下属当亲人一样对待（亲和力）/ 227

四、原则性强，不当好好先生 / 228

五、责任心 / 229

六、建系统的能力 / 229

七、团队激励能力 / 230

第五节　创建高效工具 / 231

一、模板：让复杂的工作简单化 / 231

二、低成本、高效率管理客户资源 / 233

第一章　问题篇

掐灭火苗，不做温水里的青蛙

引 子

美国康奈尔大学的科学家做了一个实验，把一只青蛙投进盛满沸水的铁锅里，结果那只青蛙就像被电击似的跳了出来；接着，科学家又把它放进常温的水里，然后慢慢地加热，最初那只青蛙在水里很惬意地蛙泳，可是慢慢地它就游不动了，最后这只青蛙在不知不觉中被煮熟了。这就是有名的"温水煮青蛙"的实验。

很多企业其实都像是这温水里的青蛙，开始活得挺滋润的，却忽视了底下的火苗，忽视了锅里的水温正在升高，忽视了危险正在降临。所以，很多企业发展到一定程度，就止步不前了，要么分裂，要么倒闭，要么因涉嫌违法被政府查封。

这火苗是什么？火苗，其实就是企业内部存在的问题。

企业的老总和老员工，对老问题已经习以为常，他们不会对这些老问题给予重视，而新员工虽然对企业的问题比较敏感，但由于他们初来乍到，而且在企业内尚未被大家认同，所以他们也不敢刚来公司就给领导提出一箩筐问题来。即使他们提了，也未必受到领导的重视，弄不好自己还会被扣上"爱出风头"、"自以为是"、"自命不凡"的帽子。

问题难以解决，一定有它的根源。我们现在通过一个外贸主管在试用期的工作日记去深入体会和分析一下。只有发现问题，对症下药，才能够药到病除。

日记所涉及的事情都是真实的，但为了保护所涉及企业的隐私，日记中的企业名字和人名都是虚构的。

《外贸主管日记》背景资料

日记主人:"我"

工作经历:从业务代表做到外贸经理,曾任职于多家企业

历史年薪:6万~12万元

获聘职位:外贸部主管(试用)

记录时段:2008年10月21日——2008年11月21日

就职企业:绿光公司

公司老板:孙总

绿光公司:成立于1990年,属于生产型企业,拥有两个子公司,分别生产、销售太阳能产品和机械设备;员工人数不到100人,以太阳能热水器生产和工程建设为主要业务,以国内市场为主,新上马不久的包装材料机械业务一直处于亏损。

第一节 新官上任

一、外贸人才难觅有根源

2008年10月21日 星期二 晴

我终于还是选择了绿光公司。

事实上,一家澳大利亚公司提供给我的待遇要优厚得多,试用期底薪5 000元,过一个月试用期后逐月增加,另有奖金、提成和分红。根据公司的业绩情况,我的实际年收入应该不会少于10万元。

而绿光公司开出的价码几乎是免费的。每月底薪1 800元(这还是我从对方最初1 000元的开价争取来的),提供2人间的集体宿舍,吃饭得自己另外掏钱。除掉伙食费,估计一年捞不到2万元。而且,提成、奖金之类的其他收益,公司都没有一个明确的说法。公司只有一句话:"只要公司赚钱了,不会亏待你们的。"我发誓,即使五年前进入台资企业第一次做外贸业务代表,

我的试用期工资都比这高。

为了证明我的价值，在第二次面试的时候，我特意提供了我写的包装机械行业的调查和分析，并展示了我通过自己的渠道，获得了这个行业的世界各地30多个重要代理商的名录和详细联络方式。甚至我还提交了一份比较现实的公司外贸发展3年计划。然而这一切似乎都无法让孙总多支付一毛钱。

看来，孙总对外贸真的是非常陌生了。所以，他不敢给我承诺，即使我在这么短的时间内提供了这么多足以证明自己专业能力的东西之后，他也只能给一个比普通的国内市场业务员高一点的工资。而我，是他们招聘的外贸部主管。

不过，我还是接受了孙总的条件。或者说，我已经不在乎他所说的工资了。因为对一个不懂行的人来说，一块玉和一块普通的石头的价值是没有什么差别的。

有人会觉得我犯傻，但我有自己的想法。如果只是单纯地考虑个人收益，我相信自己还有很多选择的空间。而我想的是在自己的生命中需要完成一项使命，我想深入帮助至少一家中国中小型企业做外贸，从无做到有，从小做到大做到强。而绿光公司是我认为可以做起来的公司，至少在硬件方面绿光公司已经具备这个基础。

绿光公司不大，甚至连中型企业都算不上，但它却能够成为被政府重点扶持的1000家民营企业之一。所以，我还是比较佩服孙总的公关能力的。从交谈中，我也感觉到，孙总的人品不错。这也是我愿意与之共事的原因之一。

【分析】

很多企业感叹难以招到合适的人才，而与此同时，很多求职者也在埋怨没有遇到合适的企业。究竟是世界上的千里马太少，还是企业的伯乐不多？我们暂且不深入讨论，但这里我想提出企业对于外贸人才的三大错误：

（一）言行不一

表面上，很多企业都表示"要重视人才，要以人为本"。这些口号十分动听，但它们往往落实不到位，主要表现在两个方面。

（1）企业对人才的招聘不够重视，没有事先设计一个科学合理的人才选拔程序，也没有比较专业的主考官，所以即使人才招回来了，公司对他们的能力也没底。这也成为他们不愿提高人才待遇的一个原因。用很多老板的话说，就是"我怎么知道你行不行？如果你一年能帮我赚 100 万元，我给你 30 万元没关系呀"。言外之意就是不见兔子不撒鹰，看不到你给我赚的钞票，就别想我给你提高待遇。这其实是一种小商贩的心态，成不了大气候。因为虽然有些东西短期内看不到现金回报，但对公司的发展意义重大。比如说组建一个好的外贸团队，制定一个科学的团队激励制度，做一份详尽的市场调查与分析，等等，这些都是公司的无形资产，是一个公司成长壮大的奠基石。

（2）公司最朴素的"节约"观念在作怪。公司总是希望以最低的工资招到最好的人才。其结果就是公司留不住人，人才流失严重，人员流动频繁。其实，企业在不该节约的地方节约，恰恰是一种浪费。因为人才的频繁流动不利于既定政策和方案的一贯执行，同时新来的人员都需要一定时间来适应和调整，这也浪费了公司的资源和机会。

（二）叶公好龙

一方面，他们对优秀的人才充满期待，希望招聘到非常出色的外贸业务代表和外贸管理人才；另一方面，他们又担心这些人才的能力太强，甚至超过自己的能力范围，难以驾驭，或者担心这些人才以后离开自己独立门户，所以很多企业对于这些人才又处处予以辖制，使人才无法充分施展自己的才华，如同养在笼中的猛虎。所以，这些企业老板，对真正优秀的人才，只是好其名，而非好其实。这种自我矛盾的心态，直接导致他们的政策经常前后不一，或朝令夕改，严重影响到公司的工作效率。

（三）价值错位

有些刚开始做外贸的企业，把一个外贸业务代表的价值和一个国内市场的业务代表的价值等同。表现形式就是以同样的工资待遇，同样的激励措施，同样的管理模式来对待外贸人员。但他们完全忽视了外贸业务的特殊性，以及对外贸人员素质的特别要求。有些甚至把没有受过任何专业训练的人放到外贸业务代表的岗位上去跟单，他们的理由就是这些人在高中或大学也学过不少英文，这种现象在很多公司都存在。而这些人员如果不经过培训就直接派上岗位，可以说对公司后患无穷。

二、外贸主管不等于外贸业务员

2008年10月22日　星期三　晴

今天是入职后正式上班的第一天。

老板孙总主持召开晨会，介绍我跟姚副总、孙副总以及各业务员认识。从孙总的谈话中，可以知道几个信息：

（1）孙总比较注重员工之间的沟通；

（2）企业目前的压力比较大，所有企业成员都必须齐心协力、奋力拼搏；

（3）企业内部对业务前景信心不足。

我对这个行业以及全球的经济形势已经进行了较为全面的了解，所以没他们那么悲观。但刚到公司，我不宜过于凸显自己的不同见解，不过在以后的部门会议上我会提出来。

目前外贸业务部除我以外还有两个同事。会后，我与杨小姐谈了一下她在业务中遇到的问题。下午又和在公司工作时间比较长而且也有一些国内外业务成绩的王小姐谈了近一个小时。对公司目前的状况，我有了更深的了解。

总体来说，公司的外贸处在迷茫阶段。公司从未真正进入过专业、正式的外贸操作模式。

虽然公司也懵懵懂懂地参加了一些国内外的展会，也拿到了一些订单，但资源的利用率非常低，大量的客户资源都浪费掉了。

所以，我现在要做的，就是先建立一个专业的外贸运作流程，辅助业务员以正确的方法开始操作外贸业务。让他们都充满信心，无论是对公司、对前途还是对他们自己。这些，比我马上开始跟进客户要重要得多。我相信，磨刀不误砍柴工。

【分析】

老板都希望每个员工都是业务高手，谁都能给公司拉业务，直接创造效益。作为外贸主管，更应该当仁不让，新官上任三把火，第一把就应该自己烧几个大订单出来。

没错，外贸主管至少应该是一个外贸业务高手。但这只是一个基本条件，却不是外贸主管最关键的职责。一个人能把自己的外贸业绩做起来，只能说明他是个不错的外贸业务代表；只有当他能带着一群人把业绩做起来，他才能称之为优秀的外贸主管。

（1）外贸主管应该是一个外贸总指挥，对于如何排兵布阵，如何攻城略地，外贸主管要做到心中得有数，而且要有计划、有步骤地实施。

（2）外贸主管应该是一个好教官，他要辅助团队成员提升专业素质，让外贸团队兵强马壮。

（3）外贸主管还得是一个激励大师。无论团队遭遇到怎样的困难和挫折，他都可以让团队保持高昂的斗志、饱满的激情。

（4）外贸主管还应该是重要的支援火力，是问题爆破专家。哪里有困难就去哪里支援，谁的客户谈起来不顺畅，就过去协助谁，切实为团队解决问题，使团队的工作能够顺利向前推进。

明白了以上四点，公司才能够正确地认识外贸部门的工作，才能够公正、合理地评价外贸主管。否则，一定会误杀良将。

三、没有准备，就是准备失败

2008 年 10 月 23 日　星期四　晴

一切从乱开始，从两个半外贸人（因为王小姐还要同时负责国内客户的开发和维护，所以只能算半个外贸人了）开始，要让公司第一年的外贸额突破 300 万元，这样的现实是严峻的，压力也是巨大的。

昨晚我辗转反侧，脑海里全部是后续的工作计划和方案。千头万绪，得一步一步做，长远之计和短期之计得搭配着做。

显然，我不能按照一个尚未启动的外贸部来开展工作，因为绿光公司已经有业务工作在开展，而且开展得没有任何规则。一边要治乱，一边要重建，两手都得抓。

所以，现在我有几样工作需要几天处理完毕：

（1）制定《外贸部工作规则》，让外贸部的全体人员知道如何工作才能满足一个外贸人的基本要求。

（2）制定《客户跟进记录日报表》，让业务代表养成好的工作习惯，这是马上需要用的，且每天都需要用到。这也将成为以后对业务代表考核评估的依据。

（3）组织培训学习已经制定的三个文件：《外贸部工作流程》、《外贸部工作规则》、《客户跟进记录日报表》。

昨天我已经安排王小姐、杨小姐去调查国内外同类产品、同类客户的情况，我自己也要进一步了解国外市场，最后确定有效的市场拓展方案。

【分析】

凡事预则立，不预则废。这个道理大家都明白，然而我了解到很多小企业的外贸准备工作做得实在不敢恭维。所以，工作正式开展以后，自然也是乱糟糟的。

我认为开展外贸工作之前，至少应该做好下面几项准备：

（1）制定符合公司实际情况的外贸业务工作流程；

（2）制定与公司发展目标和公司文化一致的外贸工作规则和要求；

（3）制作外贸业务过程中需要用到的各种文档和工具，如报价单、形式发票、装箱单、客户报表等；

（4）站在第三方的立场上，重新认识一下自己的公司，做一个全面的自我评估；

（5）做好国际市场调查和分析。

以上五项修炼，请自我检查一下，完成了几项？

缺少前三项，公司的外贸工作一定非常乱。

缺少后两项，公司的外贸一定经常吃败仗。

四、主管必须激励团队

2008年10月24日　星期五　晴

工作开始进入实质性阶段。

而一切工作的良好开端莫过于良好的利益分配制度。

实际上，到目前为止，公司并没有一个明确的薪酬体系，大家也许只知道目前的底薪是多少。至于提成怎么算，奖金怎么算，大家心里都没数。反正大家都在试用期，也没有太多去过问。

然而，这个问题却关系着未来的团队建设。

制度，就像一根指挥棒，可以让一个团队变成一盘散沙，也可以将散沙凝聚成石头。所以，我必须做这件事情。

我先写了一份《关于外贸业务团队成员利益分配和绩效考核的提议》送给孙总。孙总认为我说得有道理，但如何执行，是否能够执行则需要我给他一个详细的方案。于是，我不敢怠慢，一个下午的时间我就将《外贸业务团队绩效考核标准》赶制出来。也许这个方案还不完善，但其精华部分已经都在里面了。

在这个方案里，我提出，一项工作从启动到最终完成这整个过程，是由许许多多对该项工作的完成起到了积极作用的链接构成的。所以，每一个曾经作出贡献的链接都应该在工作完成时获得回报。以此为基础进行利益分配，就颠覆了以前一直沿用的业绩中心论，即一切收益均以业绩量为标准，而默默无闻的背后支持团队却无法得到应有的回报。

所以，我决定，要打造一个优良的团队，首先就要改变这种不利的制度。

【分析】

激励团队和激励个人是不一样的。

我们都知道，没有完美的个人，只有完美的团队。但是，偏偏有些团队的业绩还不如个人的做得好，这是否就证明了个人有时会胜于团队呢？不是，这只能说明这个团队的潜能没有被激发出来。也就是说，表面上这是一个团队，实际上这还是一个一个分散的个体，并没有取得 $1+1>2$ 的效果。

这是很多中小企业存在的问题，也是很多企业发展到一定程度却仍然保持着"个人英雄主义"业务模式的一个原因。所以，如何制定一个合理的制度，让这个制度像一根纽带，将分散的力量紧紧绑在一起，激发团队优势，创造更好的业绩，已经成为我们中小企业急需解决的问题。

第二节　矛盾初现

一、好主管要站对位置

  2008 年 10 月 25 日　　星期六　　晴

  王小姐昨天给了我一页打印的资料，算是对我布置的任务的一个交代。也许是因为个人能力的限制，她提供的国内市场同行及同类产品信息调查离我所要求的还有很大差距：一是调查的覆盖面不能代表整个国内包装材料机械行业；二是调查项目大都空缺，她无法调查到这些信息；三是调查报告没有进行整理，看起来没有条理。我还得花很多时间去补充搜集这些相关信息。尽管如此，我还是觉得让她做这项工作是非常有必要的——虽然完成得不算好，但至少让她体验了这项工作，让她有机会熟悉新的工作任务，我相信对她的成长是有好处的。

  她有提到一些想法和建议，希望我尽快采取措施获取海外订单。这些提法都没错，其中有些建议也正是我这几天所进行的工作，如制定新的利益分配制度等。这说明大家的关注点还是有一些相同的地方。

  她的资料同时也透露出对我这个新的主管的犹豫和无法肯定的心理。这也不怪，我到任三四天了，尚未与他们有一个正式的会议沟通，而且从他们的角度看，我也没有采取任何影响外贸业务的干预性措施。

  事实上，我已经在做，有的已经完成，现在全部在老总那里审批。老总没有确认，我不能预先宣布这些规则。

  业务员的急切心理我可以理解，但作为主管，我不能因为他们的急切就乱了方寸。任何事情，还得按部就班，关乎长远的事情还得做。

【分析】

  外贸主管在公司的位置非常重要，起着承上启下、沟通公司与团队、协调上下级关系的作用。外贸主管完全偏向于公司或完全偏向于小团队的工作方式都是不利于公司发展的。如果外贸主管完全偏向于公司，老板可能会比较喜欢，但很多时候可能会损害小团队的利益，从长远来说也会损害公司的利益。因为这种工作方式会导致团队凝聚力丧失，团队成员将不尊重外贸主管，主管与团队的矛盾也会加剧。如果外贸主管完全偏向于团队，他就很难站在公司角度考虑问题，难以顾全大局，势必会因小失大。尤其在改革的时候，他可能会为了避免损害团队少数人的利益而放弃对公司整体有利的方案。

所以外贸主管既要顾及公司的利益，也要考虑团队的利益，这个分寸要拿捏好，否则就可能要得罪一方，弄不好，自己就成了受气包。

作为一名合格的外贸主管，还应该客观、公正地评价他的团队成员，而不能带有个人感情色彩，无论他与团队成员之间是否有过节。同时，他也应该为公司的政策做善意的阐释，不要故意曲解政策，滋生事端，唯恐天下不乱。这些都是他的工作职责要求。

二、团队参与，决策更有效

2008 年 10 月 27 日　星期一　晴

星期六下午，孙总召集外贸部的三个成员开会，主要是讨论我制订的那些方案和制度，其中最关键的当然还是《外贸业务团队绩效考核标准》。原则和方法论一般大家都不会有太大意见，但涉及大家的收益分配问题，大家向来都比较敏感，比较关注。

做完《标准》的概述以后，大家开始发言。我明白，大家心里都有一个预期，而我制定的标准显然是和他们的预期有差别的，但总体上说这个标准是对团队有利的。而孙总的潜意识里显然是不认同这种方式的，他还是比较倾向于个人英雄主义的方式。他说我这种标准如果在大企业，固然是很好的，但针对我们这种目前刚刚起步做外贸的企业，不太合适。这就好比我的标准比较适合于大酒店，而我们企业只是一个大排档。

我明白大家心里的想法，于是在最后做了解释。借着孙总的比方，我说，其实我们在理解上把这两种评价方式偏向了两个极端：一个是大酒店方式；一个是小夫妻店方式。而我认为我提出的这个标准其实是介于大酒店和夫妻店之间的一种中级大排档方式。在不同的企业发展状态下，我们可以对我们的工作模块进行组合和调整。同时，由于我们对工作链进行了分解，有很多工作岗位聘用普通员工如应届毕业生或实习生就可以完成任务，这样可以为企业节省运营成本。

经过深入地解释说明，孙总的态度来了个180度的转变，他不但完全支持这种做法，而且让我把标准涉及的一些问题细化，还有团队组建需要什么样的人才，做个明确计划，然后让人事部去落实招聘。

事情能够这么大幅度地转变，确实让我有些意外，开始的担忧和失望也瞬间消失了。从这个事件中，我也更深地了解了孙总，他的思想比较开明，如果计划和方案确实有利于公司，他能够及时转变，哪怕是结果与开始完全不同。这点对于很多爱面子的老板确实不容易做到。

【分析】

决策，是一个公司非常重要的工作。

诺贝尔经济学奖得主西蒙曾经说过，"管理就是决策"。而中国台湾企业家、国际讲师林伟贤说，决策错误比贪污更可怕。

哪些事情需要集体商议决策，哪些事情老板一个人可以拍板呢？哪些事情需要召集全体成员决策，哪些又只需要少数人决策呢？哪些项目需要哪些人来商议决策，公司有预先考虑过吗？

显然，很多公司的决策是随机的。遇到一个什么问题，老板或总经理想一下，应该是谁来负责，就找他们来商议决策或自己直接拍板定案。这样的决策主观性比较强，而且过度依赖某个人的行为。显然，绿光公司的决策是完全依赖于老板孙总的个人能力和工作方式的。如果老板或总经理出差几天不回来，决策就做不了。这就是公司缺少决策机制的结果。

决策如此重要，我们的中小企业是该考虑制定自己的决策机制了。

三、责权错位，徒增内耗

2008年10月28日　星期二　晴

通过这些天与公司的老员工交流，我了解到公司存在的问题还很严重，离"卓越"还有很远的距离，比如说公司决策缓慢、执行力差、激励措施缺失、生产交期无保障，等等。可以说，我现在是受命于危难之际吧，感到任重而道远。

周六晚上回家，我本想好好休息一下，但脑子里却全部是工作的各种问题。翻来覆去，直到凌晨4点左右才迷迷糊糊地睡去。

我知道公司还有很多问题要解决，所以对于周一遇到的问题，我一点也不意外，只是冷静地处理了。

在我来面试的时候，孙总就说做了阿里巴巴的国际版会员了，同时也买了阿里外贸管理软件。既然做了，多少就有些用处，我也不用打击别人的积极性。总体来说，我感觉国内很多企业做外贸，除了广交会和阿里巴巴，似乎已经没有招了。

梁先生来到我办公桌前，问我阿里软件的用户分了没有。我说没有，让他自己先去弄。因为从一开始公司就让我与这套软件的管理绝缘，所以我很怀疑这套软件能否在工作中发挥作用。其实，对于公司安排梁先生来管理这套外贸软件，我认为是绝对错误的。但这不是梁先生的错，所以我没和他多说。

孙总去欧洲四国考察去了，现在由姚副总代行职责。我找到姚副总，平静地问他梁先生是哪个部门的，负责管理什么工作。姚副总告诉我，他是公司做国内贸易的一个业务员，是老板家族里唯一一个知道用网络销售的业务代表。

我向姚副总陈述了这套管理软件对外贸部的影响，以及利用这套软件工作的大概流程。然后，我提出了我的意见，让一个不懂英文也不懂外贸的人来负责管理外贸部的管理软件，你觉得能管好吗？既然公司把我招聘过来，我是按照公司的正规流程来到这个外贸部主管的岗位的，那么公司授权就应该完整地授权，不应该授权一半留一半，这样不利于工作，甚至会导致部门之间扯皮。

姚副总也肯定地说，用人不疑，疑人不用。他帮我去跟孙总沟通。

孙总在欧洲，后来，和我谈话的是他弟弟孙副总。他让我写份类似于保密协议内容的东西给他，签个保密协议以后就将这个软件管理权交给我。但他还需要跟孙总联系确定。

今天一早，孙副总给我回复，没有联络到孙总，但这两天会最后确定的。

其实，用不用这个管理软件，我不是很在意。如果有，可以用它来提高工作效率。如果没有，工作也一样可以开展，利用 ACCESS 和 EXCEL 软件一样可以实现管理。而现在由外贸部以外的人掌管着这个软件，还不如没有它好。他在那里的操作非常不专业，不但帮不了忙，还弄得我们的团队工作乱七八糟。以后的烂摊子，还得由我们外贸团队来收拾。

我不希望这些本可以好好利用的资源最后浪费。如果让一个外行来管理这套系统，可以肯定地说外贸部的工作会一塌糊涂，老板投入的十多万元阿里巴巴的会员费用也等于打水漂了。

【分析】

日记中提到的问题很明显，是责权分配不当。而根源，则是老板用人的疑心。

在一个以"人治"为特征的企业中，企业的安全保障就是靠老板的亲信和心腹不时地盯着。老板总是忧心忡忡地怀疑每一个关键职位的"外人"是否会在某天背信弃义、离他而去，而且带走他的客户、带走他的秘密资料。但人总是有"盯"不住的时候，就算上帝也有眨眼的时候呀，所以问题也就经常发生。于是，老板把关键的权力保留在自己和亲信的手里，同时继续加强"人盯人"的做法，这样就形成了一个恶性循环。一个企业也就成了长不大的麻雀。

第三节　小试牛刀

一、从一线了解问题

2008年10月29日　星期三　晴

上午，我召集本部门人员开了个小会，大家畅所欲言。我认为这种状态比较好，这也应该算是第一次部门内部的沟通。

他们提了公司目前存在的一些问题，而这些问题较大地影响到他们的工作。问题主要包括：

（1）公司执行力差：电脑网络故障两三天了，至今没人修；

（2）销售政策不规范：到现在连个报价表也没弄出来，业务代表不知道怎样向客人报价，只能每次都去问老总；

（3）员工待遇不明确：业务提成怎样操作，没有一个人知道；另外，一个业务三四个月前的提成到现在都没有兑现；

（4）产品质量不稳定：销售出去的机器时常出问题，而且问题还经常出得不一样，甚至有些机器卖出去后又被客人退回来了，因为机器质量达不到客人的要求；

（5）交货期无法保证：一个订单总是在要求的交货期后10多天甚至一个月才能完成。

我知道，这些其实都是公司内部存在的比较严重的问题，他们直接影响到业绩量。然而，我没有流露出丝毫的悲观情绪。我必须让他们充满信心地投入工作，所以我只是鼓励他们克服困难，迎难而上，并且向他们承诺，我将向公司提出整改建议，力争解决这些问题。

在我的脑子里，解决的方案是有的，不过公司的改进只能一步一步来，不能操之过急。同时也需要公司领导和全体员工的配合。

比如说产品交货期无法准时的问题，这在很多工厂，尤其是国内企业，发生得相当普遍。不是大家不愿意早点交货，而是种种问题制约工厂的效率。我认为最大的症结在于，大部分公司缺少流程管理。也就是说，生产通知单下去以后，大家都不怎么急，只有快到交货的时候才开始催促，急得乱窜。如果引入流程管理，将订单的生产过程砍成N个阶段，然后严格督促每个阶段都准时完工，每个阶段都进行检查审核，我相信交货期的问题不会如此严重。

【分析】

"走动式管理"提倡公司管理者多与员工接触，多与员工交流。

为什么？

因为，只有员工最了解公司的状况，只有员工最了解顾客的需求，只有员工才能服务好客户。所以，要了解公司的问题，管理者不能整天坐在办公室，他只要经常去车间、去业务部、去各地办事处走走，问题就很清楚了。也不要只听个别干部的报告就做决定，或者因为自己喜欢哪个人就只相信他说的。兼听则明，偏信则暗。既要听干部的声音，也要听群众的声音；既要听这个干部的报告，也要听那个干部的报告。只要这样，才可能了解到真实的情况。

对于问题的解决方案，公司员工一定会有很多点子。如果你愿意多倾听，这些点子一定非常有助于问题的解决。

二、好战略胜于雄兵百万

2008年10月31日　星期五　晴

最近事情比较多，日记也难以每天及时记下。但目标逐渐明确，心情也豁然开朗。

通过这10天的市场调查，目前的行业状况基本明朗，我们的主要目标市场也逐渐清晰了。

E区市场，一直是中国企业比较忽视的市场。在今天世界经济不景气，竞争异常激烈的情况下，我的调查结果显示，包括R国、W国等国在内的E区市场将成为我们未来的经济增长引擎，成为我们的主要市场。R国一年约50亿美金的机械产品需要依赖进口，如果再加上E区其他国家的需求量，这个机会真的让人惊叹。

所以，当很多企业在猛烈向I国、M区进攻的时候，我会带领我的团队突击E区市场。《孙子兵法·军争篇》里就强调了"以迂为直"的重要性。表面上看，R国市场是比较遥远的——没有与他们贸易的经验，运输不便利，周边厂家也很少有与R国做生意的。但也许正是这样才产生了巨大的机会，我们可能需要花费比进驻I国市场更多的精力来研究R国市场，但一旦进驻，其效益一定远远大于I国所在的A区市场。

当然，M区和F区的市场也不可荒废，A区的小国，有生意也还是要做。只是资源投放有重点，每个市场的作用各不相同。

（编者注：日记中涉及的真实国家和区域用字母代替。）

【分析】

战略要解决的是方向问题，没有好战略或没有战略，注定了事倍功半的结局。

我很欣赏营销专家路长全老师的一句话，"很多企业的营销是爬到梯子的顶端才发现梯子靠错了墙"。梯子应该靠到哪堵墙上，这其实就是一个方向问题。

而对于许多中小企业的外贸而言，无所谓选择"靠哪堵墙"，而是只要发现有墙就靠。一旦失去方向，整个外贸团队就会像无头苍蝇，虽然看上去整日忙忙碌碌，但收获却寥寥无几。如果你公司的条件只适合于生产去非洲的产品，你又何必苦苦向欧洲进军呢？如果你的产品一直都是卖给发达国家的高档品，你又何必期望那些还没解决温饱问题的消费者接受你的产品呢？

成功一定有方法，失败也一定有原因。如果我们不改变自己的方法，只是盲目地苦干，也一定很难干出好的成绩。如果说"天道酬勤"一定是对的，那么这"勤"不单体现在"勤于劳作"，还必须体现在"勤于思考，勤于变革"。想要把外贸做好，就先得把方向找准，这点非常关键，否则你只能寄希望于运气了。

三、好形象是策划出来的

2008 年 11 月 1 日　星期六　晴

大方向的工作要做，而短期的绩效也不能忽视，毕竟企业首先要有今天才能有明天。

对于近些时日收到的询盘信息，我们都做了及时的分析和回复。每做一件事情，我都争取将它做成以后的标准模板。

有一个德国客户 11 月 10 日会过来参观，我得好好安排一下，同时也要借此时机做好客户参观的流程和方案，以便以后随时备用。客户来这里的参观行程必须做出精细的安排，务必让客人感到温馨、周到、满意。介绍哪里、怎么介绍，也必须有一个方案，并制作成模板，供业务代表使用。

尽管有业务代表对这项准备工作有些抵制情绪，因为一方面他们以前从来不需要这样做，另一方面这会增加他们的工作量，但我仍然坚持认为这项工作是无比正确而且重要的。所以，这项准备工作一定要做好。

【分析】

　　凡事预则立，不预则废。准备工作做得越充分，拿下订单的机会就会越大；相反，如果临阵磨枪，则失败的可能十有八九。

　　很多人都明白这个道理。而我强调的不是明白，而是执行。明白了却不去执行，和不明白有什么差别呢？所以，如果你的团队想获得好业绩，就精心地准备每一场战役。不要让过去的经验成为借口，不要让懒惰捆住了手脚。你要始终坚信，过去你只不过爬上了一个小山坡，还远远没有到达珠穆朗玛峰峰顶，你还可以做得更好。

第四节　竭力破局

一、让专业的人做专业的事

2008 年 11 月 3 日　星期一　雨

　　上午，姚副总给了我一份资料——阿里巴巴的"E 网打进"软件的三个账户。

　　我的第一感觉是病急乱投医。

　　不是说这个软件不好，而是不适合。它对内销也许更适合，但对我们的外贸业务实在是弊大于利，不过是给大家增加一些无谓的工作量而已。

　　其实，在进入公司前的面试过程中，我就对这个软件提出了意见。因为这个软件的聊天窗口悬挂在公司网站首页左上角最显眼的位置，在浏览网页的时候会自动弹出聊天窗口，而且每打开一个新页面，都会弹出这种聊天窗口。这种突然弹出的东西严重妨碍了访问者浏览网页。在国外客户的眼里，这是什么？是流氓软件，是垃圾。因为它在没有被允许的情况下自动运行，已经打搅到他们的正常浏览。

　　更可怕的是，公司首页悬挂了两种类似的软件。一个是网站制作公司集成在网页上的，另一个是公司从软件公司购买的聊天工具。所以，这个网站首页，给人传达的是一种可怕的感觉——流氓网站，访问者潜意识的动作将是——赶紧关闭，以免自己电脑被感染病毒。

公司之所以选择这个"E网打进"的软件，是因为它可以跟踪到访问网站的客户资料。而实际上，它能跟踪到的客户，仅限于正在使用阿里旺旺这种聊天工具的客户。我登录我以前使用过的阿里旺旺，然后再访问公司网站，就可以在"E网打进"后台看到自己的阿里旺旺资料。因为这两个软件的开发商都是阿里巴巴公司，所以在技术上当然是没有任何问题的。但关键是国外客户有多少人在用阿里旺旺呢？有一定外贸经验的人都知道，用的人非常少。国外客户大部分使用的是：MSN、SKYPE、GMAIL、雅虎通，等等。

这段时间里，我发现的类似的网络推广问题还有很多，花了不少冤枉钱。

如果公司能够信任我，将这种推广方案交给我来处理，我至少可以为公司节省一万元推广费用，而且推广效果远远比现在这个效果好。

【分析】

每个老板都想省钱，但关键是你有没有能力省下这笔钱。因为在外贸推广过程中，省钱是需要一些专业知识的。除非你非常熟悉这些推广流程和渠道，否则你不但无法省钱，即使花费大笔的钱也不见得可以获得相应的效果。

所以，做网络推广，一定要有专业的人才，而不是非专业的亲信。否则，像绿光公司一样，花了不少冤枉钱，还把公司网站整得像个流氓网站，实在是不值得。

专业的人才，会让你把有限的资金用在刀刃上，刀刀见血。如果暂时找不到这样的人才，也可以向外贸类的顾问公司征求意见，这样做总比自己一个人摸索好。

二、提升效率须找突破点

2008年11月4日　星期二　阴

近两日气温骤降，我已经明显感觉到冬天的迹象了。头有点痛，不知是不是感冒的前兆。

世界经济则早已处在冬季了。

在冬季觅食，真的需要一点狼性，才可能活下去。所以，在今天下午，我特别召开了部门会议，强调了一个优秀团队的四点要求：统一、团结、上进和勤奋。

统一，就是要一切行动听指挥。这样才能将有限的微弱力量集中在一块，形成局部优势。

团结，则是要像狼群一样，发现猎物就一起扑上去，直到把猎物征服为止。大家相互帮助，相互支持。

上进，是建设一个学习型团队的基本要求。学无止境，只有不断学习，提升个人素养，才可能创造更好的业绩。

勤奋，则是任何事业成功的法宝。没有勤奋做保证，再聪明也成不了气候。就像陈安之先生说的，如果你的业绩不好，原因只有一个，那就是你不够勤奋。

这次会议只持续了15分钟。我尽量使每次会议都主题明确、简短有效，一般30分钟内解决，特殊情况也不超过一个小时。我觉得培养一个企业高效的执行力应该从领导主持的会议开始，自上而下开展才有效。

【分析】

有些人对会议似乎有某种爱好，有事没事开个会聊聊。一个没有主题或者主题不集中的会议，就会成为闲聊。

某公司的领导总喜欢在会议上长篇大论，一发言就一两个小时，四五个领导下来，会议最少要开三四个小时。参会人员都要打瞌睡了，主持人却还精神抖擞，东拉西扯。这样的会议能否达到预期效果，实在让人怀疑。或者说，有些人开会只是为了满足自己倾吐的欲望，满足自己作为一个领导让下属乖乖听话的心理需求。

在小企业，平常开会也就几十号人，犯不着这样折腾，还是实际一点好。企业的每一分钟都是有成本的，提高会议效率就是在节约成本。同时，把节省下来的时间用来为企业创造效益，企业才能运营得更好。

所以，中小企业应该倡导日常开短会，能够15分钟完成的，绝对不用16分钟，能够不开的会议就干脆免掉。

三、思维差异决定淡季或旺季

2008年11月5日　星期三　阴

在经历了一场大规模的通货膨胀以后，现在由于金融危机导致世界工业生产和消费大幅缩水，很多物品由于销售量剧减价格开始下滑，如石油、铜、钢材和铁矿石等。而农产品由于供给量增加也开始降价。

由于供给量增加而导致的价格下降到正常水平，这是一个好消息。

原材料价格下降，可以降低制造成本，这也是好消息。但原材料下降的原因却让人担忧，因为这意味着即使以低成本制造出产品，其销售量也将受到限制。总体经济的不景气，限制了这些产品的消费。

如果按照简单的经济学观点，理想的状态下，如果每个人都拼命工作，应该可以获得足够多的物质财富来让自己过上好的生活，但现实比理论要复杂得多。OPEC在限制石油产量，淡水河谷封存了10%的铁矿石产量，他们是通过降低生产量来实现价格的提升。而这也正是我们所说的资本家应对经济危机的方法，比如将牛奶倒进河里，将货物烧毁，等等。读书的时候感觉不可思议，现在却要面对这样的现实。

作为公司的外贸主管，外贸的压力显然不小。现在国外的情况比较糟糕，消费力弱，生产量小，工厂扩张的计划很多被搁置。那么我们的机器要在短时间内大量成交，难度可想而知。

基于这种现实的解决方案，我认为有几点：

（1）在做国内市场的时候，我们有这样的说法：旺季促销，淡季宣传。我认为这同样适合于国际贸易。当世界经济低迷的时候，也许销量不大，但宣传量却不能少。如果我们在别人因经济衰退而摇摆不定的时候，进行狂风暴雨般的猛烈宣传，我坚信在经济复苏的那一刻，我们一定可以收获不菲。因为我们的潜在客户已经非常熟悉我们了。

（2）经济低迷，不意味着经济停止。只要有人生产，就一定有对机械的需求。高价格、高品质的德国、美国机器也许面临很大的压力，这正好给了中国中低价格机器一个进入国际市场的好机会。

（3）我们不用管世界经济如何变化，首先我们的出口份额占世界机械出口份额的比率非常小,所以我们要做的就是增加我们在国际市场中的销售份额。如果以前国际上卖了1 000台机器,我们只占中间的1台,现在经济不景气,国际的机器销售量下降到500台,那么我们要在500台中占2台的销售份额。如果坚持努力,我相信我们的业绩可以逆流而上。

【分析】

做销售的,都强调"有淡季的市场,但不能有淡季的思想"。营销最忌讳的也就是怯场、畏战情绪,这注定了未战先败。

要去除"淡季思想",关键还得有差异性思维。只有这样,才能看到别人看不到的机会,做出别人做不到的业绩。不要整天抱怨公司的产品有缺陷,公司的价格不是最便宜的,公司的广告力度不够,等等。如果一切都是最完美的组合,那就不需要人去推广了,客户会自动挤破门槛。

没有一个公司或一个产品是完美的,但每一个产品总会适合某类消费群体,试着去发现这个群体,并让他们接受这个产品,这就是销售人员的职责。

改变一下思维,即使在经济不景气的时期,也会海阔天空;在别人悲观沮丧的时候,你依然可以高歌猛进。

四、没钱照样做培训

2008年11月6日　星期四　晴

针对昨天的外贸研讨会,我上午组织外贸部成员召开了一个简短的交流学习会。通过大家的发言,我发现这次研讨会对他们的启发是比较大的,这次会议拓宽了他们的视野,改变了他们对外贸平台的传统思维。

虽然MK公司举办这次活动的初衷是推广介绍他们的服务,让潜在客户更深入地了解MK公司,但不管潜在客户是否会成为他们的真正客户,这次会议都收到了一个双赢的效果:潜在客户的外贸拓展方式由此会有所改进,MK公司也将自己的专业形象展示给了大家,为长远发展打下了良好的基础。更何况,通过这次会议,一定有不少潜在客户会成为他们的真正客户。所以,我认为MK公司的这次活动是成功的,也是值得我们学习的。这比起很多会议营销活动一味介绍他们的产品和服务更能被潜在客户接受。当然，所有来参会的人员，都是他们的目标客户，也都是免费的。

销售成功的一个关键是执行。对于调查竞争对手资料这项工作，我的帮手们似乎难以完成，只好我自己动手了。搜索了一下午的竞争对手资料，我感觉头晕胸闷。这真不是一件轻松的事情，我笑着对室友说，做了一下午的间谍工作。

【分析】

一提到外贸团队培训，老板们马上联想到的是"钱"。

确实，很多培训项目是非常耗钱的。而对于中小企业，经费非常有限，能用于投入培训的费用自然也不会太多。但不是所有的培训都需要额外投入经费，关键是公司有没有"团队培训"这个概念。如果有，即使经费不多，或者没有经费，培训也是可以开展的。

绿光公司的外贸团队，通过参加别的网络推广公司的宣传活动来开拓视野，不失为一种好的方式，而且是免费的。我还经常在公园里发现，一些公司经常会利用周末时间带领自己的团队在那里做游戏、搞活动，用于加强公司文化建设和团队建设，而这些活动也是不需要掏钱的。

另外，我们企业聘请的各级干部，都是有一定成功经验的人才。每个干部都给外贸团队交流一些好的经验，我相信外贸团队一定受益匪浅。企业如果能投入点小钱，买点相关专业书籍、专业光碟等资料，设立一个图书角或图书室，这样可以供大家学习、交流、提升，这一定有助于团队专业能力的增强。

培训，是一个公司吸引人才的重要内容。对于小企业来说，钱不多没关系，但一定要有培训的思想，然后想办法解决问题。最后办法总比问题多，小企业的外贸团队培训也可以做得有声有色。

五、要事多用书面沟通

2008 年 11 月 7 日　星期五　晴

孙总终于考察回国。今晚举行了孙总欧洲之行报告会。显然，在考察了北欧四国的一些知名企业以后，孙总是有所触动的，既看到了中外企业的差距，也感受到了竞争的压力。

会前，我向孙总提交三个文案：

1. 《外贸业务团队绩效考核标准》修改稿；
2. 《我公司产品 4P 分析及应对方案》；
3. 《立于不败之地，然后求胜——关于公司长远发展的五个建议》。

我也向孙总提到，我们初步市场调查的结果显示，我们未来的主要目标市场极可能是 R 国为代表的 E 区市场。之所以这样说，是因为我还需要搜集更多的信息来证实这个结论正确与否。

我希望我的建议能有助于公司的内部改革。

【分析】

外贸工作要顺利开展，离不开外贸主管在上下级之间的沟通。缺少沟通或沟通不到位，就会产生很多矛盾，因为即使同一件事情，每个人的理解是不一样的，这会为外贸工作埋下隐患。有些公司人员不多，矛盾却不断，各个部门或团队拉帮结派、各自为政、不相往来，甚至起内讧。出现这种状况的公司，领导的沟通虽不是全部原因，但那是一定有问题的。

所以，外贸主管务必做好公司上下的沟通工作，为外贸业务的顺利开展扫清障碍。

沟通方式可以是书面形式，也可以是口头形式。没有哪个更好，只有哪个更适合当时的情况和内容。重要的东西，一般以书面形式呈交，并以口头说明。而日常工作交流，则以简单的口头形式沟通即可。

第五节　矛盾升级

一、人性化制度更留人

2008 年 11 月 8 日　星期六　阴

今天请假。岳父 60 大寿，我得带岳父岳母到附近游玩一下，以尽孝心。

虽然需要扣一天的工资，我也不觉得可惜。如果没有家人的支持，我也不可能安心地工作。

【分析】

很多企业在自己的企业文化中喜欢提到"以人为本"、"人性化管理"。那么实际与这个提法相差有多远呢？

对企业的人性化管理，可以这样简单的理解，即企业的制度和运营方式符合人性的需求。如让员工每天超负荷上班10多个小时，显然是违背人性需求的，不符合人性化管理的文化；企业解聘怀孕的女工，或忽视员工的家庭生活，显然也是违背人性化管理文化的。

家庭是一个人一生中最重要的部分，应该特别重视。所以，在提倡"以人为本"的企业，是否能够设立一些特别的人性化制度，如举办一些家庭联谊活动；"六一儿童节"，给员工调整一天假期，让他们陪自己的孩子度过一个快乐的节日；员工的父母亲过生日，给他们一天或半天时间，或者给他们一份小礼物，以表达对父母亲的敬意，等等，我们可以深入思考一下。

人性化制度，不仅仅针对于员工本人，同时需要针对在背后默默支持着员工工作的家庭。员工的工作成绩，一半属于员工自己，一半属于他的家庭。人性化的制度才能得人心，得人心者才能得天下。

二、用行动领导团队解决问题

2008年11月10日　星期一　晴

我再次向孙总提出解决阿里巴巴管理系统管理权的问题，但未能得到答复。

晚上公司召开首次员工工作汇报会议。我看到了孙总自欧洲回来后希望实施改革的想法和行动。至于改革的方向和力度，我不得而知。

之前我布置的一项工作，编写客户来访的英语应对模板，王小姐一直没有完成，先后布置了两次她都没有提交满意的答卷。我得到的答复就是不知道怎么做，希望我做一个示范。我认为，这是她推脱工作的一个借口而已，这也是团队执行力差的一个表现。

行动比语言更有力量，我也需要让他们知道一份好的答卷是什么样的，于是抽出几个小时的时间，编写了六段应对国外客人来访的英语介绍，以便在六个不同场合、从多个不同的角度向客人进行积极有效的宣传。这个模板人手一份，我相信这对她们的工作会有些启发，不会再找借口说不知道怎么做了。

【分析】

工作中难免会出现很多问题，关键是作为团队领导，你是否能够及时发现问题，并设法解决问题。

绿光公司的两个主要问题已经浮现，也已经被主管察觉到，那就是：系统管理权争议问题和团队执行力差的问题。及时察觉到问题，才能够及时地解决问题，以免造成更大的混乱和损失。

但如何解决队员们认为难以解决的问题呢？主管示范，是一个行之有效的方法，身教胜过言传，行动领导比语言领导更有力量。

三、解决问题抓重点

2008 年 11 月 11 日　星期二　晴

外贸部的团队建设进入实质性阶段了，许多工作需要细化和落实。

我决定这周的团队建设工作以落实"执行力"为核心，并正式启用公司《员工手册》内的奖惩条例作为强制驱动手段。因为之前基于种种原因，我作为主管发布的工作指示，团队完成的量和质都远远达不到要求。上午11：30，我组织外贸部成员召开了短会，再次学习了公司的奖惩条例，让团队明白一点：工作任务执行不力将按章处罚，对工作有特别贡献也可按章奖励。我同时强调了我们本周的工作重心和团队的发展要求。

各种宣传文案和工作模板，这个月内必须全部出来，工作任务还是比较重的。

更关键的是，我需要做好国际市场调查报告以及海外市场推广方案，这是一个非常复杂和系统的工作，也是本年度最重要的工作。如果调查不准确，方案不正确，不能有效切入目标市场，那么今年的一切投入都将陷入危险境地。

对于孙总在阿里巴巴管理系统的管理权问题上迟迟无法做出决定，我很费解。难道宁可这样拖着一个月浪费1万元也要让一个不懂外贸的亲戚看着这个账户，而这些业务员却无法处理那些客户资源？昨晚的会议上我也提出了这个问题，但至今没有任何回复。

【分析】

如果发现团队存在很多问题，团队领导自然希望能够尽快全部解决。

但心急吃不了热豆腐，对于像团队业务能力提升、团队工作习惯的改进等这些需要时间修炼的问题，绝对不是说几次就能够解决的。只有分阶段、有重点、有秩序地进行训练，团队素质才可能真正提升。如果一次就想把所有问题都解决，那结果可能是什么问题都解决不了。

绿光公司的外贸主管，在众多问题中抽取一个"执行力问题"，作为解决团队问题的突破口。因为这个问题在众多问题中影响力居首位，阻碍了外贸工作的正常推进。解决执行力问题的方法，除了口头说教、任务要求以外，他还将公司早已颁布的《员工手册》奖惩条例拿出来强制性规范团队行为，合情合理、无可争辩，大家不能不服。让大家心服口服，也是对一个团队的新领导的考验。

四、老总态度决定改革成败

2008年11月12日　星期三　晴

阿里巴巴的客户专员赵小姐昨天下午来到公司。我是接到财务室邓小姐的通知后才知道的，也是在和她聊了几句后才知道她来的前因后果。

她是受我们公司某负责人的委托过来做阿里后台维护培训的。而公司目前的现状也令她感到意外——外贸部需要用的管理系统由不懂外贸和英文的非外贸部人员控制。我想她从未见过这种状况。

我曾就此事向孙总反馈过三次意见，均无答复。即使我告诉他，即使密码和钥匙被人拿走，只需要公司发一份盖有公章的传真到阿里巴巴公司，即可将以前的密码和钥匙作废，重新发放一套密码和钥匙，所以，基本不存在什么风险，也没有一个明确的答复。而赵小姐也证实了我所说的话是真实的。

赵小姐去见孙总的时候，我陪同过去了。这次谈话，我感觉很不愉快，有点硝烟味。我是看到孙总把客人送走了才带赵小姐过去的，顺便打声招呼说："孙总，事情忙完了？"不料，孙总一反常态，反问一句："难道我做了什么事情还要向你汇报吗？"我确信我的问话跟他没有任何冲突，而他的回复让我了解到他内心对我已经有些抵触情绪了。或许是因为我对系统管理权问题跟得比较紧的缘故吧，已经让他感觉到我好像在干涉他的决策。不管他怎样想，我仍然坚持我的做法。但现在有客人在，我没有再吱声。

孙总认为我没有详细解释，甚至用书面形式写一页详细的说明给他，这才是他迟迟不能决策的原因。而我认为，完全没有必要为这样简单、明了的事情花这么多精力。况且，既然公司不信任在先，我如何解释都有瓜田李下之嫌。外贸部现在是从零开始，百废待兴，时间只能用在最重要的事情上。如果为了这样一件事情，我都需要长篇大论上书说明，工作开展起来就步履维艰了。以后还不知道有多少这类小事情需要说明呢，有这么多时间弄这些吗？

最简单的办法就是将各种工作交给相应的职能部门处理，各司其职，公司做好管理、监督和评价就好。现在的状况只是因噎废食。

都知道用人不疑，疑人不用的道理。而现在是用人且疑，进而挟制其活动空间和能力，犯兵家之大忌，此其一。

另有《孙子兵法》的一段值得老总仔细品读："君之所以患于军者三：不知军之不可以进而谓之进，不知军之不可以退而谓之退，是谓縻军；不知三军之事而同三军之政，则军士惑矣；不知三军之权而同三军之任，则军士疑矣。三军既惑且疑，则诸侯之难至矣，是谓乱军引胜。"兵家所患之事，却是我公司正在发生的事。这是犯兵家大忌之二。

在11月7日那天提交的《立于不败之地，然后求胜》的文章里，我对公司存在的问题和改进的方案都有做陈述。只可惜，孙总可能一个"忙"字就将它忽略过去了。再说，一个暂时名不见经传的小子写的文章，有必要细读吗？

如果孙总的用人原则坚持任人唯亲，那么我觉得公司要长大，难度很大。正如我在提交的文章中开头所写的：麻雀永远不可能长成老鹰，因为麻雀不具备老鹰的基因。而我的目标是扶持一个可以扶持起来的公司，去开拓国际市场，成就公司伟业。

【分析】

中小企业的很多老板自己就是公司的直接管理者或最高决策者。老板们把公司做到一定的规模，确实不容易，也一定有他成功的和优秀的地方。而同时，最高决策者的思想高度也决定了企业发展的高度。很多中小企业发展到一定规模就无法再扩展，很重要的一个原因就是老总无法突破自己的思想极限，已经江郎才尽。更可怕的是，世易时移，老总仍固守以前的成功定律时，过去成功的经验将可能成为未来失败的教训。

所以说，中小企业老总更需要不断学习。唯有以开放的心态、以冷静的眼光对待新事物，不断学习，不断创新，不断变革，才有机会永远取得成功。

孙总及其信任的助手对利用网络开发海外业务完全不熟悉，却又不信任让聘请过来的专业的外贸主管放手开展工作。这就导致了一种左右为难的局面，并让这种局面演变成一个重要矛盾，这也会影响到公司与新任部门领导的关系。最终可能迫使新任部门领导因无法按计划开展工作而不得不另谋发展。

第六节　梦想破灭

一、关键时刻人才方显价值

2008 年 11 月 13 日　星期四　晴

下午去接德国客人，走到半路返回了。在参观其他工厂时，这个客户的手受伤了，现在在医院。我在电话中表达了我们对他的问候和关切，并约好明天一早再去接他们。

2008 年 11 月 14 日　星期五　晴

今天的德国客人来访接待工作，我认为非常圆满，客户满意而归。这得益于公司上下的配合以及充分的准备工作。姚副总一早就开车带我们去广州接客户，我们连早餐都来不及吃。

对于复杂的机器工作原理，我画了一张简单的示意图，就理清了思绪，而不用对着那几页复杂的技术资料向客人生硬地介绍。这为我们向客人做出专业的介绍提供了很大的帮助。虽然我正式接触这种机器才 10 多天，但现在已经可以对客人的问题应答如流了。

还在回工厂的车上，我就把事先准备好的产品目录册放到客人手上，展开了与客人的沟通，并确定了客人的价值取向是品质型的，而非价格型的。所以，我当即跟随行的业务代表杨小姐通气，对这个客人，我们应尽量少提价格，多向客人强调我们的品质，从采购、装配、调试、品检等各个方面向客人展示我们的品质差异。应该说，这对于我们是一个高质量的客户，比较符合我们的目标。因为我们的机器核心部件是美国公司产的，质量还是不错的；相应的，价格就没有多少优势。

在公司与部门的全力配合下，客人对公司的印象非常好，让他们觉得：

(1) 我们是一家大公司；

(2) 我们技术力量雄厚，研发能力强；

(3) 我们的员工热情、耐心。

客人多次向我称赞说：Wonderful！You're a big factory. 并表示他们甚至愿意从欧洲购买一些其他国家的同类机器，供我们研发改进，再卖给他们，他还给我提供了目前在欧洲销售的几个同类产品的品牌信息。我感觉客人是非常有诚意的。当然，我们往返 4 个小时接送客人的主动也让客人充分感受到了我们的诚意。客人都不好意思了，说下次他们一定自己租车过来。

如果我们的报价不是太离谱，技术、质量方面的测试能够完全满足客户要求，我相信客户说的明年 2 月的 40FT 货柜订单一定可以实现。如果这样，我和姚副总饿肚皮 22 个小时也算值了（客人要赶下午的广州会议，没在这边吃饭，我们只好马上送他们到广州。吃午饭时，已经是下午 3 点多了）。

公司目前的压力一定不小，因为周边经济环境非常糟糕。所以，我跟姚副总透露了我的想法，如果有机会，我去找一些可以尽快成交的国内客户，为公司减压。因为一方面我以前的一些珍珠棉材料供应商可能会有机器需求，我相信凭我们之前的合作，应该会给我透露一些重要信息；另一方面，我也有一些其他的人际关系，可以为公司争取一些太阳能工程项目。

姚副总随即表示全力支持。当然，我还是会分清主次轻重的，不会把外贸部的工作耽误。每周抽一天联络国内的客人就可以了，其他时间把国外推广的工作做好。

【分析】

从这次德国客户接待工作，我们终于看到了外贸主管之前强硬要求做好准备工作的良苦用心了。这次接待工作的结果也证实了，充分的准备工作增加了客户对公司的信心，对订单的最终成交起了积极作用。外贸主管之前看似平淡的准备工作，此时才体现出价值。其带领的团队也终于明白：准备工作不但要做，而且要系统地做，每件事都要做到最好，做到任何时候都有备无患。

真正的人才，对多数问题都会有预见性。一开始，外行也许看不明白，但在决定胜负的一刹那，英雄本色自然见分晓。

二、错过契机，改革难成功

2008年11月15日　星期六　晴

外贸管理软件的管理权问题至今仍然掌握在非外贸部人员梁先生手里。尽管我已经知道梁先生是孙总的妹夫，我仍然坚持认为这样的安排是错误的。他既不懂外贸，也不懂英文，也不了解我们现在的外贸工作安排和进程。他把那软件有一下没一下按自己想法操作一通，就已经扰乱了我们正常的外贸工作。

自实行系统、邮箱绑定后，梁先生并未及时将外贸部的邮件发给外贸部，业务员多次反馈仍未有改进。这导致外贸部业务员自10月29日至11月14日期间的 17 天，无法正常查看客户询价邮件，以前老客户的邮件也无法查看，严重影响到外贸部工作。

阿里巴巴系统以及管理软件是付出了大笔费用的，单就阿里巴巴平台而言，平均每天的费用是约 140 元人民币，这些尚不包括管理软件的 1 万元费用。

由于梁先生工作的严重失职，浪费系统有效使用时间 17 天，导致公司直接经济损失约 2 380 元，间接经济损失（即潜在客户成交损失，客户询盘量下降了 60% 以上）尚无法估量。

这是一次严重的工作职责疏失，已经对公司造成重大损失。

既然孙总对这个问题一直迟疑不决，我不得不采取最后措施了：给行政部提交一份关于梁先生的行政处罚提议。提出三条对梁先生的处理要求：

（1）责令即日起每天早上 8：30 以前，将外贸部相关邮件全部转发到外贸部主管邮箱，由主管统一安排、分配；

（2）随时保持与外贸部的沟通，及时配合外贸部的宣传和网络营销工作；

（3）根据《员工手册》第七章第 9 条（11）（12）（13）款相关规定，给予记大过处分。

我知道，这一招对我个人来说是冒险的棋：如果孙总有意施行改革，同意这份处罚提议，那么公司和部门的工作将逐渐进入良性的轨道；如果孙总因梁先生是自己的妹夫下不了手，或者反而为其袒护，那么我将极有可能被排挤出公司。

思量再三，我还是把处罚提议交给了行政部的刘经理。我不怕被排挤出局，我只希望按正确的路线走下去。如果注定要死，那就早死早投胎吧。

2008 年 11 月 17 日　星期一　晴

公司终于开始有了一些改革的气息了：每周一早上举行全体员工晨会，由行政部经理主持；晚上则召开员工工作汇报会，主要用于各部门直接沟通问题，孙总也会在场了解情况，适当的时候给予工作指导。

但我提交的处罚提议尚无最终决定。刘经理说已经提交给孙总了，还没有收到回复。我有一种直觉，这份处罚提议通过的机会渺茫，但我还是愿意再等几天。

【分析】

在参观了一些优秀的企业后，老总们一般都会有对自己企业进行改革的冲动。然而却不是每个人的改革都能成功，尤其是那种照葫芦画瓢的改革更是难以成功。

中小企业的改革，有些学习别人的组织模式，有些学习别人的公司制度，有些学习别人的管理方法，等等。但最重要的还是要量体裁衣，做最符合自己企业特色的改革，而不是简单的复制。

而且要想让改革能贯彻执行下去，需要花点工夫。史有商鞅变法，立木取信；今有海尔集团，大锤砸出世界名牌。那么在您的企业进行改革的时候，您要以什么为切入点，才能让改革贯彻下去呢？

对于绿光公司，其实有一个契机，就是这个主管的行政处罚提议。如果查明事实确实如此，则可以按章处理。如果连老板的妹夫都被按章处罚了，那么随即就可以向整个公司彻底推行一直形同虚设的各项管理制度了，从普通员工到高级管理层均须服从管理制度的要求，否则一律按章处理。这个时候，就不会再有人有任何怨言了。至于某些个人面子，在这个时候只能让道给公司的发展大计了。作为老总，只要事后给妹夫开导一下，我想他也是会理解老总的做法的，毕竟是一家人嘛。

同样一件事情，处理结果是利是弊，只在一念之间。

三、领导须明辨是非

2008 年 11 月 18 日　星期二　晴

很多次，一个人的时候，我在思考：当面对一个问题成堆的公司时，很多问题你看到了，也提出了自己的解决方案，而执行却非常缓慢，甚至没有执行；而公司中的某些问题显得非常顽固，似乎无法解决。作为一个受聘于公司的员工，你该怎么办？

我觉得你有三个选择：一、申请离职；二、虽然留在公司，但从此对一切漠不关心，听之任之，眼不见心不烦；三、在其位则谋其政，继续坚持推进公司改革，直到问题解决为止。

第一个选择，想一想，显然是不好的。天下没有不存在问题的公司，只是问题体现在不同的方面而已。如果因为存在一些问题或因为一些问题解决不好就离职而去，那么一生你就可能要在不断的离职中度过了，在每家公司你都可能待不过3个月，而且我认为这是懦夫的表现。

第二个选择比第一个更差，与其在公司滥竽充数，还不如离职。至少离职不会损害公司利益，也不会有损自己的品行。我最讨厌的就是待在公司混日子的人。

所以，第三个选择是最好的了。你既然选择了进入一家公司，就要接受它的优点和缺点。公司的优点就要去弘扬，公司的缺点就要想尽办法去解决。如果你是一个人才，就是要用来解决问题的。如果解决不了普通人难以解决的问题，人才就不能成为人才了。所以，一个人如果认为自己很有能力，认为自己是一个难得的人才，那么他就应该竭尽全力，从解决自己身边的问题开始，让问题来见证人才的实力。

那么，这是否意味着一个人一辈子只能待在一家公司，不能再离开？

也不是。如果没有不可抗拒的因素，如灾难、公司破产等因素，一个人主动离开公司的最佳时期应该是你在公司已经成功地解决了某些问题的时候，或者成功完成了某些项目的时候。也就是说，你一定是在做出了一些符合你职位的成绩之后离开才比较合适。这个时候离开对公司和个人都是有利的，是双赢的结局。对于公司，对待人才的态度应该是不求所有，但求所用，用完之后，当然也应该允许他去其他地方继续发展。对个人来说，当他完成了一些新的项目或任务时，他个人的能力也就提升到了一个新的高度，站在了一个新的成功顶峰。

2008 年 11 月 19 日　星期三　晴

梁先生来到办公室，夹了个笔记本电脑，让我过去商量一些工作。

他按照他的想法对外贸网络平台进行设置，同时对我的工作开始指指点点，说我们的外贸部工作应该如何如何做，好像他是一个经验丰富的资深外贸专家一样。而在我看来，他说的不过是一些外行话，一些闭门造车的幻想而已，完全跟实际脱钩。

另一方面，他又对我的工作提出异议，认为我没有直接跟单就是没有干工作，他认为我应该像其他业务员一样每天到处发邮件，做他认为应该做的事情，等等。总的来说，他就是认为我拿着公司的工资却游手好闲。

我懒得再跟他解释我们的工作是如何分工，我每天在干什么工作。我已经忍无可忍，终于爆发了，所以我干脆直接引用了孙总曾对我说的一句话，"我的工作难道要向你汇报吗？""我所做的工作，已经在工作汇报会议上说过了，我不想再重复"。

2008年11月20日　星期四　晴

晚上，孙副总来到宿舍找我。这是我到绿光公司以来的第一次。尽管他一开始试图掩饰来的目的，但我很清楚他来的原因。

他先让我向他汇报最近在做些什么工作，有没有拿到订单。很显然，他妹夫认为我没有干活，他要确认一下。然后，他又谈到了那份处罚提议书。他认为我在推卸责任，把责任都推到他妹夫身上。听到这样的话，我感觉很好笑，也很气愤，这明显是在袒护自己人。

我试图做了一些解释，希望能澄清事实。我们先后谈了约一个小时。

谈话中，他表露出自己是个人性本恶论者，他除了自己的家人，任何其他人包括朋友都不相信。因为他这个机械厂就是被朋友拉进来一起做，最后却被朋友坑了，留下现在一个烂摊子。

我已经不在乎他说什么了，经过一场谈话，我已经看不到绿光公司有什么希望了。面对孙副总一些不尊重的话，我只回敬了一句，"孙副总，我来到绿光公司绝对不是因为走投无路。"

这个时候，我心里是有些凄凉的，感觉明珠暗投了。自己一心想把公司弄好，最后却得到了这样一些评价，想来实在是悲哀。

2008年11月21日　星期五　晴

上午，我正在网上发布公司的产品信息，突然感觉身后站了两个人，回头一看,是行政部刘经理和总经理助理黄先生。

"你在干什么?"刘经理问我。听到这话,我已经预知到,一种极度不信赖的情绪已经贯穿到整个公司管理层了。我说在发布产品信息。他们过来查看我的电脑,我相信他们也没有发现什么异常,因为我坚信自己没有做任何背叛公司的行为,心里坦荡。随后他们带我去见孙总。

孙总让我到他电脑旁,指着"E网打进"软件里显示的我的姓名,另一个公司名的阿里旺旺,问我怎么解释。我彻底明白了。

事实上,我那个阿里旺旺是免费的,以前主要用来向国内厂商采购产品,包括珍珠棉材料的供应商都在里面。而这些供应商刚好可以成为我们的目标客户,我曾经把这些事情告诉过姚副总。我简单地向孙总说了句"那上面有一些老客户"。孙总像发现惊天大秘密一样,觉得找到了我背叛公司的证据。

事实上,E网打进软件的那项功能我了如指掌,也早就看到我的那个阿里旺旺的资料在里面。如果我存心背叛公司,设置一个隐身状态就可以了。我没有做解释,让他将错就错吧。

行政部刘经理和我谈了几分钟后,我离开了公司。应该说,是绿光公司把我炒了。唯一能给我安慰的是,我的下属在网上发信息给我说,感谢我这么多天来给她的指导,让她学到了不少东西。对这句话,我受之无愧。在辅导下属工作方面,我确实付出了很多努力。由于他们都是非科班出身,也没什么外贸经验,英语和外贸知识都不行。他们的邮件,我都一字一句帮他们修改,并指导他们以后应该怎么写。这些都是孙总和他的亲人们看不到的。

这是我有关绿光公司的最后一篇日记。这一个月下来,我也终于明白了一个道理。我发誓,我坚决不会再出于任何目的将自己廉价地"卖"给下一个公司。

【分析】

你是不是一个善恶分明的领导,绝对不是由你主观上的取向来决定的,不是说你想善恶分明你就一定能做到善恶分明。下面的故事将让你更深刻地理解这句话。

两个旅行的天使到人间借宿。第一晚住在富人家，主人很吝啬，让他们在地下室过夜。铺床时，老天使看到墙上有个大洞，为主人补上了。第二晚他们住在贫穷的农民家，主人夫妇很热情，让出自己仅有的床给客人用，他们自己则睡在牛棚里。可是在夜晚，老天使却让这对夫妇唯一赖以糊口的奶牛死掉了。早上，小天使见夫妇俩抱着牛在哭泣。

小天使质问老天使为什么那样做。老天使说："孩子，有些事情并不像它看上去的那样。我发现富人的墙里有金子，而富人不愿与别人分享财富，所以我把他的金子都埋在了墙洞里。夜晚死神来了，说要带走农夫善良的妻子，我用奶牛换回了她。"

如果仅凭自己看到的东西做出判断，而不清楚事情的来龙去脉，小天使一定会误解老天使，一定会认为老天使是一个邪恶天使。而这样的误解，在企业时有发生。绿光公司的外贸主管显然被严重误解，因为孙总只凭眼睛看到的和个别亲信的话便认定主管背叛了公司，并将他踢出公司。如果他能与姚副总沟通一下，也许他会明白事情的真相，再如果他让主管给一个充分的解释，也许结果会不一样。因误解而产生的内部矛盾，最终迫使部门领导离职，只能让亲者痛仇者快。

历史上也有类似的故事发生。三国时期，蔡瑁、张允两位将领是操练水军的行家，周瑜对其都心存芥蒂。赤壁之战中，曹操帐下幕宾蒋干，自告奋勇请命到东吴说降周瑜，没有机会说降周瑜却盗来假情报，即曹营水军都督蔡瑁、张允投降东吴的书信。蒋干如获至宝，急献曹操。而曹操疑心太重，不分青红皂白，错杀了蔡瑁、张允，从而在操练水兵的策略上走入误区，最终遭遇火烧赤壁的惨败。这样的惨痛教训，希望每一个企业领导都能够铭刻在心。

第七节　痛定思痛

一、国际贸易是一项系统工程

从绿光公司的案例中，我们可以体会到一点：即使有一个好的外贸主管，一个企业的外贸工作也不一定能够开展得很好。

究其原因，就是国际贸易是一项系统工程，其成败绝对不是单单由外贸部一个部门来决定的。一个企业在国际贸易中的优势，来自一个企业的综合实力，包括它在采购、生产、销售、管理等各个环节中体现出来的系统优势。

所以，作为一个有进取心的企业，要想提升自己在国际竞争中的地位和优势，就不能把希望全部压在外贸主管的身上，然后希望坐享其成。它必须主动配合国际贸易的要求对企业进行整改，让整个企业从战略到战术到管理细节，都符合国际竞争的要求。

本书就试图从企业的管理、战略、战术、团队等各方面进行一个系统的梳理，希望对有意开拓国际市场的中小企业能有所帮助、有所启发。

二、在困境中生存和发展——给外贸经理人的建议

读完《外贸主管的日记》，相信大家都多少有一些遗憾。然而，这就是现实的世界。我们无法回避，我们只能去艺术地处理，艺术地生存。

金无足赤，人无完人，企业也没有完美的企业。面对企业的一系列问题，我们可能心有余而力不足；面对企业瞬间错失的机会，我们可能扼腕叹息；面对企业内部的勾心斗角，我们可能深恶痛绝。但是，你却不一定能够改变这一切，或者无法在短时间内改变这一切。

外贸经理人的个人前途与企业息息相关，如果外贸经理人不能在企业牢牢站稳脚跟，估计个人的梦想也很难实现。世事不能总如人意，但我们可以尽力避免不如意。

（一）不要随意降低自己的身价

便宜没好货，好货不便宜，这是市场经济的真理。每一个外贸经理人在入职前都应该为自己做一个比较客观的评估，确定自己的身价几何。如果你认为自己值月薪万元，就不要轻易接受月薪5 000元的待遇。

一个企业给人才的待遇，一方面能够体现企业的实力，另一方面也可以看出企业对人才的态度。很多企业对机器设备、厂房、办公室的投资，可谓一掷千金。然而一到人才待遇上就开始卡壳了。这是企业高层落后、思想守旧的表现。在这种思想的引导下，企业很难获得长远的发展，员工自然也不

会有太好的前途。

从日后开展工作的角度来说，不随意降低自己的身价，更有利于保持自己在企业的话语权。轻易得到的东西，别人是不会珍惜的。相反，自己付出了代价的东西，大家都会好好利用，不能让钱白白花掉。人才也是一样的道理。诸葛亮之所以让刘备三顾茅庐，恐怕不是为了面子，而是为了日后让刘备给军师充分授权打好基础，以便在仕途上充分施展自己的才华。试想一下，如果诸葛亮不待刘备上门就自己投奔刘备而去，只要有碗饭吃就跟着刘备干，那刘备一定不会珍惜诸葛亮，三国的故事也不会演绎得那样精彩。当然，这前提是诸葛亮一定要对自己的价值有一个正确的评估，同时他要对自己所要加盟的组织有一个了解，知道"三分天下"的大势。

当企业珍惜你的时候，你才有更多的机会让企业的关键人物倾听你的意见，为自己的工作规划扫清障碍。

（二）切忌"新官上任三把火"

新官上任，最好不要急于求成，大兴土木。你需要做的第一步是静静地融入企业内部，仔细地观察、记录、思考和策划。当你确认自己已经完全了解了企业的状况，并且已经与企业各部门融洽相处了以后，再推出你的新计划也不迟。

新官上任急于烧"三把火"，容易导致新方案不符合企业的实际情况，即水土不服；另外，也可能导致内部利益冲突，为后续的工作风险埋下伏笔。所以，在这里大家需要学习一下老子"无为而治"的思想。"无为"强调的其实就是不要刻意去破坏事物发展的规律，而要因势利导，从而获得成功。

（三）团结大多数人，获得他们的支持

一个领导人的工作绝不是仅仅靠某一个人或是少数几个人来完成的，他需要依靠的应该是大部分的人。所以，不要认为在领导层有几个铁哥们就可以忽略基层员工。所有的事情，到最后还得靠基层的员工来落实。只有同时获得他们的支持，你的工作才能够高效率地完成。

（四）取得关键人物的信任

所谓关键人物，就是他们的决定对事情发展起着重大影响的人，如老板、

总经理、财务人员，等等。只有获得这些关键人物的信任，他们才乐意放手让你去干。毕竟，目前中国的中小企业现状还是以人治为主。

（五）以剥竹笋的方法应对企业顽疾

剥竹笋的时候需要从外到内一片一片叶子剥开。面对企业长期以来累积的顽固性问题，你也不要期望一朝一夕就可以全部解决，只能一步一步来。你可以把一个顽固的问题切分到 N 个解决步骤内，一个时期只解决一部分，其他部分先置之不理。待这 N 个步骤都完成的时候，整个问题也就解决了。这样也可以避免员工承受因为改革带来的不适应。

一个企业轰轰烈烈革命性的变革，需要有一个果敢、坚毅、睿智的最高领导人。正如华为的改革离不开任正非，海尔的改革离不开张瑞敏，联想的改革离不开柳传志，阿里巴巴的改革离不开马云一样。而中国的中小企业，大多数缺少这样的人物，所以企业的改革只能是细火慢炖。外贸经理人需要理解，也需要去适应。

（六）关键时刻，需要忍辱负重，能屈能伸

工作中，难免会有冲突，难免会有误解。只要你问心无愧，就不要在意一时的误解与冤屈。是金子，总会闪光的。韩信能忍胯下之辱，终成大将；而项羽不堪失败之耻，只能自刎乌江。

无论在哪个企业，都会遇到这样或那样的问题，我们无法每次都一走了之。我们只能承认这个现实，然后认真面对。没有一个人的工作是在理想状态下进行的。所以，在现实的工作中，我们需要多一些忍耐、多一些坚持。一个优秀的外贸经理人，需要学会在问题重重、危机四伏的环境中仍然能够游刃有余地开展工作。

如果能够做到以上六点，我相信外贸经理人是可以在一个企业中很好地生存、发展下去的。同时，外贸经理人的生存和发展状况，很大程度上也可以折射出中国企业的海外市场发展状况。外贸经理人与外贸企业，唇齿相依，缺一不可，只有共同协作、相互促进，才会有一个双赢的结局。

第二章 系统篇

小企业快速成长和复制的秘诀

在绝大多数的系统或业务情况下，94%的问题是系统的问题，而只有6%的问题是特殊问题。

——质量管理大师　戴明　博士

企业要想成长为行业前几名，就必须使自己的业务全球化、公司国际化，这是必然之路。国内市场再怎么精耕细作，相对于全球市场，也只是个区域市场，其空间是非常有限的。当地球已经成为"地球村"时，我们的企业家也不必拘谨于家门口，可以去"村"里转转。

同时我们需要意识到，外贸业务只是企业市场行销的一个组成部分。与国内业务相比，外贸业务有其独特性，但两者之间也有其相通性。

而两者之间的独特性，主要表现在外贸业务所面对的是一个与中国人有着不同语言、不同文化、不同消费习惯、不同价值取向的消费群体，其业务流程涉及更大范围、更多专业的领域，如浮动汇率、国际物流、国际结算、国际贸易壁垒等。这就决定了外贸工作必须由受过专业训练的相关的人员来操作和执行，外贸团队成员不可随意找人替代，外贸团队不可让非专业人员指挥。否则，外贸业务开展必将陷入困境。

而两者之间的相通性，主要表现在海外市场营销也有产品、价格、渠道、促销这4P的内容，海外客户的成交也要面临筛选甄别目标客户、排除客户异议、促成成交这些业务细节等。这就决定了外贸工作不能脱离市场行销的基本规律进行，外贸工作必须在企业市场部的统一战略和规划下开展，外贸团队必须与其他部门协同配合、作为一个整体参与国际竞争。

所以说，外贸业绩的好坏，是一个企业综合实力的表现，而绝非是外贸部一个部门的事情。企业是一个大团队，而外贸团队只是公司内部的一个小分队。外贸团队的成功绝对不是孤立的，离开了良好的公司大团队的支持，外贸团队成功的概率将大大降低。

【案例：老板忙到病倒】

某企业生产和销售显示屏保护膜，它主要给国内厂家供货，发展了近10年，目前平均每月业绩可达到1 000万元人民币。老板感觉自己在国内市场打拼了这么多年，已经做到极限了，他希望拓展海外市场，但自己对外贸又不擅长，想找别人来做又不放心。

不光如此，他发现企业内能贴心的人太少。虽然很多亲戚身居要职，工资也不低，但都不能像自己一样拼命维护企业利益，而自恃为老板的亲信而不按流程办事、故意扰乱公司制度的人倒是不少。好不容易等到一个侄女大学毕业，他想让她过来帮他组建外贸部，但她干了几个月后坚持要去美国留学。所以，他把一切的问题都归到她头上，认为外贸部组建不起来，都是因为她不愿帮忙。

一边是国内的竞争对手踏着整齐的步伐步步逼近，一边是国际市场的开拓遥遥无期，同时还要面对企业内的争权夺利、拉帮结派、各自打着小算盘，老板感到内外交困，无法找到出路。什么事情都要他亲自去督促才能有进展。他终于坚持不住，病倒了，一个月要去医院打几次吊瓶。

案例中的老板所遇到的困境其实也是很多中小企业老板遇到的困境。

公司一旦快速发展，马上就发现人才不够用，公司里没几个能独当一面的，没几个像自己一样用心的。自己事事都想亲力亲为，但又分身乏术，于是他们往往会看到各种问题和投诉此起彼伏。

老板成了公司最忙、最累的岗位。企业在风雨飘摇中失去了方向。于是，老板会心生西楚霸王项羽在进行必死战斗前夕的悲壮：

力拔山兮气盖世。

时不利兮骓不逝。

骓不逝兮可奈何！

虞兮虞兮奈若何！

企业老板能创业成功，一定有他独特的"三板斧"。而企业要持续发展壮大，仅有老板自己的三板斧是不够的，必须有会十八般武艺的团队。

君劳臣逸，则国亡；君逸臣劳，则国兴。企业需要用系统和团队，将老板和管理高层从"救火队"中解放出来，更多地思考企业长远发展和战略问题，企业才会有希望。否则，即使老板忙晕头，企业也将会走到尽头。

【案例：美资小厂两年磨剑图谋行业前十强】

2012年9月，我接手东莞添爱服装辅料有限公司的管理时，这是一个规模只有10多人的小厂。虽然是美资企业，但从管理上我感觉不出美资企业的氛围。工厂没有制度、流程、标准，没有会议，也没有管理员。所有事情都由两个股东管着，一个抓业务，一个抓生产。高层没有战略规划也没有远期和近期发展目标。工人时常会在生产线上打瞌睡，身边的人帮忙放哨。因内部操作问题导致向客户赔款的事情，一年都会发生多起。由于公司从多年的贸易起家，有较稳定的合作客户，工厂的人均产值还过得去。但建厂5年来，公司营业额一直徘徊不前，增长乏力。想要增加市场投入，扩大市场份额，又恐工厂内部生产和管理无法提供相应服务反而得罪客户。更大的问题是两位股东已经忙得筋疲力尽，即使想做管理上的变革也分身乏术。

我以公司副总的身份带领团队掀起了一场历时两年的轰轰烈烈的公司改革。

改革要成功，离不开投资人的决心，同时要掌控思想、系统、团队三个制高点。加入公司前，我已经和股东进行过深入沟通，高层对改革的决心基本达成共识。接下来要解决的就是三个制高点的问题了。

我认为思想是一切的根源，一切变革要从思想开始。我在入职最初的一个月以人事部主管身份做了一个月的"潜伏"，深入了解了公司的问题和基本情况。同时启动了第一项改革——定期召开周例会和月例会。通过会议沟通和调查，我整理了20多项员工迫切期望公司改进的问题，其中多项与员工的生活条件、工作环境相关。通过会议，我也潜移默化地把公司要进行改革的想法传递给大家。为了让大家对改革的过程充满美好的期待，而不是盲目的抵触，我率先从关心员工生活条件、工作环境的事项开刀，从宿舍配置空调、电视、热水器、电水壶这些便利设施开始。这些措施让大家看到了希望，于是接下来的改革，得到了多数员工的支持和拥护。在一年时间内，员工提出的20多项整改意见基本全部整改完毕。

企业要做大，必须建立可以复制的运营系统。公司的制度、标准、流程、企业文化都属于系统的一部分。这是一个耗时最长、最伤脑筋的过程，但必须坚持做，企业才会不断长大。我拟定的公司内部的第一项"法律"就是《员工手册》，这个手册对公司的价值观、用人制度、考勤制度、奖惩制度、安全规范等各项内容作了明确的规定，使日后的工作能做到"有法可依"。而第一套标准、流程则是外贸跟单部的《跟单手册》，它对组织架构、岗位职责、任职资格、晋升通道、跟单工作的各项工作标准和细节要求、跟单的主要工作流程、5S标准要求、跟单部常见错误案例分析和预防措施等，进行了详细说明。这本手册为统一外贸跟单团队行为、预防常见问题、提升团队战斗力奠定了基础。而手册从最初起草，反复修改到最终定稿耗费了长达6个月的时间，而后期的完善工作还在持续进行。

2014年，公司申请ISO9001认证。辅导老师来工厂整理认证资料，当一套套完善的公司系统资料和流程执行记录摆到桌上时，他们都惊呆了。即使在两三百人的工厂做辅导，他们也没见过这么完备的资料。公司过去两年所做的事情，已经完成了ISO9001认证所需要的90%文件。只需稍作整理，这项认证就轻轻松松完成了。

对于团队打造，我向来坚持"人力资源战略乃战略之首"须和"粮草先行"相提并论。而小企业往往在薪酬福利方面没有什么优势，要吸引优秀人才加盟确实颇要下点苦功，我们必须有自己的特色，出奇制胜。改革第二年，公司在人员培训上投入了十万元。这笔钱对于大企业来说也许不算什么，但对于小企业，这已经是一笔不小的数目了。表现优秀的员工不断被派送到外面参加学习和培训，公司内部的培训也红红火火。同时，经过和股东的长期沟通和商议，终于确定了公司未来十年的发展目标、战略和计划：

2024年，打进服装辅料行业前十强；

2017—2019年，营业额达到1亿~3亿元人民币，公司实施股份制改造，实现内部员工持股，并组织上市；

2014—2016年，每年以2~5倍的速度增长。

通过不断宣传公司的战略目标和计划，同时导入稻盛和夫"敬天爱人"的经营哲学和阿米巴经营理念，员工的热情逐渐高涨，由不相信、少数人相信，到多数人相信并坚定信念。公司战略的确定，以及配合战略落地的战术

> **服装辅料小厂砸下10万培训费为哪般?**

2014年4月14日上午8点,东莞添爱服装辅料有限公司的周一晨会有点异常。4位参加上周末2天1夜培训的员工上台分享个人感悟,个个眼含泪水,激动不已,言语中透露出他们在感恩、责任、自我反省等方面与培训前有了天壤之别。

这是添爱公司派出的第三批培训成员,公司预计要派出15名员工参加此类培训,此项培训计划耗资10万元人民币,而东莞公司总人数目前尚不足40人。

这么小的企业,在整个世界经济不景气的背景下,竟然砸下这么多经费用于员工培训,老板是不是疯了呢?带着疑问,我们走访了添爱公司,为您揭开谜底。

东莞添爱服装辅料有限公司是一家美资企业,总部位于美国洛杉矶,2008年在东莞设立工厂,在孟加拉国、中国香港等和地区设立了办公室,向全球品牌服装提供各种辅料产品的设计、研发、生产、仓储、配送等一条龙服务。

小企业,大梦想

从企业规模来说,添爱公司目前只是个小企业。但她却有一个梦想,"十年后,打入中国服装辅料行业前十强"。

除了发展自己,添爱公司还希望通过自己的发展带动整个中国服装辅料行业的发展,由竞争走向竞合,利用自身在时尚资讯、产品设计、市场、服务等方面的优势与国内的服装辅料厂家进行优势互补的合作。

重建系统,彻底改革

添爱花重金引入最先进的ERP管理系统,并开始对公司的运营、管理流程进行全面改革,并启动了针对欧洲市场的关于社会责任方面的BCSI认证。2014年春节刚过,公司便展开大规模人才招聘。

同时,公司开始践行年前的承诺,投资不少于10万元人民币用于员工培训,打造国际一流的团队。对于只有几十个员工的企业来说,人均培训费用已经非常可观了。

快速推进全球业务计划

对于市场拓展方面的投入,添爱更是彰显豪放派的风格。已确定的10场展会遍布北美、南美、欧洲、东南亚,欧美区域的纸媒体广告投放计划、全球范围的网络推广计划已如箭在弦,一触即发。

服饰行业杂志新闻报道

不断实施,公司在行业内的形象开始改变,其吸引力不断增强。这次改革最终把很多在其他企业具备10多年经验的老技术人员和管理人员都吸引过来。改革两年多时间下来,公司总人数发展到近50人,团队的建制终于丰满了,符合公司发展理念的各部门管理人员配备齐全。员工去参加培训学习活动时做现场分享,所有其他企业都非常吃惊,他们无法相信这是一家几十人的小企业,都以为这是一家随随便便几亿元资产的大公司。当所有其他人都这样认为的时候,我相信这个企业离这个目标就不远了。

在团队、系统得到保障的前提下,公司开始做大规模市场拓展。在国内外的一次次市场营销实战中,同行的企业一次次被我们这个团队震撼。即使处在最恶劣的环境下,我们团队都能保持最佳的战斗状态,找到最好的解决方案。股东也从繁琐的日常事务中解放出来,得以思考和处理更多关系长远布局的战略性事务。

我把打造企业运营系统当作是制造法拉利汽车的过程,这个过程会比较公司一开始就定位中高端市场,所以,我们确立的发展路线是"不求最大,但求最好(Be the Best, Not the Biggest.)"。

在发展策略上,我们强调品质、服务、创意,更重要的是我们要求每天去做到,每天不断提升,它已经不仅仅是口号。这就会有很多配套工作要做,很不容易。比如你从我们的公司布置和装饰、展览会的摊位设计、宣传单和名片的设计等就可以感受到这是一家很有创意的公司,一看到这些,你就会记住添爱,即使是同时和几百家、上千家同类供应商同台共舞。再比如在服务上,我们非常注重客户感受,一直在团队中强化"服务第一"的理念。我们为客户提供"一键式服务",即客户想开发某个产品,与我们达成合作后,客户不会有任何对于交期、品质、技术支持等各方面忧虑和抱怨,我们会积极主动地解决所有问题、并关注客户成品在市场中的反馈,而客户只需要不断地按确认键即可。所以,跟添爱合作的客户,可以轻松地去喝咖啡,这是很多服装品牌采购部所梦想拥有的。

胡伟锋
副总经理
东莞添爱服装辅料有限公司

  贵公司能够在市场上保持较高的知名度,产品品质必然经受了市场的严峻考验,贵公司拥有哪些领先业界的产品和创新的技术?请举例详细说明。

公司的快速发展吸引媒体关注和采访

耗时耗力,但一旦完成,企业将以前所未有的速度飞奔前进,在竞争对手还没有感觉到的时候就已经成长为行业第一名了。

那么在小有成绩以后,企业是否可以停止改革呢?

其实,我从来都不认为改革会有停止的那一天。就像人的身体,每天都有细胞死亡,又会有新的细胞诞生。如果哪天这种新陈代谢的活动停止了,就意味着这个生命即将结束。而改革就是企业的新陈代谢活动,如果停止改革,企业将最终走向死亡之路。

很多老板觉得管理的作用不大,做市场才是最重要的,这就是所谓的"业绩治百病"。当一个企业的业绩少到不能生存的时候,这句话当然是对的。而企业在解决了生存问题,想要有更大发展的时候,这句话是非常危险的。营销和管理是企业的两条腿,一条腿待在原地,另一条腿无论用多大力气都跨不远。如企业的营销做得很好,而管理跟不上,企业基本要开始进入终结倒计时状态了。既然三株口服液、诺基亚这类企业都可以倒闭,我想没有什么企业敢说自己永远不会倒闭的。

接下来，本章试图从六大方面为企业的改革和发展提供思路。

第一节 小企业须有必胜信念

一、小企业也可以在国际竞争中取胜

既然外贸业务拼的是企业的综合实力，那么我们的中小企业在国际竞争中还能不能混得下去呢？当我们的竞争对手是资产动辄几十亿美金的全球500强企业时，我们还是否应该有在竞争中取胜的自信呢？

回答是肯定的！中国的企业，即使是小企业，也可以在国际竞争中留下一些精彩的记录，也可以打几个漂亮的胜仗。

我从以下四个方面来进行说明。

（一）从理论上分析，中国中小企业在国际竞争中有生存的空间

根据英国人创造的蓝契斯特战略推演出来的市场营销理论，我们知道在市场行销中强者的市场占有率的上限值是73.88%，这是许多大公司取得市场占有率的最大极限。如果想超过这个极限，企业将面临诸多不利状况，同时会使企业的投入产出比下降。

换句话说，在市场经济体制下，从营销理论上分析，一个企业无论有多强大，都无法将一个行业完全掌控起来，这个行业中至少还有26.12%的空间留给其他企业生存。

而实际上，这个空间可能还要大得多。2009年1月，Gartner最新市场调查数据显示，全球电脑市场，惠普公司依然是老大，独占19.1%的市场份额；戴尔公司排第二，市场份额13.2%；台湾厂商宏碁排名第三，市场份额12.3%；联想和东芝分列四、五名，市场份额分别是7.1%和4.7%。前五名的市场份额加在一起，也只有56.4%，还有43.6%的市场空间给其他公司生存。所以，无论你的企业从事哪一个行业，你都会有市场空间可以生存。东方不亮西方亮，找准你的生存空间就好。

（二）从社会制度上分析，中国中小企业在国际竞争中有一定的生存保障

在美国以及欧洲的很多国家都早已颁布了《反垄断法》，中国也于2008年8月1日正式施行《反垄断法》。2009年3月18日，中国商务部宣布，可口可乐并购汇源未通过反垄断调查，原因有以下三个：第一，如果收购成功，可口可乐有能力把其在碳酸饮料行业的支配地位传导到果汁行业；第二，如果收购成功，可口可乐对果汁市场的控制力会明显增强，使其他企业没有能力再进入这个市场；第三，如果收购成功，会挤压国内中小企业的生存空间，抑制国内其他企业参与果汁市场的竞争。这是我国反垄断法实施以来首个未获通过反垄断调查的案例。

大家都意识到垄断和不公平竞争对社会的危害性，所以社会制度会倾向于保护中小企业有自己的生存和发展机会。企业只要有自己的核心竞争力，也可以从小鱼长成大鱼。

（三）从既发事实上分析，中国中小企业有在国际竞争中取胜的机会

纵观很多大企业的发展史，我们会发现，没有哪一个企业生来就是全球500强的企业。很多大企业都是从小企业发展起来的，无论是美国的戴尔、韩国的三星、日本的松下，还是中国的海尔、联想，都是这样的。所以，企业目前的规模大小并不决定它未来的发展规模。今天的小企业可能就是明天的大企业，关键要看今天的小企业如何运作。

（四）从中国的工业特点分析，中国中小企业在国际竞争中有自己的优势

首先是成本优势。即使经历了始于2008年的金融危机和人民币升值的洗礼，中国工业的成本优势还是很明显的。参与B2B贸易服务商环球资源调查的海外买家中，有47%的企业预计，2009年在中国的采购量不会减少，甚至可能增加，即便很多公司已经缩减其总体进口预算。而原因只有一点，就是采购成本相对便宜。

其次是产业链优势。中国经过改革开放30多年的发展，东南沿海及许多重要的内陆城市的工业发展已经形成规模，并形成了比较完备的产业链。一个产品从配件生产到成品组装，不需要跑很多地方就可以完成。这既提高了生产效率，同时也降低了生产成本，有利于提高产品的竞争力。

最后，中小企业规模小，可以发挥船小好调头的优势。中小企业遇到发展机遇可以及时把握住，看到危险也可以及时刹车、掉头，而这点对于大企业来说是无法做到的。

综上所述，我认为中国的中小企业在国际竞争中不但有生存、发展的机会，还有成长为国际巨头的机会。我们必须树立这样一个信心，未来的世界，中国企业将出现一大批如IBM、HP、PANASONIC、SAMSUNG、WAL-MART、TOYOTA等这样的国际品牌，中国企业将大批进入世界500强的名单。

二、大企业都是从小企业开始的

大企业不是天生的，国内就有大量的小企业快速成长为大企业的例证。他们，就是我们许多小企业的明天。我们中小企业要以他们为榜样，不失斗志，谦虚好学，终有成就大业的一天。

【案例：阿里巴巴】

阿里巴巴集团是所有中国人共同见证的快速发展成长的企业。据雅虎披露的财报显示，阿里巴巴集团2013年第三季度营收为17.8亿美元，同比增长51%，净利润8亿美元。《纽约时报》网络版刊文对阿里巴巴前景非常看好，预计阿里巴巴集团2014年利润将达38亿美元，市场估值则达950亿美元。

2014年9月19日，阿里巴巴登陆纽交所，以每股美国存托股68美元的发行价，成为美国融资额最大的IPO。阿里巴巴上市首日暴涨38.07%，市值2 314亿美元！马云是第三大股东，套现8.67亿美元，仍持股7.8%，剩余股票价值共计180.3亿美元。马云净财富达到219亿美元，成为中国内地首富，跻身全球50大富豪之列，排名第34。第四大股东执行副董事长蔡崇信，套现2.89亿美元，仍持3.2%的股份，剩余个人持股价值接近74.4亿美元。这些数据远超上市前的预期。

而阿里巴巴1999年初在杭州成立时，注册资金只有50万元，公司仅有18名员工。2000年7月马云荣登《福布斯》封面人物，是50年来中国企业家享此殊荣的第一人。2001年、2002年阿里巴巴主要在海外进行发展，两次被哈佛大学商学院选为MBA案例，并在美国学院掀起一股研究阿里巴巴的热潮。阿里巴巴发展到2014年的辉煌成就，只经历了15年时间。

【案例：吉利汽车】

吉利汽车是中国第一家民营汽车企业，而它的前身不是卖汽车的，而是卖电冰箱的。1986年，吉利创始人李书福向家里人借钱，以冰箱制造业为起点在浙江台州开始创业。1994年，李书福进军摩托车行业，并且制造了中国第一辆踏板摩托车。

吉利集团正式成立的时间在1996年，在1997年前后，吉利完成了相关厂房的建设以及前期投资准备，自此吉利才算是正式进军汽车行业了。1998年，吉利第一辆汽车在浙江临海市下线。但是在吉利汽车下线后很长一段时间，吉利都还没正式获得国家的生产许可。直到2001年的时候，吉利汽车才获得国家正式汽车许可。

2002年时，吉利发生了重大转变，它由一家家族化经营的企业，转型成聘请职业经理人的现代股份制企业。2003年3月，浙江吉利控股集团有限公司正式成立。2005年5月吉利成功在香港上市。2008年，金融海啸席卷全球，美国汽车巨头首当其冲，遭受重创。2008年年中，吉利抓住这个机会就收购沃尔沃轿车一案与福特汽车开始了谈判。2009年10月，美国福特宣布吉利成为沃尔沃轿车的优先买家。2010年3月28日，福特正式以18亿美元的价格，将沃尔沃轿车出售给了吉利汽车集团。这场收购成为迄今为止涉及金额最大的中国车企海外收购案。

与其临渊羡鱼，不如退而结网。我们需要一起来思考和探讨，我们的中小企业该如何做大做强。

第二节　小老板须有大格局

一、格局决定企业发展高度

我这里谈的格局，是指思想格局，即一个人在价值观、思想高度、思维方式等方面的布局。这个布局，会直接通过他的言行举止表现出来，并直接影响事情的结果。"不谋万世者，不足谋一时；不谋全局者，不足谋一域"，这就是一种大的思想格局。能见人所未见，谋人所未谋，企业才能从小做到大。

（一）老板围着今天转，企业将失去明天；老板围着小事转，企业将失去大势

毋庸置疑，老板是全公司工作最认真的人。因为任何一次疏忽导致的损失，最终都要由老板买单。除非老板对盈利无所谓，不然他一定是工作最认真的。

这种认真，也会有后遗症，即什么事情他都得看看才会放心，大到与客户签订单、买设备，小到采购一个螺丝、报销十元车费。

老板这样做，当然会让今天的事情做得更踏实、效果更好。然而，我们一个人一天只有24小时，除去睡觉、吃饭、走路、上厕所，就算你还能工作14小时，那又怎样？你还是感觉时间不够用，每天有审核不完的单据和文件，每天都有做不完的事情。而对于企业明天该如何发展，你却抽不出时间来思考。老板想花点时间去学习，却总感觉脱不开身，好像他一天不在，企业就会倒闭。

所以一定要明白，这样做是非常危险的，这样做只会让企业失去明天、失去大势。

"那我今天的这些事情怎么办呢？总得要人做呀。"很多人会这样说。

只要你确定了正确的方向，并从今天的小事中脱身出来，你就一定会想出方法。

（二）老板胸怀有多大，企业规模就有多大

海纳百川，有容乃大。企业要做到如大海一样的规模，老板须有像大海一样的胸怀。

大多数企业的员工，很多都来自不同的年代。每个年代的人，都带有其成长的时代特色，以至于他们的价值观、行为方式都会有较大的差异。再加上，大家都来自五湖四海，地域差异也会导致行为习惯的不同。比如，一位仓库主管，讲话比较啰嗦，会上发言经常超时，其他人颇有怨言，但仓库管理得好；一位女采购员，性格有点大大咧咧，有时顶撞了上司还没有察觉，但她对工作非常积极用心，对待供应商也显得有点泼辣，谁都不敢怠慢她的货。这些人，你是选择用还是不用呢？

如果你的眼里容不了沙，也就容不下性格各异的人才。而面对客户，老板更不能因为斤斤计较，而忽略了长远的合作与利益。

【案例：老板收了小钱丢了客户】

A公司两年前采购了中山X公司的电子产品，但产品出现了严重的质量问题。但A公司的分销商直到年底才将问题产品退货给A公司。当A公司收回各地分销商的问题产品后，发现两个问题：一是所有的包装因陈列太久和多次搬运都已经旧了或损坏了；二是产品已经超出了供应商X公司的免费保修期。A公司一直坚持把客户利益放在第一位，于是无条件地承担了全部损失。但是因业务繁忙，A公司就一直把这批问题产品积压在仓库，直到今年公司要整理仓库才想着把这批货整修好，低价清仓处理。

A公司的负责人开车3小时到了X公司拜访，把事情的原委说清楚了，也告知X公司，质量问题是A公司后来一直没有从X公司继续采购的原因。A公司负责人想了解一下X公司是否还有合作的必要，就试探性提出要求，希望采购一批总价值256元的配件回去整修问题产品。X公司老板答应了，马上开了收据，安排了配件给A公司负责人。

A公司负责人干脆地付了钱，与X公司的老板握手道别，一转身却对同行的同事说："我们和这家公司不可能再合作了。"

原因很简单，A 公司负责人从这件小事上感觉出 X 公司的老板思想格局太小。如果换了其他供应商，一定会为这次的质量问题给客户带来的损失和不便做出道歉，并主动承担这批配件的费用，这是最起码的举措。遗憾的是，X 公司老板心里容不下这 256 元的损失，而失去了一个客户。如果再开发一个新客户，花 256 元够吗？

二、突破企业成长的思维局限

每个企业老板的背后都有一个不平凡的故事。每个企业老板也许都经历过艰难的江湖闯荡，从几十块或几百块创业资金开始，从摆地摊、做苦工开始，通过自己的不懈努力，最终成就了今天的事业。对于这些企业家，我是心存崇敬的。

然而，在企业的发展过程中，我们的企业老板发现企业成长到某个阶段以后便很难突破、再上新台阶了，企业总是维持在那种规模、那种状态，甚至有些还会倒退。小企业最后能真正成功晋级做到大企业的，实在不多。我认为，其原因不在资金上，也不在技术上，而是在企业老板的思维上。正是老板的思维局限，限制了企业的进一步发展壮大。

思维局限一：角色转换

企业在慢慢做大，但老板的角色却一直很难转换过来。企业老板总是担心下属把事情弄糟，他们还是习惯于像以前一样事事亲力亲为。所以，如果老板几天不在公司，公司的很多工作就无法开展了。同时，一个人的精力也是有限的，当企业的工作量大幅增加以后，光靠老板一个人是忙不过来的。

企业做到一定程度，老板应该慢慢学会放权，要把更多时间投入重大项目的决策和企业监督上。余世维在谈到企业管理的时候说，老板其实只需要一个权力，那就是否决权。让你的下属给你做方案，你可以给他们一些指示，但不要替他们做。下属做完方案后，老板认为可以，就通过；认为不可以，就让下属重新修改，直到可以通过为止。老板不停地行使否决权以后，剩下来的方案就是公司的最后决定了。

思维局限二：人才观

创业的时候，自己的亲人、朋友是最好的帮手。他们不会为了钱斤斤计较，不会轻易背叛自己，会全身心地付出。企业走上正轨以后，老板仍然倾向于让自己的亲人、朋友担任要职。

我从来不反对企业老板任用亲友,但要量才使用,防止"任人唯亲"。企业在不停地发展,其对人才的要求也会越来越高。老板如何确保创业初期的"亲友团"能够胜任新时期的职位?所以,对于一个职位,首先要求任职的人要符合职位能力要求,如果达不到要求就只能让给有能力的人来做。企业要发展,就必须大胆起用外聘人才。另外,"亲友团"在企业的行为也要符合公司各职位的统一要求,不可越权,不可兴风作浪。在管理层面上,企业所有人应该是平等的。

思维局限三:品牌意识

我跟很多企业老总交谈的时候,发现品牌意识是他们很薄弱的一个环节。甚至有些企业的年营业额已经在1亿元人民币以上了,但这些企业在品牌方面仍然没有什么成绩。这些企业的老板首先觉得品牌是个花钱的东西,就是在中央电视台、报纸、网络拼命投广告,一想就感觉发虚。同时,他们也没有做品牌的超前意识,觉得品牌做不做都无所谓,反正没做品牌这么多年都过来了。

佛山一家家具厂老板觉得他们没有做品牌的必要,因为自己只是做家具的五金配件而已,是给其他家具厂提供配件的。我的回复是,不论什么产品都有做品牌的必要,如果不做品牌,未来企业将面临发展的瓶颈制约。行业越来越透明,价格也越来越透明,如果你没有品牌,你就只有拼价格,同样的东西别人卖10元,你争取卖9元。长此以往,利润率将大大降低,而且订单也难以稳定。因为你不可能长期维持最低价的。电脑配件有很多,但如果提到Intel的CPU,相信大家都不陌生。如果你电脑用的是Intel的芯片,你对这个电脑的质量是比较放心的,而这个芯片只是电脑的一个小配件。在服装行业里,有一个日本的拉链品牌叫作YKK,做服装辅料行业的朋友也都熟悉。他们的广告语是"小拉链,大学问"。这么小的一个拉链,人家做出一个全球品牌,国内几个知名的高档女装品牌就用了YKK的拉链。毫无疑问,YKK拉链的价格比普通拉链要贵,但你的品牌服装还是倾向于选择它,因为YKK就是高品质拉链的代名词,用了YKK拉链的服装也一定不赖。

事实上,品牌是让自己区别于竞争对手的有力武器。营销专家路长全说,小企业更需要做品牌。因为你小,在很多方面你并没有优势,所以你需要在品牌上面创造差异化。至于在品牌方面的投入，则应该从实际出发，犯不着没钱也要拼命往央视上撞。品牌宣传，有钱有有钱的做法，没钱有没钱的做法，关键是要有做品牌意识。有这个意识了，人自然会想出办法来解决问题的。

中国的很多中小企业，除了价格战，很难想出更好的办法。最终结果是中国企业自相残杀，海外买家坐收渔翁之利，让人寒心。

思维局限四：市场营销与创新

企业老板十有八九都做过业务，他们很多曾经都是业务精英，所以他们绝对不缺少业务能力和经验。然而在营销的世界里，过去成功的经验可能将成为后来失败的教训。

一个潮州的朋友在东莞做了一二十年的塑胶产品生意，包括勺子、凳子、盆等这些东西，年收益也有好几十万元。然而从2008年初开始，他的生意突然缩水60%，这让他一下不知所措，百思不得其解。事实上是他的市场行销方法出现了问题。过去他主要的客户是工业区的那些低档超市，而这些超市主要把他的塑胶品卖给工厂的工人。由于受东莞政府产业升级以及金融危机的影响，东莞地区的外来打工人口大量减少。他的塑胶品销量自然也随之大量下降。而此前，我曾多次建议他开发东莞大型商超渠道，因为一方面他有这个实力，另一方面大型商超逐渐在蚕食传统渠道的市场份额，KA渠道已经是一个大趋势。可惜，这个朋友习惯了以前的销售渠道，一直没有改变，没有主动适应新情况，最终难免走下坡路。

海外行销也一样，必须经常关注时局变化，不能以过去的经验来代替科学的判断。企业老板只有摆脱过去成功经验的束缚，不断接受新事物，不断学习，不断创新，企业才可能获得长远发展。

思维局限五：风险意识

有这样一个故事：一只鹦鹉和一头猪同乘一架飞机。鹦鹉对空姐说："给爷倒杯水！"猪看到鹦鹉这样说话也学它的样对空姐说："给爷倒杯水！"空姐向它们走过来，生气地把它们俩都扔下了飞机。在空中，鹦鹉扇动着翅膀对猪说："傻了吧，爷会飞的。"猪的结果可想而知，掉在地上摔死了。这个故事给了我们企业一个警告，面对同样一件事情，对于某些企业可能是个机遇或者说至少没有大的危险，而对于另一些企业而言可能就意味着灭顶之灾了。

因为每个企业的状况是不一样的，我们必须对自己了解清楚后再做决定。

中小企业在发展过程中会面临很多机遇，而机遇和陷阱有时候只是一纸之隔。不少中小企业有接过海外大买家的订单，甚至有些企业就专门给一两个买家供货，只要买家有要求，他就不停地扩大生产规模，买机器设备、建厂房。在一切都顺利的情况下，这是没有任何问题的。但繁荣背后往往隐藏着风险。

【案例：一个美泰玩具供应商的悲剧】

2007年9月5日，美国最大玩具商美泰公司宣布，由于玩具涂料含铅成分过高，将在全球范围内召回82.4万件中国生产的芭比玩具。这是美泰在一个月内第三次宣布召回中国制造的玩具。美泰上一次召回行动是在8月14日，涉及召回的玩具多达1 900万件。此前8月2日，美泰已经召回了150万件玩具。而最可怜的并不是美泰玩具公司。8月11日下午，美泰供应商利达玩具厂副董事长、港商张树鸿在自己工厂的仓库内上吊自杀。事发前，佛山利达的产量已居佛山玩具制造业第二。短短一周，这家拥有十多年良好生产记录的合资企业轰然倒塌。

对于这个"美泰事件"，我想是没有人可以预料到的。对于一个产量居佛山玩具制造业第二的企业，我想也没有人会怀疑它根基的稳固性。然而，风险是无情的，无论你是否意识到这点。

所以，我建议企业老板们在面对一个机遇的时候，多思考一些问题。如果你的买家数量很少，却占用了你大量的生产力，那么你的订单结构是比较危险的。一旦你的一两个客户撤退，你的企业将马上面临订单不足的危机。而常年缺乏市场营销经验的工厂也不可能马上将订单缺口补上。回头可以做一个测试，如果把你最大的1~3个客户拿掉，你的企业是否还可以正常运行或能够在短期恢复？如果回答是肯定的，那么你的企业的订单结构是安全的了。

事实上，企业面临的风险远远不止这些，只是我们企业很多时候无知者无畏，是福是祸全靠运气。比如说由"三鹿奶粉事件"引发的奶粉企业信用危机，这个事件发生之前，奶粉行业是有先兆的，有类似于"大头婴儿事件"

等负面消息曝光,而很多奶粉企业仍然没有因此而给自己的企业敲响警钟,采取必要措施来规范自己的行为,来规避可能遇到的风险。所以,最后中国的奶粉企业在"三聚氰胺事件"中能够幸免于难的,已经所剩无几了。

第三节　重塑企业文化系统

一、企业文化是企业的成长基因

前面我们已经分析了小企业完全有机会做大,但道路曲折而漫长。从小鱼到大鱼,从平凡到优秀到卓越,我们中小企业究竟如何实现自身的蜕变?

我需要给所有中小企业老板一个建议:

企业成长的高度,不在于时间的长短,而在于企业的基因。

无论过多久,麻雀无法长成老鹰,因为麻雀不具备老鹰的生长基因。同理,一个不具备大企业基因的企业,是无法长大的。所以,一个企业要成长壮大,最重要的不是急着全力扩张规模,而是在成长的过程中改写企业的基因。

什么是企业的基因?我认为是企业文化。

老子说:"天下万物生于有,有生于无。"他强调的是一种无形的力量。电脑软件是无形的,却控制着整个电脑的运行。人的思想是无形的,却足以改变整个世界,邓小平理论就促使中国改革开放走向了成功之路。企业文化虽然无形,却可以改变整个企业发展的方向。

《孙子兵法》开篇就强调了统军将帅必须明白的"知之者胜,不知者不胜"的五个重要因素,"一曰道,二曰天,三曰地,四曰将,五曰法"。这五个因素,同样适用于企业。

通过对比研究,我总结出企业高管必须懂得的决定企业未来成功与否的五个关键因素:

(1)道——企业文化:一个企业能否使公司员工上下同心,同甘共苦。能够做到,则企业可以昌盛,不能做到,则企业迟早会分崩离析。

(2)天——企业所处行业的发展阶段:企业所从事的行业是朝阳产业还

是夕阳产业？是新兴行业还是成熟行业？是技术密集型的行业还是劳动密集型的行业？不同行业，发展空间会有很大差异，所以要慎重选择。这就是为什么说"男怕选错行，女怕嫁错郎"。

（3）地——目标市场状况：产品的外观、性能、价格等是否符合目标市场需求，目标市场的市场特征、竞争格局是否有利于我。

（4）将——企业人才：从一个企业拥有什么样的人才，就可以判断这个企业是几流的企业。企业没有人才就没有未来。

（5）法——企业制度：是否做到职责明确，按章办事，赏罚分明，有令必行，有禁必止，企业运作是否系统化、自动化。所谓企业运作自动化，就是无论企业老总在不在办公室，企业都可以在制度的组织下稳定运行而不受影响。

这五个要素中，企业文化居于首位，意义重大。企业文化是无形的内在因素，对企业的发展起着决定性作用。

【案例：稻盛和夫拯救日航先改企业文化】

2010年1月19日，亚洲规模最大、世界第三大的日本航空公司正式申请破产保护，整个日本哗然。这意味着，一家服务了近60年的航空公司即将消失，5万人将面临失业。78岁高龄的稻盛和夫，在日本政府再三恳请之下，接受出任破产重建的日本航空公司董事长。

稻盛和夫，日本两家世界500强公司京瓷和KDDI的创始人，与松下幸之助、盛田昭夫、本田宗一郎并称为日本四大"经营之圣"。他以"敬天爱人"为主旨的经营哲学，以及独特的"阿米巴经营"享誉日本。他的到来使奇迹很快出现。到2010年11月日航的赢利已达1 400亿日元。而让沉疴在身的日航扭亏为盈，稻盛和夫只花了短短3个月时间，这是世界企业经营史上空前的奇迹。在创造这段奇迹的过程中，通过导入经营哲学，重建日航的企业文化具有战略意义。

在大多数人看来，日航衰败的主因无外乎几点：从外部看，一路走高的油价，让拥有众多能效低的大飞机的日航越来越难以负荷，金融危机也导致乘客减少。从内部看，20世纪80年代日本资产和股票泡沫破裂，日航针对外国度假项目、酒店项目的风险投资给公司带来了损害；同时，日航必须担负不断增加的养老、工资开支，还必须经营着不盈利却有"政治需要"的许多国内航线网络。

但稻盛认为，这些不是全部真相。他在无数事实和见解中找出了更深层次的原因，占据首位的便是日航人思想意识涣散，不统一。

日航的服务一直为外界称道，但稻盛发现，日航的服务已经显得表面化、程式化，以至于有人曾用"殷勤无礼"四个字批评破产重建前的日航。员工各自为政，按照自己的想法做事，形不成合力。管理层更是官僚化严重，缺乏足够的危机感。

诊断清晰后，稻盛做出的第一大改革不是管理改革，而是通过各种方式向日航人灌输他的经营哲学。

2010年2月1日，稻盛正式就任日航会长时说："实现新的计划关键就在于一心一意、不屈不挠。因此，我们必须聚精会神，抱着高尚的思想和强烈的愿望，坚忍不拔干到底。"每个月，稻盛都要开一次大会，向员工宣讲他的哲学——倡导敬天爱人、热爱自己的工作和生活，宣示生命的意义在于克服困难，完善自我。结合日航的实际，他要求大家投入热情做事，发自内心地为客户着想，而不仅仅是遵照工作守则。

从6月开始，稻盛组织干部学习会，第一期约50人，花一个月，对各级主要领导人进行彻底的教育。内容是：经营者应该具备的资质，经营企业所必需的管理会计等。具体题目有："不用数字掌握现场状况就无法经营"；"经营的要诀是销售最大化、费用最小化，每位领导人必须率先实行这个原则"；"领导人必须具备值得部下尊敬的优秀的品格，同时必须具备无论环境如何变化都要实现既定目标的坚强意志和燃烧般的热情"。

这样的学习会每周4次，第一个月办了17次，稻盛亲自讲解6次，讲完后还与大家一起饮酒讨论。稻盛说，开始时有人还不乐意听，但后来所有的人精神都振作起来，连眼神也变了，领导人的责任意识开始建立，而且一同上课的人之间产生了强烈的一体感。这样的教育很有效果，几个月下来已有200余人参加了学习。

如果没有日航的企业文化重建，只有经营管理方式的变革，日航的改革仍难以成功。企业文化对整个企业有浸润作用，没有死角，让员工的行为发自内心，由内而外很快乐地表现出来。相反，如果没有企业文化的支撑，任何制度能规范和要求的只是很小的一部分,而且会让员工有抵触情绪,从而使各项制度不能很好地实施。

二、员工感受的企业文化

有人说,企业文化是一个企业整体的态度。

也有人说,企业文化是可以看到的宣传标语、每天参与的晨会。

也就是说,无形的企业文化,最终会产生有形的表现形式,这也就是老子"无中生有"的哲学思想,即"世界万物生于有,有生于无"。

对于企业文化的形成,我认为有两种方式。一种是天生的,即从企业老板创业时伴随着老板的个人风格而形成的企业文化,我称之为原生企业文化,如下图所示:

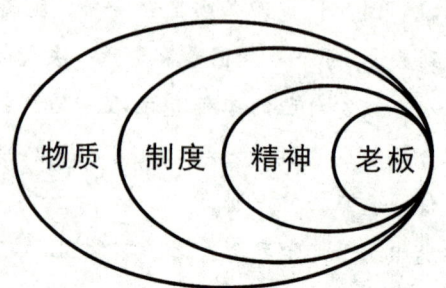

老板在创业过程中会伴随着产生某种精神力量传递给一起创业的团队,并且以此为规则形成企业初期的制度,最终通过可见、可知、可感的物质形式表现出来。大部分的小企业的企业文化就是这样形成的,它们打上了明显的老板个人风格烙印。

但如果企业要突破个人的局限性,让企业有更大幅度的提升,企业需要用到第二种企业文化的形成方式。我建立了如下的企业文化改造模型图:

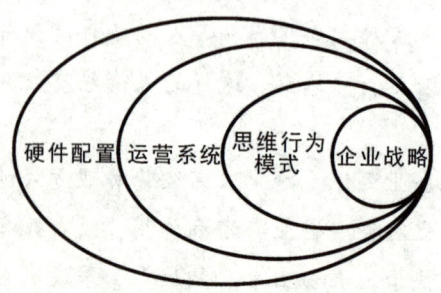

我们要以企业的战略目标为核心，根据战略目标来确定一个企业应该具备的正确的思维模式和行为模式。然后再根据要确保团队能具备这种思维和行为模式的目标，制定企业的运营系统。企业最终根据系统运营的需要来配置各项企业文化建设所需的硬件设施。这是一种以目标和结果为导向的企业文化建设方式。这种企业文化，我称之为再生企业文化。

对于企业的员工，企业文化也是可以感知的。具体分析，其核心内容至少包括以下四个方面：

（一）企业的使命：给企业和员工一个伟大的梦想

企业的使命不是疯狂赚钱，而是给企业的社会价值做一个定位，你这个企业诞生以后对这个社会有什么价值和意义。这个定位，将为企业的长远发展确定一个努力的目标和方向。有了这样一个定位，员工就能够感受到自己工作的社会价值，就会产生对企业、对工作的自豪感。这也是人的社会心理需求。

马克思在创建共产主义理论的时候，为全人类描绘了美好的共产主义社会蓝图，而中国的革命先辈们更是为了实现这个梦想不惜抛头颅洒热血，他们以追寻、实现这个梦想为光荣。这绝对不是金钱可以实现的。

没有梦想，只是以利益联结起来的团队是脆弱的，这样的团队随时都有土崩瓦解的风险。一旦团队拥有共同的梦想，并能上下同心，这个团队将无坚不摧。

下面是一些世界著名企业的企业使命，供大家学习和参考：

联想电脑公司使命——为客户利益而努力创新。

IBM公司使命——无论是一小步，还是一大步，都要带动人类的进步。

通用电气公司使命——以科技及创新改善生活品质。

福特公司使命——汽车要进入家庭。

中国移动通信公司使命——创无限通信世界，做信息社会栋梁。

迪士尼公司使命——使人们过得快活。

苹果电脑公司使命——借推广公平的资料使用惯例，建立用户对互联网之信任和信心。

华为公司使命——聚焦客户关注的挑战和压力,提供有竞争力的通信解决方案和服务,持续为客户创造最大价值。

万科公司使命——建筑无限生活。

荷兰银行使命——透过长期的往来关系,为选定的客层提供投资理财方面的金融服务,进而使荷兰银行成为股东最乐意投资的标的及员工最佳的生涯发展场所。

微软公司使命——致力于提供使工作、学习、生活更加方便、丰富的个人电脑软件。

惠普公司使命——为人类的幸福和发展做出技术贡献。

耐克公司使命——体验竞争、获胜和击败对手的感觉。

沃尔玛公司使命——给普通百姓提供机会,使他们能与富人一样买到同样的东西。

麦肯锡公司使命——帮助杰出的公司和政府更为成功。

一个人追求自己喜欢的梦想,是快乐的,即使身体再累,心也是幸福的。作为老板或企业高管,我们能否给大家一个可以持续追求的、有意义的梦想呢?能否把个人的小梦想和企业的大梦想统一在一起,共同去实现呢?

(二)操控企业的方式:是人治还是法治

从人治走向法治,是小企业成长的第一步。

如果一个老板整天在公司责骂员工不准穿拖鞋上班、不准乱放文件、不准上班打私人电话等,那么这一定是一个人治型的公司。如果一个企业的员工每天都在问他的上司:"客户明天来访要如何安排?""这份文件需要谁签字?""客户要求我们修改报价,该找谁商议?"那么这个企业也一定不是法治型企业。

员工来上班的第一天,公司就应该培训他,告诉他哪些是该做的,哪些是不该做的,每件事情的处理流程是怎样的,有哪些处罚和奖励措施。这些都在制度上写着,白纸黑字在墙上挂着。实行下来,就是法治,做到处理问题有法可依,不需要总是临场发挥。把这些制度、规范整编到一起,就形成了企业的《员工手册》的核心内容。

更通俗一点讲,建立一个法治型企业,就是要让企业的一切行为规范、操作流程、纪律制度等涉及企业运营的各方面要求都以文字的形式确定下来,在公司内部进行培训和学习，并切实执行，使其成为公司行动的唯一指南。需要特别强调的是，这是一部行动指南，是给大家用的，不是给外人看的，所以千万不要把它变成形式化的东西。我曾经见过一个企业的培训资料，有几十页厚，而培训只花了不到半个小时，而且这些资料的很多内容似乎是给外人看的——看上去冠冕堂皇，却根本无法在企业执行。

在一个法治化的企业，员工在经过培训后至少应该十分清楚以下事项：

他的工作职责有哪些；

他应该对哪个部门或哪些部门负责；

每项工作的程序是怎样的，有什么要求；

他的工作成绩是如何来评价的；

哪些事情会被奖励，哪些事情会被惩罚；

处理问题的时候，哪些方面可以自己决定，哪些方面需要请示经理或老总。

（三）企业制度是否合理、适用、具有激励作用

公司制度是一根指挥棒，可以让大家奏出《义勇军进行曲》，也可以让大家奏出哀乐。不合理的制度，就是哀乐指挥棒。同时，如果既定的制度是作为摆设，就不如废除。制度一旦制定，就应该严格执行。

要制定科学的企业制度，可以参考以下几条建议：

（1）要从企业自身实际情况出发，强调实用性，符合企业自身的发展需要，不要简单地照搬照抄其他企业的制度。

（2）制度要公正、公平，奖惩要适度，让大家心服口服。

（3）制度的制定应该让相关人员参与，广泛征求意见。

（4）制度建设要循序渐进，随企业逐渐发展和提升。企业在发展的不同阶段要求有不同的企业制度来保障其运行，所以制度应该是活的，可以成长的。

（5）一个好的企业制度应该以鼓励大多数人以主动、积极的态度追求上进为主，以惩罚为辅。

（6）企业制度不得和国家相关法律相抵触。

（四）企业的行为习惯：是效率型还是疲劳战术型

效率型企业，关注的是员工的工作结果、工作成绩，员工只要如质如量

地完成了工作任务,就算合格了。而疲劳战术型的企业关注的是员工的工作时间。雇佣方希望员工提供更长时间的劳动,满足企业的发展需求。这样员工不得不经常加班加点,显得疲惫不堪。

很多国际大买家在验厂的时候会问到这样的问题:员工的工资待遇、社会福利保障、劳动时间等。这些问题看起来与产品没有关系,而实际上他们认为关系很密切,他们不相信一个员工在没有安全感、没有健康、低收入、长时间加班作业的情况下可以把产品做好,可以把服务做好,就像我们不相信一台破旧的机器可以生产出精美的产品一样。所以,企业应该在提高工作效率上多下功夫,而在工作时间上尽量给予一些人性化的安排。

有一个牛奶公司在电视上推广他们的牛奶时宣称,"我们像养育孩子一样养育奶牛",让奶牛在自由的环境下成长、产奶。他们认为这种状况下的奶牛产下的牛奶更安全、更健康、更有营养。一头奶牛尚且如此,作为有创造力的人就更应该是这样了。人的精神状态将很大程度上影响到他的工作质量。

所以,效率型的公司往往更能激发员工的创造性,更有利于留住优秀员工。而疲劳战术型的公司往往生产环节问题多,资源浪费严重,投入产出比低,效益比较差,不利于吸引和留住优秀人才。

三、重塑企业文化系统的工具

企业文化系统需要通过一些工具来落实,通过一些形式来表现。这里,我梳理了一些常用的重塑文化系统的工具。

1. 开好两会:晨会和夕会

会议是很好的统一思想的工具,成型的企业一般都会有各种类型的会议,如周例会、月例会、月总结会议、年度总结会议,部分企业每天都有"两会",即晨会和夕会。

虽然都知道有各种会议,但要开好各项会议却要费点心思。晨会和夕会与企业员工的每天生活、工作息息相关,对培养团队的习惯和精神面貌至关重要。这里我重点介绍一下这两项会议。

晨会和夕会的目的和组织形式都是不一样的。

有人认为,每天花这么多时间开会,是不是太浪费时间了?

事实上,真正浪费时间的是反复发生的同类问题、不负责任导致的错误、消极怠工的低效率,而不是有价值的会议。如果每天可以用半个小时激活一天的效率、减少频繁发生的问题,那会议就成为团队的发动机了,这样也不会再浪费时间了。

类别	晨 会	夕 会
目的	激励团队,鼓舞士气,让一天的工作充满活力。	总结、反省一天的得与失,感恩一天的人和事。
主要内容	1. 组织各种活动激发团队的活力; 2. 公布当天的目标和计划,并作出公众承诺; 3. 提出援助请求或发出援助(别人)意愿; 4. 及时表彰和奖励。	1. 总结、分析达成目标过程中遇到的问题,找出解决方案; 2. 反省、纠正错误,指明纠正方向和方案; 3. 弘扬成功经验、正面的人和事; 4. 强化感恩的心态。
主要形式	1. 唱歌:能激发斗志的歌; 2. 整队:强化团队意识; 3. 舞蹈:通过活动身体活跃身心; 4. 工作汇报与沟通:正面激励; 5. 游戏:满足团队娱乐、放松的心理需求,增进工作的趣味性和团队凝聚力。	1. 唱歌:倡导感恩、团结的歌曲,如《感恩的心》、《相亲相爱的一家人》等; 2. 整队:让在工作中分散各处的队员回"家"、收心; 3. 回顾与总结:点评一天的工作和队员的表现。
时间	10~20分钟	≤10分钟
重点	表扬、期望	解决问题、纠正错误

2. 喊响口号:这是向胜利冲锋的号角

打仗的时候,一吹冲锋号,战士们就不顾一切地往前冲。因为冲锋号既是命令,也是激励团队向胜利冲锋的动力。

我们每天的工作都有目标和任务,队员们也需要在不断地激励下才有足够的冲锋的斗志和勇气。而洪亮的口号声,就能起到这个作用。

口号的要求:

(1)简短有力,朗朗上口,易读易记;

(2)倡导什么、强调什么,就用其作为口号的核心内容。

比如,李践老师的培训中提到成功者的三大特征:认真、快、坚守承诺。

如果你希望大家做到，就可以将其列入口号中。主持人领头："成功者的三大特征是……"全体人员齐声，并且以最强的气势喊出口号："认真！快！坚守承诺！"若能够配以情不自禁、全力以赴的肢体动作，其效果更佳。

口号的作用：

口号，一开始只是口号，大家喊几嗓子就完了，但我们千万不能忽视长期坚持下来的巨大作用。口号通过声音、肢体动作、团队表现的状态等形式刺激到人的神经、大脑，最终影响人的心智。口号喊久了，就会被身体、心灵慢慢吸收、认同，最终内化为内心的要求。

口号发生作用的关键：

让大家全身心心投入，并坚持训练下去。

3. 张贴标语：让企业文化时刻传播

对于标语，很多企业并不陌生。标语有很多类型，比如：

5S标语、品质控制标语、安全标语、企业文化标语、现场管理标语、管理系统标语、成功激励标语。

张贴标语的误区：形式主义，以装饰为目的。

用好标语要注意以下内容：

（1）根据企业需要、部门需要选择最适合的标语来张贴；

（2）配合企业整体的文化建设进度来调整和更新标语内容；

（3）在会议、活动中不断强化标语，让每个人对标语烂熟于心。

4. 传唱励志歌曲

中国抗战时期传唱的许多优秀歌曲，鼓舞着中国人民取得抗战胜利。如《国际歌》、《义勇军进行曲》、《我们都是神枪手》和《三大纪律八项注意》等，都是老一辈人耳熟能详的歌曲。

对于企业，没有那么多创作歌曲的人才来进行原创，就实行拿来主义，选择现有的励志歌曲，引导大家传唱。

这里有一些经典励志歌曲供大家参考：

曲目一：五月天《倔强》

曲目二：成龙/周华健/黄耀明/李宗盛《真心英雄》

曲目三：汪峰《飞得更高》

曲目四：赵传《我是一只小小鸟》

曲目五：汪峰《怒放的生命》
曲目六：伍思凯《我真的很不错》
曲目七：范玮琪《最初的梦想》
曲目八：张雨生《我的未来不是梦》
曲目九：刘欢《从头再来》
曲目十：零点乐队《相信自己》

【案例：一抄二改变身晨会歌曲】

我在东莞添爱服装辅料有限公司推行早会时，导入了一首歌曲《团结就是力量》。但这首歌曲的部分内容不符合公司的需要，于是我们结合公司的发展战略目标进行修改，就成了下面的歌词：

团结就是力量
团结就是力量
这力量是铁
这力量是钢
比铁还硬
比钢还强
向着添爱理想前进
让一切落伍的思想灭亡
向着光明
向着未来
向着前十强
发出万丈光芒

这首歌曲修改的地方不多，但修改后的歌词传达并强化了两个重要内容：

一是公司快速成长过程中，大家务必做好持续变革思想的准备，响应公司"不换思想就换人"的发展要求；

二是每天强化公司的发展目标——打入中国服装辅料行业前十强。尽管路途遥远，但是目标坚定，行动坚决，发展目标深入人心。

5. 用好内部媒体

"媒体"这个词听起来很有压力,似乎和小企业无关。

红军革命前期的宣传工作靠什么?靠刷墙壁、拉横幅、树大小旗帜、毛笔写贴标语、油印机印发传单等,这些简单、常规的工具。从这个角度来看,大部分小企业都可以建立自己完善的内部媒体。

广播:

把用于播通知的喇叭或用于唱歌的音响设备好好利用起来,进行规划,变成企业内部的广播。可以利用广播播一些励志的故事、缓解疲劳或激励斗志的音乐、员工的工作感悟、奖励通告、生日祝福等内容。

视频媒体:

电视+DVD+音箱组合、电脑+投影仪+音箱组合,这两个组合任选一个即可,几乎每个小企业都可以配置齐全。

播放的视频内容很重要,包括:励志电影,如《当幸福来敲门》、《阿甘正传》、《穿普拉达的女王》、《杜拉拉升职记》、《肖申克的救赎》等;培训学习视频,如成功学培训、现场管理培训、销售培训、人事和礼仪培训、领导力培训等;"偷拍"优秀员工记录,即管理员在平时巡视时拍下员工的优秀表现,作为大家学习的榜样。

报纸:

对于有一定规模的企业,别说报纸,杂志都可以出。而对于规模小的企业,员工人数还不够报纸的起印量,会感觉编印报纸是种浪费。思路决定出路!只要你想做,就能有办法解决问题。按现在的排版、打印、复印的傻瓜式技术,排个 A3 版面大小的报纸是没有困难的。如果员工人数不多,就去复印店印几十份或一两百份即可。

报纸内容:企业的内部资讯,员工的书法、手工、厨艺、摄影等才艺展示,员工原创文学作品、励志故事、培训内容普及、优秀的工作总结或心得体会等。

互联网平台:

以互联网为基础的企业内部交流平台有很多形式:QQ群、微信、微博、企业内网、群共享文件等,企业能用好其中的一两个就已经很不错了。

这个媒体就非常灵活了,各种视频、音频、图像、文字的内容都可以传播,而且可以即时交流,非常方便。需要注意的是,利用互联网这个平台需要适当的引导，以建立健康的、积极向上的媒体环境。

6. 办好员工活动

企业一般都会有自己的员工活动，如生日会、聚餐、运动会、户外活动、年终尾牙等，但这些活动普遍存在以下三个问题：

一、活动目的分散或没有明确的目的，不能服务于公司的整体战略；

二、活动缺乏整体规划，活动之间没有关联，各自为政，不能发挥最大作用；

三、活动策划人员缺乏对公司企业文化战略的理解，不能主动配合战略策划符合企业文化建设要求的活动方案。

以上问题，直接导致我们企业的员工活动纯粹是为了活动而活动，钱花掉了，其效果却不明显。

员工活动既是企业文化的一个体现，又是深化企业文化的有效工具。员工活动作为企业运营活动中的一个部分，要锁定企业整体战略，把企业文化的理念具体化，形成可以看见、可以参与、可以感受的活动形式。

每次活动要提前准备、提前策划、提前演练。为确保活动达到预期效果，减少问题，制作一个策划方案是有必要的。

【案例：某企业员工活动方案模板】

一、活动目的：

为丰富员工的文娱生活，增进员工之间的沟通交流，调动员工工作积极性，缓解工作压力，实现劳逸结合，增强团队凝聚力，体现公司对广大员工关爱。

二、活动主题：放飞心情·欢乐无限

三、活动时间：×年×月×日（周六）下午13：30－19：30

四、活动地点：××山

五、活动内容：勇攀高峰，激情体验。

（一）具体项目：

1. 爬山比赛

比赛规则：先由裁判公布一个终点，先到达终点的前三名可获得奖品。

第一名：洗发水一支；第二名：洗衣粉一包；第三名：毛巾一条。

2. 搭桥过河

参赛人数：每队派六人上场（三男三女），三人为一组。

需要道具：小地毯（A4纸）。

竞赛方法：每条赛道上各一组，每组三人自由组合，起点组手持四块"小地毯"，由第一名队员向前搭放"小地毯"，第三名队员不断把身后的"小地毯"传给第一个队员，三人踩着"小地毯"前进，要求脚不能接触地面，待三人全部过境后另一组将接过"小地毯"以同样的方式往回走，最先达到起点的为胜，以时间记名次，按名次记分。

比赛规则：待一组队员全部到达终点时另一组才开始接力；比赛过程中只要有脚触地的情况，均视为犯规，并按触地次数对比赛用时给予增加（如每触地一次加30秒）。

输的一方蛙跳10次。

3. 个人才艺表演

比赛规则：自告奋勇在大家面前表演任何节目，都可获得奖品（名额为3人）。

奖品：毛巾一条（共三条）

4. 无敌风火轮

参赛人数：六人左右（三男三女）

需要道具：珍珠棉、胶带

竞赛方法：用珍珠棉和胶带做成一个封闭式大圆环，将圆环立起来全部成员站到圆环上边走边滚动大圆环，大圆环需要队员们自己做，时间需要计算到比赛时间里，中途如果圆环坏了要进行修补，最先到达终点的组为胜。

输的一方为赢的一方捶背按摩。

5. 坐地起身

比赛规则：

每组先派出两名参赛者，背靠背坐在地上，两人双臂相互交叉，合力使双方一同站起。以此类推，每组每次增加一人，如果尝试失败需再来一次，直到成功才可再加一人，选出人数最多且用时最少的一组为优胜。

输的一方女生：跳绳20下；男生：俯卧撑15个/人。

6. 羽毛球比赛（单、双打，各两场）

比赛规则：单打（共四人）每队各派出两人，第一个出场的人用纸写下来交给裁判，由裁判公布第一轮的比赛名单，打11分，胜出者可获得奖品；

双打（共八人）同理。

赢的一方可获得牙膏一支；输的一方：每人发橘子两个。

7. 聚餐

（二）活动流程：

序号	时间	内容	要求	负责人	备注
1	13：30	乘车出发	分成2个小组，在公司门口排队上车		准时出发
2	13：30－14：00	乘车到……	2个组长领队，路线：……		自带队旗
3	14：00－15：00	爬山	全员爬山，前三名有奖。		注意安全
4	15：00－17：00	游戏活动	注意组织秩序和比赛活动的公正公平。		
5	17：00－19：00	团队聚餐	享受美味，欢乐用餐。		
6	19：00－19：30	乘车返回	由2个组长领队，路线：……		自带队旗
7	19：30	活动结束	清点应还物品，送还原处。		

（三）工作人员及工作分配：

姓名	负责内容	注意事项
A	总指挥：……	
B、C、D	分队总负责：……	
E	活动主持：……	
F	物品准备：……	
G	运输和物品保管：……	
H	安全和卫生：……	
I	人员组织：……	
J	递送活动物品：……	

六、费用预算：

1. 车辆运输：100元/辆×3辆＝300元

2. 礼品费用：购生活用品和游戏道具600元

3. 人员餐费：80元/人×30人＝2 400元

4. 其他费用：临时备用300元

合计：3 600元

七、道具物品：本次活动所需物品与道具清单见附表1

附表1　员工活动物品道具清单

序号	类别	名称	数量	用途与要求	来源
1	活动物品	红旗	3面	司旗1面、队旗2面	领用
2		药箱	1个	应急医用	领用
3		饮用水	2桶	配手动取水器2个和一次性水杯3个。	领用/购买
4		垃圾袋	10个	存放活动产生的垃圾	领用
5		相机（充满电）	2台	拍照记录	领用
6	游戏道具	A4废纸	20张	搭桥过河游戏	领用
7		大透明胶布	2卷	无敌风火轮游戏	领用
8		剪刀	2把	剪胶带	领用
9		羽毛球拍	2副	羽毛球比赛	领用
10		羽毛球	4个	羽毛球比赛	领用
11		笔	2支	记录比赛成绩	领用
12		跳绳	2条	坐地起身游戏	领用
13		珍珠棉	1卷	无敌风火轮游戏	购买
14	奖品	洗发水	1瓶	游戏奖品	购买
15		洗衣粉	1包	游戏奖品	购买
16		毛巾	6条	游戏奖品	购买
17		牙膏	6支	游戏奖品	购买
18		橘子	40个	游戏奖品	购买

说明：

1. 奖品可根据实际情况调整，但须保证费用不超过预算。

2. 每车选出一位队长，还须自带1面队旗，队旗公司原来已经做好，共3面。

3. 所有行动，听从指挥，不得擅自离队！如有特别事情离队，须向队长和总指挥请示。

4. 注意保护环境，所有垃圾一律装入垃圾袋，就近投入垃圾桶。

7. 培训学习

企业培训是统一企业文化和员工思想的最好方法之一。员工之间的分歧和矛盾，多数源于员工来自不同的地区、不同的家庭，拥有不同的教育背景、不同的个人成长经历。所有这些，我们可以称之为不同的文化背景。通过共同的培训和学习，来自五湖四海的员工就会有更多文化方面的交集。这将有利于大家在思想上达成一致，形成企业共同的思想和意志，形成带有企业特色的行为方式。

企业培训也是吸引优秀人才留下来的重要因素，优秀人才大都会关注自己的长远职业发展空间和机会。培训无疑是对人才的长远投资，也成为企业除了工资以外非常具有吸引力的要素。

常见的企业培训内容包括：入职培训、心态培训、工作技能培训、管理培训、专业培训、职业规划培训等。

培训方式可以多样化，包括：企业内部讲师培训、老员工或领导对新人或下属进行在岗辅导和培训、外聘讲师做企业内训、外派员工培训、配置图书室供员工自学和组织员工学习小组进行交流学习等。

8. 文化墙

文化墙一般设置在员工经常出入的必经之地，可以做不同形式和内容的设计与规划。用得好，文化墙就可以成为重要的宣传阵地，以及公司政策、制度普及的即时沟通工具。

文化墙的特点是直观性、即时性和灵活性。

文化墙的内容可以涵盖：各部门报表公布、通知、表彰与批评通告、各项评比情况公示、企业文化理念、最新政策与制度宣传等。

四、激活企业文化系统的四项基本原则

塑造企业文化系统的工具很多，如何使用才有效呢？我们会有很多疑问，比如：

哪个工具是最好的呢？

是全部工具都用，还是只用其中几个？

是一次性全部上，还是循序渐进地采用呢？

每个企业的具体情况不一样，即使一个企业在不同的发展阶段面对的情

况也不一样，所以不能一刀切说孰优孰劣，而应因地制宜、因时制宜。在选择各项工具时，总体上应遵循以下四项基本原则：

原则一：没有最好，只有最合适

每一项工具都有各自不同的特点，其成本亦有高有低。只要这个工具是符合自己企业需要的，就是最合适的。比如一份高质量的企业内刊杂志，编印出来的效果是很好的，高端大气上档次。但是，企业是否有资金和人才的预算来应对这份内刊，这份刊物对企业目前的文化状况能不能起到有效的推动作用，这些都是值得商榷的。所以，单凭这份杂志的品质尚不能确定它是否是最合适的宣传工具。

原则二：企业的文化基础决定重建文化系统的起点

每个企业的文化基础是有差异的。比如高科技企业和劳动密集型企业，招聘的员工各方面的素质要求是不同的。在一个高科技企业宣传新的观念比在劳动密集型企业宣传新的观念要更容易被员工接受，这是由企业员工的文化基础决定的。

另外，即使是同一类型的企业，进行过企业文化建设工作的企业和从未做过这方面工作的企业相比，也会更容易推进新的文化内容，这是由企业过去的文化工作积淀决定的。

企业文化基础较好，重建企业文化系统的起点就可以高一点；企业文化基础较弱，其起点就要适当低一点。不可盲目求高、求大。

原则三：团队的消化能力决定文化系统建设的进度

同样一项文化内容，在不同企业，消化吸收要消耗的时间是不同的，我们称之为团队消化能力差异。团队消化能力较强，企业文化系统建设的进度就可以快一点；否则，就可以适度放慢节奏。如果企业对文化内容的消化能力较弱，却片面追求文化建设的速度，则会出现欲速则不达的结果。

在进行企业文化建设时，务必持续观察自己团队的反应，即时评估团队对文化的消化能力。

原则四：效果是衡量企业文化优劣的唯一标准

企业文化谈起来像是虚无的东西，但却会通过员工的行为表现出来。

比如企业导入"付出不亚于任何人的努力"这条文化内容。通过观察和记录各部门员工在培训前期、中期、后期在工作的努力程度上是否有差异，是否有越来越多的相关案例，就可以对企业文化的优劣进行评估。

企业文化好不好，效果自己会说话。

第四节　重视人力资源系统

一、"重视人才"不能说说而已

有一家企业胖东来，从1993年到2014年经历了大起大落。成败的原因引来百家评说。但无论如何，我觉得他们在重视人才方面做得可圈可点，值得大家学习，这也是他们前些年在零售卖场独领风骚的秘诀之一。

【案例：胖东来高薪创造奇迹】

胖东来是一个连锁零售卖场，坐落在河南许昌。老板于东来，没有什么特殊资源、背景，就靠自己起家。他的起点和很多人差不多，一个农村来的孩子，16岁走向社会，一开始他做民工，盖房子，后来做小买卖，跟着他哥哥打工。从1993年开始，他从别人手里接下一个40平方米的烟酒店，到今天，这个烟酒店的年销售额已达到50亿元以上。

2008年，中国零售业有一个数据显示，他的企业人效、坪效在中国民营商业企业排名第一，也就是按人算的平均销售额或利润、按面积算的平均销售额或利润，胖东来在中国排名第一，在中国所有商业企业也在前十名之列，包括我们所知的世界知名品牌，如沃尔玛、家乐福和易初莲花。如此可见，胖东来在中国知名度极高。

上海连锁经营研究所所长顾国建、中国连锁协会会长郭戈平参观完胖东来，说："这绝对是中国最好的店。"如果在北上广深，这样的店再正常不过。关键许昌是个什么城市，在河南只能排到第5名，郑州、洛阳、开封，前面还有个新乡，还有南阳这样的重镇，以及信阳这样的城市，在河南这样一个不到100万人口的小小的许昌，就有这样一个企业，其实力可见一斑。

他在当地做生意做到什么程度，他要做哪一行，其他人再做这一行就会很艰难。他卖手机，其他卖手机的都没法做；他卖珠宝，其他做珠宝的都在压缩；他卖家电，就连国美、苏宁都做不下去。

有人说，咋回事呢？他是不是有高人、职业经理人、空降兵呢？没有，他不像其他企业，大量聘用国外空降兵。他的8个高管，几乎都是他的下岗同事，他们当中只有一个人上过高中，其他全部是初中小学文化水平，于东来本人也是小学三年级文化水平。

有人说他是不是在当地熟，对，他在当地熟到什么程度？他卖什么，老百姓就认什么。我这样说，很多人不相信，从义乌、福建、广西来的几十人去河南看，回来后跟我说，真棒，比你讲的还棒。

后来，胖东来去外地——新乡发展。新乡也是一个不大的城市，当时那里已经有一个台湾企业叫丹尼斯，在河南商业第一名，销售额在百亿元以上。还有一个世纪联华，在中国商业企业也是龙头老大，还有一个沃尔玛在筹备。于东来看中的位置就夹在这三者中间，简直就是十面埋伏。所有看过这个位置的人，都建议于东来另选其他地址，他们都说连停车位都没有，你是不是脑子里进水了。但最后于东来力排众议，胖东来在这儿开业了。

一年不到，市场发生巨变。河南第一品牌丹尼斯关门，搬到另一个位置，后来一个好朋友告诉我，过年前，他去丹尼斯，里面几乎没什么客人，客人数量跟营业员差不多。后来他又去了胖东来，门都进不去，好像胖东来东西不要钱一样。后来，世纪联华新乡店直接关门，卖给胖东来，改名胖东来百货。沃尔玛筹备6年，到现在都没开业。

一个小小的草根企业家，一个小小的河南民营企业家，为什么能做到这么牛呢？我们有必要看看胖东来的企业文化。

进入胖东来，你看到的营业员在全国各地都很少见，他们全部喜笑颜开，发自内心，跟你说话没有不喊哥不喊姐的，你只要抱着孩子，提着东西，上下楼梯，马上有人帮着你。在生鲜区卖水果很脏的地方，我看到两个阿姨，一个跪在地板上拿着毛巾擦地，一个拿着扇子扇干，两个人说说笑笑、高高兴兴。老板并没有要求她们这样做，她们只是为了把地板擦得更干净。

我们再来看看胖东来的薪酬和其他公司的差异。大连大商总经理年薪28万元，一年最高收入不到50万元。胖东来店长年薪100万元！副总、总监级别——50万~80万元；处长，生鲜处、百货处、采购处等——30万~50万元；课长，管理员5~20个人——10万~30万元，换一句话说，胖东来有几十个拿着像大连大商总经理工资一样的人在操心。

胖东来保安和打扫卫生的女工一个月工资2 200元，还有三险一金。而河南打扫卫生女工工资普遍在600~800元，最高档小区保安月薪1 100元，工作12小时。一个女工两年前拿到2 000块钱，她一定想，我要好好干，千万别把工作丢了。员工什么时候不走？他在这里干的时候，多少人排着队要进公司的时候。胖东来招50个女工，报名5 000个。

胖东来中高层干部会想什么，他们会跟其他人一样也去创业吗？一个高管十年就是一个千万富翁。胖东来待遇是一人一辆车，一人一栋别墅。你说他还想什么，大树底下好乘凉，跟着于东来走吧。底下处长、课长，两年三年就是百万富翁，处长助理以上全部配有汽车。

胖东来还规定所有中高层干部，每周只许工作40小时，相当于每天工作8小时。商业企业最忙的是晚上和周末，还有节假日，他偏偏反其道而行之。他又规定，下班6点必须离开企业，谁要是出现，抓住一次罚款5 000元。在此期间必须关闭手机，接通一次，罚款200元。而我们的企业规定只要手机24小时不开，无法接通，一次罚款50元。他还规定，每周必须跟父母吃一次饭，每月必须带着家人出去旅游一次，每年强制休假20天。这些听起来都不可思议。

胖东来的薪酬福利做到了两点：

（1）满足基层员工的基本物质需求，免去他们的后顾之忧，让他们能够体面生活，他们就不再把心思放在找工作上了，这样他们就会安心，这就是安心机制。

（2）让一部分人先富起来，把核心层变成小老板，其他人舍不得走，他们就不再把心思放在找工作上或创业上了，就会安心，操心，这就是操心机制。

胖东来将"重视人才"的理念落到实处，做到了极致。所以，如果你想从胖东来挖走人才，这几乎是天方夜谭。

不少中小企业也有提出"以人为本"的经营管理思想，但是大都只是停留在口头上，或写在公司内部文件中，而落到实处的却很少。

如果不能将人力资源工作放到公司发展的战略位置，公司在未来的发展过程中可能会遇到以下问题：

（1）公司长期处于夫妻店模式，老板累到死，员工闲到慌；

（2）公司发展到一定规模后无法突破，徘徊不前，或开始走下坡路；

（3）公司抓住某些机遇，快速发展，突然出现团队无法跟进，投诉此起彼伏，客户满意度急剧下降，整个系统崩盘，公司面临倒闭。

二、正确认识人才的价值

联想集团总裁柳传志说，人才是利润最高的商品，能够经营好人才的企业是最终的大赢家。比尔·盖茨也强调，一个公司要迅速发展得力于用好的人才，尤其是需要聪明的人才；如果把我们顶尖的20个人才挖走，那么我告诉你，微软会变成一家无足轻重的公司。在对待人才的态度上，大腕们表现出惊人的一致。

在中小企业，外贸部的成员一般都是多重身份：商业情报员、业务代表、厂务跟单和单证审核员等，而外贸部经理或主管还需要是管理员、培训讲师、市场策划和裁判员等。不可否认，所有这些工作都是有价值的，而且是必须做的。只有每个细节都完成好了，最后的业绩表现才会好，企业的效益才会提高。

然而，我们一般企业能够看到并以此作为判断员工优劣的唯一依据是业绩。业绩固然很重要，但如果以"唯业绩论"为核心来打造外贸团队，显然是很难有杰出表现的，因为它无法将团队的各种因素凝聚到一起，突出团队力量。

比如说商业情报重要吗？如果一个业务员获取了一个优质潜在客户的信息，当年这个客户可能没下订单，因为潜在客户需要考察工厂一段时间。第二年或第三年这个客户终于跟企业签订大订单，而获取这个商业情报的业务代表可能在订单成交之前已经离职或换岗了。那么在以往的评价体系里面，这个商业情报的价值是没有被体现的。

还有，作为外贸团队的指挥官——外贸经理或主管，他的市场策划和方案的价值如何体现出来？如果他的方案是三年计划，你要等到三年后才确定给他多少工资吗？显然这是不现实的。对于这部分工作的评价，也仍然存在盲区。现在有一些企业会聘请企业管理顾问公司或市场营销策划公司来协助自己的企业制订企业改革计划和发展规划。这些东西即使只是一个文本，企业也是需要付费的，而且价格不菲，从几万元到数十万元不等。参考一下这个价格，我们就可以为外贸团队的指挥官为企业量身定做的方案做一个估价了。也许它不及外聘的顾问公司的方案那么全面和专业，但它也是有其特定价值的。所以，我们不能忽视它的价值。

只有当企业在评价系统内认同了员工工作的价值，并在他们的工资和福利待遇中得以体现，员工才能感受更多工作的快乐和意义。

三、为何外贸优秀人才爱创业

提出这个命题，我是在试图破解留住外贸优秀人才的密码。欲知果，须知因。我们先分析一下外贸优秀人才喜欢创业的几个原因：

（一）挑战高收入

对于目前的收入水平不满意，是很多优秀外贸人才选择自己创业的重要原因。如果要让企业老板加工资，非常困难。而他觉得自己有足够的能力和实力去创业，而且相信自己可以通过创业获得更高收入，那么他自然会选择创业。

（二）获取更多的工作和生活自由

在别人企业里面上班，难免会有很多条条框框限制，感觉人身很不自由。要请个假吧，得找好几个领导签字，还不见得会批准。即使批准了，也要扣工资，而且工资扣去的比拿回的力度要大。如果在自己公司上班，就不会有这种状况了，自己可以随时给自己放假或调整时间。

（三）充分实现自己的能力价值

在别人企业上班，自己的很多计划和方案都需要经过层层审批，自然会有很多自认为很有创意、很优秀的方案被枪毙掉了。如果在自己的公司，那么创业者完全可以按照自己的想法去实践，充分释放自己的能量，使自己的能力价值体现到最大化。

（四）体验创业的激情，实践企业家梦想

有些优秀外贸人才的脑海里一直就有一个企业家梦想。他们以世界一些知名企业为榜样，希望通过自己的努力，终于有一天也建立和他们一样卓越的企业，屹立于世界企业之林。他们对于这个梦想的追求，已经超越了金钱的束缚，已经是一种最高的人生体验。事实上，也确实有很多创业者实现了自己的梦想，成就了一番丰功伟绩。

四、四招留住外贸精英

了解了以上四个原因以后，企业就应该有相应的对策：

首先，企业在思想上要正视这些客观存在的原因，不要带上任何主观偏见来看待外贸优秀人才。

不想当将军的士兵不是好士兵，同理，想创业自己当老板的员工，应该是非常优秀的员工。所以，企业不能因为员工有创业的想法，就以"对企业不忠诚"为理由将其一棍子打死。相反，企业应该认同这些优秀员工的梦想，并加以积极引导，让他们先学会做好今天的工作，做好今天的优秀员工，以后才可能成为优秀的老板。

其次，优秀的人才对企业是无价之宝，所以不要希望以非常低的待遇来留住优秀的人才。

在商品交易中，我们知道便宜没好货，好货不便宜。其实人才也一样，优秀的人才绝对不是低廉的待遇可以留住的，即使偶然招到了，他们也可能无法安心工作，最后还是会走掉。优秀的人才对于企业是资产，能够给企业带来效益，而不是负债，不是消耗品。所以，在优秀人才上面的投资是有价值的，是可以增值的。

再次，给优秀的人才一些自由空间和时间。

优秀人才之所以有时候表现得不受羁绊，也是由他们本身的价值和特性决定的。一个有着独特思维和想法的人，你不要期望他和常人一样按照企业固有的模式死板、机械地工作。爱因斯坦和爱迪生等科学家，小时候都是不受老师喜欢的孩子，甚至被开除学籍。就是因为他们的思维和行为方式和普通人太不一样了，不能遵循固有的模式参与学校的传统教育。然而，后来人们不得不承认他们是非常优秀和伟大的人物。决定优秀人才的潜能释放程度的关键因素，不是他们在办公室待了多长时间，而是他们是否在一种他们感觉最好的状态下工作。适当地给予优秀的人才一些自由空间和时间，他们会发挥得更好。所以，我们可以看到，在有些企业，工程师可能很多时候不在企业，他们只要按时、按质、按量完成企业的工程任务就算万事大吉，不需要每天跑去公司打卡签到；外贸业务精英可能不需要每天守在办公室，只要每个季度都能完成企业的销售任务就行。

最后，给优秀的人才一个更广阔的发展平台。

企业可以通过以股份、分红等形式，让优秀的人才加入企业的整体效益分享行列，让他们个人与企业的发展息息相关，同甘共苦。这样，优秀的人才可以通过企业的大平台充分发挥自己的智慧和才华，实现比自己单干更好的人生目标。同时也让他们感觉到，自己是企业的主人，自己的命运和企业紧密相连。

在一些企业老板的头脑中，一定存在着这种观念：我辛辛苦苦几十年打下的江山，凭什么以股份或分红的形式将本该属于自己的利益分给没有投资一分钱的下属？有这种观念并不奇怪，但如果企业要发展，就必须对这个观念进行变革。

21世纪已经进入"知本主义"时代，也就是说知识和智慧将可以像资金一样拿来作为投资成本同时以此获得投资收益，就和"资本主义"时代的资金一样。"造原子弹的不如卖茶叶蛋的"时代已经一去不复返了。在现在和未来，知识的地位将越来越重要，将在很大程度上决定着企业的命运。

五、人力资源部挑起战略重任

很多人力资源经理、主管抱怨，在我们公司，人事部就是个小配角，一个打杂的部门。

我认为这是人力资源部门没有把人力资源的战略作用发挥出来，没有主动挑起企业发展的战略任务。

HR的教科书上描述了人力资源工作的六大模块，那我们的HR们落实得怎么样呢？我们可以稍微回顾一下两方面的工作。

一个是绩效考核，多数企业无法推行下去，或只在业务部门推行。大家似乎忘记了为什么要做绩效考核，好像是为了考核而考核，为了那一点绩效工资而考核，这么做是大错特错的。

一个HR如果能把绩效考核做好，我觉得他在公司就价值百万年薪。绩效考核系统的优劣是可以通过企业的整体面貌和工作结果反映出来的。因为在实际工作过程中，考核有两个重要作用：一是旗帜作用，即事前为大家明确努力方向，考核的内容，就是大家应该重点努力攻克的内容，这样可以让大家团结一心，力量往一处使；二是裁判作用，即在事后对大家的工作结果进行科学评估，赏功罚过。这样，企业团队的整体表现和结果将成为绩效方案优劣的判断标准。在我们招聘HR的过程中，保守地说，70%以上的HR们对这块的操作是非常薄弱的。

另一个是人力资源规划，这是一项关乎企业未来命运的工作。多数HR们没有主动插手这块工作，努力争取发挥自己的作用。而只是单纯抱怨老板或董事会不听HR的建议。古代就有"文臣死谏，武将死战"的说法，我们HR属于文官吧，那有没有全力以赴去改变企业的状况呢？

企业一旦有了长远发展战略和规划，我们的HR们马上就要制定相应的人力资源战略和规划，与之匹配，并向战略部门宣讲。企业的一切问题，都是人的问题。没市场、没技术、没管理、没竞争力等，其实归根结底都是缺乏人才的问题。所有这些问题，都是人才能够去解决的。你能解决哪类问题，决定了你是几流的人才。

一些人刻板地学习西方的管理思想，认为人才不是最重要的，只要企业的系统建设好，普通的员工就可以做优秀员工的事。这句话是有一定的道理的，但关键是，目前中国的中小企业，谁敢说自己的系统很完善、很优越？如果有，它就会快速发展成像麦当劳、沃尔玛之类的大型连锁企业了。正因为我们的系统不完善，而且还有很大问题，我们才需要优秀的人才加入进来一起建设系统。只有最顶尖的人才，才能建设最优秀的系统，才能让旧的部门激发出活力，让新的部门高效率地建设和运行。我们中小企业千万不能拿世界500强的方法生搬硬套，而要多问几个为什么。

第五节　落实运营管理系统

一、用制度来驾驭企业

企业的制度化，是一个企业走向成熟的标志。只有用制度来驾驭企业，企业才可能做得足够大、足够长久。

如果用手工方式加工产品，一分钟可能做不了一两个。如果我们把一些零部件装在一起，规定每个齿轮、发动机、杠杆等部件的位置、力度、运转方向等工作方式和细节，然后让它们在一起协调工作，一台完整的机器就出来了。只要一发动机器，每分钟就可以生产几十个产品了。如果把这台机器复制很多台，机器的生产能力就会增强到无穷大，就会远远超过一个人的生产能力。而制度化的企业就如一台运行良好的机器，每个部门都由一些制度来协调运行，而不是靠某个人来天天盯梢。这样的企业才可以自动运行，才可以无限复制扩大。

小企业在制度化过程中不可能一开始就面面俱到，一蹴而就，更不可以形式主义地制定一些中看不中用的制度。形式主义的制度，不是利剑，而是枷锁，会束缚企业的发展。小企业的制度化可以从小处着手，从实用性着手，让企业发展过程中诞生的每一项制度都像法律一样延续下去。

以下几项内容，我认为是企业发展之初必须以制度形式确定下来的：

（一）企业的价值观

简单来说，就是企业崇尚什么，反对什么，什么样的人在企业会受欢迎，而什么样的人会被企业淘汰等。这些必须以文件形式确定下来，成为全体员工的一面镜子。

比如一个 IT 企业，它的价值观可能是崇尚创新、团结、敬业，反对墨守成规、分裂、懒惰。所以，具有创新意识、能与同事和谐共事、工作刻苦耐劳的员工将受到企业重用，相反，不善于学习创新、经常制造矛盾或在企业内拉帮结派搞小集团、工作又偷工减料的人将被企业淘汰。

很多企业的价值观可以从挂在墙上的标语中体现出来。

（二）岗位职责、岗位要求、岗位待遇

岗位职责制度化，就是让员工明白自己的岗位包括哪些工作内容。这点很多人在思维意识里若隐若现地存在着，现在需要明确地写成白纸黑字，以便日后管理。

岗位要求制度化，就是让员工明白从事这个岗位需要具备哪些知识和技能，做到什么程度表示工作完成得好，有哪些是错误的动作等。

岗位待遇制度化，就是明确地告诉大家，他的岗位可以获得哪些权利、哪些物质和精神回报、哪些晋升和学习机会等。

建立和完善各岗位的《岗位说明书》，就可以将这些内容落实下来。

【案例：某企业文化建设部部长岗位说明书】

岗位名称	企业文化建设部部长	岗位编号	
直属上级	副总	所属部门	企业文化建设部
工资级别		直接管理人数	
岗位目的	提升企业形象，重塑企业文化，建设企业信息化平台		

工作内容：
1. 制订并提交本部门年度工作计划、人员计划；
2. 负责本部门员工的考评、培训指导和选拔人才；
3. 负责企业文化、企业形象和品牌形象的综合策划和传播工作；
4. 负责企业内刊的编辑出版工作，强化在企业文化、企业形象建设和推广方面的作用；
5. 负责与公共媒介的联系、沟通和信息交流，开展对外宣传活动；
6. 组织对公司重大经营管理活动的宣传报道；
7. 负责公司互联网站网页制作、更新和维护的管理工作；
8. 负责公司内部网络管理、计算机软硬件配置及维护和其他设备的管理工作；
9. 负责公司的信息化建设；
10. 协助公司有关部门策划公司庆典、运动会和对内、对外综合事务活动；
11. 负责公司工会的日常工作；
12. 完成上级交办的其他工作。

工作职责：
1. 对企业文化、公司形象和品牌形象的整体策划负责；
2. 对公司形象、品牌形象的推广效果负责；
3. 对企业内刊办刊质量负责；
4. 对公司的网络和信息化建设负责；
5. 对公司工会的日常工作负责。

与上级的沟通方式：接受公司总裁的口头和书面指导。
同级沟通：与各部门经理、子公司经理保持沟通协调。
给予下级的指导：对本部门员工进行业务指导，与其他部门员工保持业务联系。

岗位资格要求：
  1. 教育背景：硕士以上学历（或同等学力），中文、企业管理、心理学等文科背景。
  2. 经验：8年以上的工作经历，5年以上的企业形象策划和推广、刊物编辑经验。

岗位技能要求：
  1. 专业知识：了解国家宏观经济政策和房地产企业的运作基本规律，对企业文化理念有深刻理解，了解企业形象和品牌策划程序及传播方式，有丰富的期刊编辑经验。
  2. 能力与技能：较强的组织协调能力、沟通能力、分析理解能力、策划能力、文字表述能力。

（三）重要工作的操作流程

业务员接到订单后，该如何安排生产交货呢？可能有三个选择：

A. 直接将订单交给总经理安排；

B. 根据订单，制定生产通知单，给经理签字后，交给生产部；

C. 根据订单，制定生产通知单和物料采购单，经过经理签字后，分别交给生产部和采购部。

而具体选择哪个方案，这不是业务员可以凭空想出来的，每个企业都不一样。所以，如果你不想每天都被人追着问这个事情该找谁，该怎么处理，那就事先把流程做好，在员工入职的第一天就告诉他该如何做。

企业发展之初需要制定的重要工作流程包括：业务开发流程、订单确认流程、生产流程、申购和采购流程、品质控制流程、人事招聘流程和行政奖惩流程等。

对于各种流程，部分员工会有抵触，因为它有可能把平时简单的事情变得复杂了。平时自己一个人就可以定的事，现在要几个人签字确认才能做，于是就会从内心抵触这个流程。所以，我们除了制定流程，还要把流程的重要性普及到每一个人。

【案例：银行点钞流程】

去银行存过钱的人都见过，银行柜台点钞员收到一叠百元大钞，会先放在验钞机里点几次，然后手工点钞，再然后重新打带存放，1万元一叠。另一个顾客给她一张100元或50元面额的钞票，她也同样会放到点钞机里点几次，然后手工点钞，然后按规则存放。边上的顾客很奇怪，就1张钞票，干嘛还要放到验钞机里去点呢？不是很浪费时间吗？可是，银行从未因为这些质疑的目光而改变做法。因为银行有自己的点钞流程，每一笔交易都要按照这个流程来操作。如果允许点钞员面对1张钞票可以不用点钞机，就有可能出现几张或几十张钞票都凭经验点钞，这样正确点钞的保障就少了，出现差错的概率就会增大。

可见，流程的作用不是方便某一件事，而是保障所有这一类事情能正确执行，减少差错和失误。

（四）企业禁令

每个企业都有一些绝不允许发生的行为，比如穿拖鞋上班、在办公室赤膊、在办公区大声喧哗吵闹、盗窃、酗酒、赌博、打架等。对于这些行为，必须以禁令的形式确定下来，并公之于众。这是企业的行为底线，任何人不得越界。

这些内容可以编入《员工手册》，成为员工入职培训的必学内容，以及员工平时的行为规范对照本。

其他企业制度，每个企业可以根据自己的实际情况和不同发展阶段来增加，只要满足实用性、必要性的前提，就可以制定实施。

二、授权与监督

很多企业基本都是从一开始一个人或几个朋友打拼，然后逐渐成长壮大的。最开始，公司的业务也不是太多，自己一个人就可以全部搞定，从员工到老板、从前台到财务、从业务代表到售后服务员都是自己一个人。业务扩大以后，一个人就吃不消了，于是开始把一项项与业务不相关的工作分配给别人处理。再后来，业务这块工作的工作量也已经超过自己的负荷了，其他部门的工作还经常需要自己去救火，所以感觉每天都焦头烂额，琐事缠身，根本没有太多时间去思考企业的长远发展，企业开始面临着增长瓶颈。

企业在发展过程中，逐步实现授权与监督将直接影响到企业的发展速度。做不好这项工作，企业就如受控制的千里马，潜力再大也迈不动脚步。

要做好"授权与监督"，企业老板先要破除一种"自恋心态"。每个企业老板都有一段非同寻常的故事，他们坚信自己是目前最适合企业这些岗位的人。如果要把这些岗位交给别人去做，自己无法相信他们可以做得像自己一样好，或者怀疑他们是否会以同样的心态全心全意地去做。所以很多时候，他们更愿意自己亲手去抓，即使管不过来也不愿放手。这种"自恋心态"必将限制"授权与监督"工作的开展，也将限制企业的进一步发展。

授权的前提，是合理的企业分工。一个企业通常会有一个组织结构，从上到下有董事会、总经理、部门经理和主管等。不管企业分工如何分，都务必做到"事事有人管，人人有事管"，务必做到责、权、利清晰，责任人明确。无论企业发生什么状况，一定可以在第一时间明确这个事情的责任人，而不存在多人之间或多个部门之间的相互推诿。

各部门有了明确合理的分工以后，授权就可以顺利进行了。企业需要什么样的人才，交给人事部去处理就好了，由人事部全权负责人才的选拔、培训和考评等工作。企业要达到什么样的业绩，交给市场部处理就好，由市场部拟订市场行销方案和促销策略，对市场进行统一布局和规划。企业的客户对产品有什么改进意见，交给工程部处理就好，工程部根据市场部的反馈意见对产品进行外观和结构的修改，并负责开发新产品满足市场需求。而客户订单的生产，无疑将交给生产部，如果不能按时、按质、按量交货，生产部的经理将是第一责任人。

另外，授权必须充分。不充分的授权，将引发摩擦，从而制约企业的运营。比如说外贸部经理，他如果需要对外贸部的业绩负责，那么他就需要有权做出如下决策：制订和执行海外市场营销方案，制定和执行海外市场推广的价格策略、促销策略和广告策略，选拔、培训、考核、管理外贸部员工，管理外贸部等各项具体工作。如果未经外贸部经理同意，就随意调用外贸部人员、随意干扰外贸部的既定工作或进行不符合营销计划的广告投放等，这些都属于违规操作。进行违规操作的人应该受到处罚。

授权之后，老板需要做的工作就是监督了。需要特别注意的是，监督不等于监视或监控。监视和监控，往往是抱着一种怀疑、不信任的心态，对下属工作进行非正面的察看。这种心态和行为方式都是不利于建立良好的上下级关系的，对企业是有害的。

监督的目的，应该是促使企业的各项工作按照既定的要求和目标运行。监督的方式应该包括正面的监督和侧面的监督，老板既可以通过各部门的报表、计划、客户反馈等材料来确认企业的运行状况，也可以通过与员工交谈、向基层管理员提问、观察各部门工作状况等耳闻目睹的方式去确认。发现问题，老板应该及时和各部门沟通，商讨改进和解决方案，使企业运行恢复到正常的轨道，而不是简单的一顿责骂。

在一个企业，授权与监督是相辅相成、不可分割的两个部分。没有科学合理的授权，企业的发展潜能就无法充分释放；没有有效的监督，就无法保证企业向既定的方向和目标前进。

三、交期控制系统

我曾经与很多中小企业合作过,但这些小企业中十有七八无法按时交货。后来,我发现这几乎是中小企业里面一个普遍存在的现象。情况好一点的,企业可能推迟三五天或者一个星期,严重的可能推迟一个月交货。

事实上,并不是这些企业不想早点交货,而是它们实在交不出来。明明开始预订是15天交货,可做着做着就花了20天才完成。这种现象会让企业形象大打折扣。

看过《首席执行官》这部电影的朋友应该还有印象,国外客户去海尔工厂参观冰箱生产线,对他们的冰箱提出了一些改进意见。第二天,客户再次来到车间的时候,发现他期望中的冰箱就摆在自己的眼前。原来,海尔连夜把客户要求的冰箱样品赶制了出来。客户简直难以置信,海尔能够在一夜之间完成其他企业需要半个月甚至一个月才能完成的工作。如果订单不下给这样的合作伙伴,还要下给谁呢?而这时的海尔公司还处在发展的初级阶段,它当时和现在的众多中小企业一样,在困难中摸索发展之路。相比之下,现如今我们很多中小企业的差距就非常明显了。

不要忽视这些细节,这正是小企业能否做大的关键之处。如果满足现状,不做整改,那么小企业只能永远是条小鱼了。所以,如果你想赢得更多订单,就从准时交货、提前交货开始做起,你只有不断让客户满意和惊喜,你的客户才会不断给你订单和利润。

企业不能准时交货,原因有很多,但归纳起来,就是两个字:"失控"。它包括:

1. 产能失控

在客户的强烈要求下,订单必须按照客户要求的时间完成,而实际上这个订单已经超出自己工厂的产能。所以,虽然企业签下了订单,但也同时埋下了隐患。企业处理好了,订单可以按时交货;但只要稍有偏差,订单就要延期了。

2. 技术失控

企业生产进行到一半,突然出现一些技术问题,这些问题企业以前可能遇到过也可能没遇到过。自己研究几天或者请求外援帮助几天,终于解决了这些技术问题，但交货期是肯定赶不上了。

3. 供应链失控

每个产品都有很多原材料和配件供应商，产品能否按时交货的一个前提是这些原材料和配件能否按时生产出来并送达工厂。这个失控因素往往是发生频率最高的。

4. 意外失控

这种失控因素比较少，但偶尔也会发生。如地震、洪水等天灾，失火、盗窃等人祸，还有意外停电、政府行政干预停工等意外因素。这些都属于意外失控。

要想按时交货，就得把"失控"变为"掌控"。

如何"掌控"呢？我的方法是用过程管理代替结果管理。这里，我不想涉及任何管理概念，只把对于中小企业有实战意义的方法拿过来供大家参考。

掌控生产进度，大致可分为三个环节：采购、生产和品质控制。

（一）采购

采购就是买东西，看上去谁都会买，砍价一个比一个厉害。而实际上，很多问题就出在采购这个环节。所以，企业首先整改的一定是采购环节。

很多中小企业采购部门的负责人都是老板的亲戚或朋友，叫作肥水不流外人田。肥水流到哪里去，我暂且不讨论。我要强调的是无论谁在这个岗位，必须对这个岗位承担责任，如果有差错，必须付出代价。不能因为这个人是亲人朋友就听之任之，结果祸害的将是整个企业的发展前途。这点与过程管理有点远，但却是非常重要的前提。

采购的过程管理，分以下五点：

1. 供应商的选择

企业在选择供应商的时候，往往会陷入以性价比为唯一标准的陷阱。正是这个原则，导致很多企业无法按时交货。原因很简单，当你花费了大量时间选择了一家性价比最优的供应商以后，你怎能保证供应商会优先给你供货或准时给你供货？你如何保证供应商的生产周期能够配合你自己企业的生产进度？你如何保证供应商的产能能够满足你的要求？诸多不确定因素都将可能导致供应商的配件和材料无法按时送达工厂，最后企业将无法按时完成订单。

所以，企业在选择供应商的时候，不能把性价比当成唯一条件。除了性价比，我们还要思考以下几个要点：

（1）供应商的产能有多大，根据企业目前的订单状况和潜在的订单状况，这样的一个供应商能否满足企业的全部采购需求？如果不能，那就必须再找一两家供应商。

（2）供应商的信誉度怎么样？有些工厂，在跑业务的时候，什么条件都能答应你。而到你真正下单的时候，你才发现，很多事情他做的与说的相距甚远。所以，企业一方面要看业务员说了什么，另一方面还要看这家供应商做了什么，它以前交货是否准时、质量是否有保证、服务是否始终如一。

（3）是否有意外情况发生？比如说供应商的订单突然非常密集，短期内排不下了；或者供应商突然倒闭了；或者供应商的货物因交通问题无法准时送达等。我们无法确保这些问题不发生，所以必须提前做好防备。首先，供应商的数量必须保证每个配件3至5家，这家不做了还有其他几家；其次，企业接到大订单，最好不要把一个配件的所有订单下到一个供应商那里，这是不安全的。因为你没有其他的依靠，就只能靠这家供应商了，如果他不尽早完工自己的工厂就没法交差了。很多时候，我们发现采购对供应商用尽威逼利诱各种方式来敦促其按时交货，但是收效甚微。如果你把一个配件下给2至3家供应商来做，结果就完全不同了，主动权完全掌握在自己手中。这家工厂做得太慢，就把他余下的订单全部裁掉交给另一家做得快的工厂。这样，企业就把意外掌控在自己手中了。

2. 采购时间安排

一个产品，少则需要十几个零件，多则需要几百个甚至上千个零件，要把这些配件的订单下给供应商也需要一些时间。订单提前一分钟下到供应商那里，可能会使配件提前10天完成，因为你无法确保这一分钟内供应商那边会有多少家客户下订单过去。所以，总的前提是收到订单就要尽快把配件订单下给供应商，不要有任何延误。

其次，如果这些配件订单的制单和确认需要一些时间，就按乙方生产时的配件需求顺序下订单，先用的配件先下，后用的配件后下。这样可以使配件供应和生产进度同步，保证企业生产顺利进行。

3. 采购单的分配

切忌将采购单长期下给一家供应商生产。这样做一方面无法保证供应商按时交货，另一方面也无法使供应商保持合作的激情。

另外，当一个订单量特别大或者非常重要的时候，最好把一个配件分给最少两家供应商做。

4. 采购跟单

采购订单下完以后，不要坐着干等，得做点什么事情。等待往往让我们错失很多机会。

采购员必须全程跟进每一个配件的生产进度，每1~2天就得了解一下这个配件生产到哪一步了，供应商能否准时交货。

这个跟进的过程，不是机械地每天重复，而是要保持警戒的心态。企业一旦发现任何问题，就要赶紧提出来，并要抓紧时间解决掉，切勿拖延误事。早一分钟发现问题，配件可能早几天完成。

如果只需要跟进一个订单，出错几率是很小的。一旦同时跟进多个订单的时候，问题就来了，要么忘了下订单，要么漏了必要的流程，要么错过了交期，新的采购员往往因为缺乏工作经验而出现这类问题。要处理好这些问题，需要对工作有较强的管理能力。

要管理好大量的订单，需要制作一个管理工具，用于快速梳理和检查工作。下表就是对于新开发的采购订单的过程管理表格：

采购过程管理表

接单日期	单号	业务跟单	产品总交期		开发定价		样品交期		下单时间		大货生产交期	
			要求日期	完成与否	要求日期	完成与否	要求日期	完成与否	要求日期	完成与否	要求日期	完成与否

说明：

1. 要求日期：填写要求完成此流程的目标日期；
2. 完成与否：按时或提前完成，在格子内画黑色"√"；如果未按时完成，则画红色"×"；
3. 此表格每天下班前需要更新，每天早上工作前须自行检查一遍，找出当天重点跟进的订单。

有了这张表，采购员每天只要坚持更新和检查，关注要求交期、总交期、红色"×"的分布情况，就可以快速、完整地掌握新开发的采购订单进展情况，并有针对性地解决重点问题。

5. 进料检验

必须长期坚持"不验货，不入仓；入仓货物，一定合格"的原则。

这样，企业可以杜绝出现材料到用的时候才发现问题这一状况。等到重新采购或更换时，已经耽误很多天时间了。同时，这也可以避免不良品的出现，为订单按时完成打好基础。

（二）生产

生产是与交货联系最密切的环节，也是直接影响产品质量的环节。

生产过程管理要抓住以下几点：

1. 做好产前动员与订单分析

企业接到订单，最好能将采购部、生产部等各相关部门人员召集到一起，开一个短会。会议虽短，但作用很大。它的主要目的，一是做好产前动员，让各个部门重视每个订单的生产和相关配合工作；二是让大家有一个沟通的机会，分析一下订单的生产有没有潜在问题，如某些部门工作超负荷无法按时完成订单，或者某个环节存在技术难题需要解决等。及早发现问题，可以及早解决，不至于到最后浪费更多时间。同时，生产部门也可以及时与采购部沟通相关材料的要求与供给的细节问题，当面解决，提高效率。

2. 掌握物料动态状况

生产部必须及时了解仓库的物料到位和使用状况，以及每天的物料动态变化情况。如果发现三天内需要的物料没有到位，或即将用完，必须向采购部做出警报，并敦促采购部确定材料到位时间，并务必使材料准时到位。这样将使生产部化被动为主动，为后续生产顺利进行打好基础。

3. 半成品检测

不要等到产品全部做好了才来做品质检测，因为即使在最后发现问题，该花的时间已经花掉了，而且还需要花很长的时间来处理品质问题。

每道工序都需要做一个质量检测再进入下一道工序，这样可以防止不良配件进入下一个组装环节。一个不良品里面有一个不良配件和有多个不良配件，其性质都一样——直接导致成品不良。但控制的方式不一样，所浪费的时间是完全不同的。

比如一个产品有 10 个主要组装配件，要生产 1 000 个成品，假设每个主要配件组装过程中可能发生 10 个不良品。这些不良品如果全部流入下一生产环节，将最多导致 100 个不良成品出现，同样的 1 000 个产品的材料将只能生产 900 个合格成品。相反，如果每个流程都及时将这 10 个不良配件挑出来，使所有进入下一流程的产品均为合格品，则最后剩余的将是可以组装 10 个成品的不良配件，合格成品将提升到 990 个。这样，就将不良成品数量迅速减少了 90%。显然，这样大大降低了成品的不良率，从而节省了大量因为组装不良品和维修不良品而浪费的时间。

（三）品质控制

不良品会导致企业需要付出额外的返修成本，而且还会浪费大量时间。所以，成品合格率直接影响到生产效率，做好品质控制有利于缩短交货期。

品质控制要抓好三个环节，一是进料品质控制，务必使入仓的所有原材料和配件都是合格的，这点已经在采购过程管理部分完成；二是生产过程品质控制，务必使流入下一个生产流程的每一个半成品都是合格的，这点在生产过程管理部分已经完成；三是成品品质控制。

成品品质控制，要进行多方面考虑，既要保证产品能够满足客人的要求，包括产品的材质、外观、性能和功能，还有重要的一点就是产品和包装能否满足运输的要求。

有些产品在工厂测试没有问题，但一运输到客户手里就出现大量问题了。我们曾经委托深圳一家工厂加工 2.1 音箱，在工厂测试产品没有发现问题，但货物运到客户那里的时候就引发了一次大规模退货：很多音箱的变压器已经从音箱外壳上脱落下来，把音箱外壳上扳出一个洞来，副机的喇叭很多已经掉下来了，摇一下就哐哐地响。这就是明显的产品本身不满足运输要求。还有很多是产品包装不好，导致产品在运输过程中损坏的。一旦发生这类情况，要么会引发退货或索赔，要么就严重影响客户关系，甚至失去很多客户。

所以，在进行品质控制的时候要有三个原则：一是产品要满足行业标准的要求；二是产品要满足出口目的国的安全规定，如 RoHs、CE、FCC、U/L 等规定；三是产品必须完好地到达客户手中。

四、排除生产隐患

有些生产习惯企业是需要改变的，否则会长期影响企业的生产进度或产品合格率。

有一个鼠标厂，将线路板插件和连接线都装好以后，就裸露着堆成一堆，进行最后组装外壳的时候就从这里取。很多连接线在堆放的过程中被搅在一起，在搬迁的过程中因为拉扯也很容易导致焊点脱落。这些都直接导致生产产品不良率提升，影响生产进度。我提出了一项改进建议，将这些半成品一个挨一个整齐地摆放在一块硬板上，然后把摆满半成品的硬板叠放起来，硬板之间用木条隔开。这样，员工取用半成品的速度加快了很多，而且很容易清点数量，同时杜绝了搬迁过程中的损坏。最终，这个小建议使鼠标生产的不良率大大降低，并提高了生产效率。

如果生产部的人员能够及时巡查、发现类似生产隐患，并做出改进，那么生产效率是可以逐步提升的。

五、人员管理

企业管理里管的两个主要内容，一个是管事，一个是管人。管人是让很多管理者头痛的事情，因为一个人在工作过程中涉及的事情太多，你无法整天跟着他来了解他的工作情况。人盯人的方式注定了很难管理好人，也很难客观评价人。

我在日常管理中创建了"项目进度管理表"，并要求每一个管理者和关键岗位员工月底就要制订好下个月的项目计划安排，并提交上级审核。上级根据既定的项目计划安排，监管各项目的实施进度，促使各关键项目能如期完成。通过监管关键项目的实施过程和结果，就能达到管理人员的目的。

同时，我发现企业虽然有了很多制度和流程，但很多人还是不能按照流程办事，经常丢三落四，导致很多问题没有被控制到，甚至出现客人的价格还没确认，就已经开始生产大货的事情。这个问题在中小企业中普遍性存在。

项目进度管理表

部门：　　　　　填表人：　　　　　直属上级：　　　　　记录时间：2014 年 1 月

序号	项目名称	开始日期	目标完成日	实际完成日	进度条	进度说明	准时完成	备注
1								
2								
3								
4								
5								
6								
7								
8								
9								
10								
11								
12								
13								
14								
15								
16								
17								
18								

进度颜色条（以下四个级别依次为红、黄、蓝、绿四种颜色）

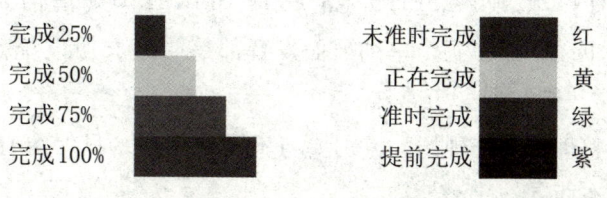

为了解决这个问题，我设计了一个新的流程执行控制系统。这个系统由一个表格"订单流程执行控制表"和几个印章构成。系统流程涉及的部门会有一个印章，用一个字表示。比如，财务部就用"财"，跟单部就用"单"等。这个印章由部门负责人严格管控，我对使用这个印章的权限也做了严格的制度要求，如果滥用，最严厉的处罚是直接被开除。

外贸跟单部使用的"大货订单流程执行控制表"可参见第 101 页。

跟单员在相关部门执行完相应工作流程后，即由该部门负责人在此表格相应处盖章确认该流程已执行。跟单员每天看到这张表格也一目了然，知道自己还有哪些流程未走完。

自从实施这个流程控制表以后，即使是新入职的员工，也不会出现不按流程执行的情况。反而他们在工作中会感觉思路清晰，并且能够很快适应新工作。因为这个流程控制表，就像他们的导航仪，使他们时刻知道下一步要去哪里。

每个公司的流程都有差异，可以根据各自的不同流程来重新整理制作这个流程执行控制系统。没有任何一本教科书里有这张表格，所以管理者要学会创造性地工作。

六、5S 管理

一说起管理体系，我们往往容易和认证联系起来，而且马上想到要花费大笔费用。因为虽然很多企业做了大量认证只是为了给客户看，但在实际经营过程中企业很少认真去落实，这其实是一种资源浪费。而我这里要谈的管理体系，强调的却是一种思想。你可以不去获取认证，但必须有这种管理思想，才能让企业运营得更好。企业即使小一点，如果能把这种思想渗透到经营管理过程中，客户也一定能看出这个企业做大的决心和希望。

5S 管理起源于日本，是指在生产现场中对人员、机器、材料、方法等生产要素进行有效的管理，主要用于工厂管理。5S 是日文 SEIRI（整理）、SEITON（整顿）、SEISO（清扫）、SEIKETSU（清洁）、SHITSUKE（修养）五个单词，因为五个单词前面发音都是"S"，所以统称为"5S"，又被称为"五常法则"或"五常法"。

整理：工作现场，区别要与不要的东西，只保留有用的东西，撤除不需要的东西；

跟单流程执行控制表

跟单员:　　　　审核人:　　　　页码: 第　页　　　　此页时间段: 年　月　日 ~ 月　日　　　　编号: NO._____

下单日	P.S.获取PS号(财)	录入ERP(单)	定标准(单)	下订单(采/生)	回交期(单)	打单包装(仓)	督促交货(采/生)	查核交期(采/生)	验货(仓)	确认发货(财)	安排发货(仓)	邮件通知客户发货(单)	回访客户(单)	回单回收(单)	完成日期

整顿：把要用的东西，按规定位置摆放整齐，并做好标识进行管理；

清扫：将不需要的东西清除掉，保持工作现场无垃圾，无污秽状态；

清洁：维持以上整理、整顿、清扫后的局面，使工作人员觉得整洁、卫生；

修养：通过进行上述4S的活动，让每个员工都自觉遵守各项规章制度，养成良好的工作习惯，做到"以厂为家、以厂为荣"的地步。

5S管理应用于制造业、服务业等，5S管理能够改善现场环境的质量和员工的思维方法，使企业能有效地迈向全面质量管理。它主要是针对制造业在生产现场，对材料、设备、人员等生产要素开展相应活动。它对于塑造企业的形象、降低成本、准时交货、安全生产、高度的标准化、创造令人心旷神怡的工作场所、现场改善等方面发挥了巨大作用，是日本产品品质得以迅猛提高行销全球的成功之处。

推行5S管理可以起到如下8个作用：

（1）提高企业形象；

（2）提高生产效率；

（3）提高库存周转率；

（4）减少故障，保障品质；

（5）加强安全，减少安全隐患；

（6）养成节约的习惯，降低生产成本；

（7）缩短作业周期，保证交期；

（8）改善企业精神面貌，形成良好企业文化。

干净整洁的生产现场，秩序井然

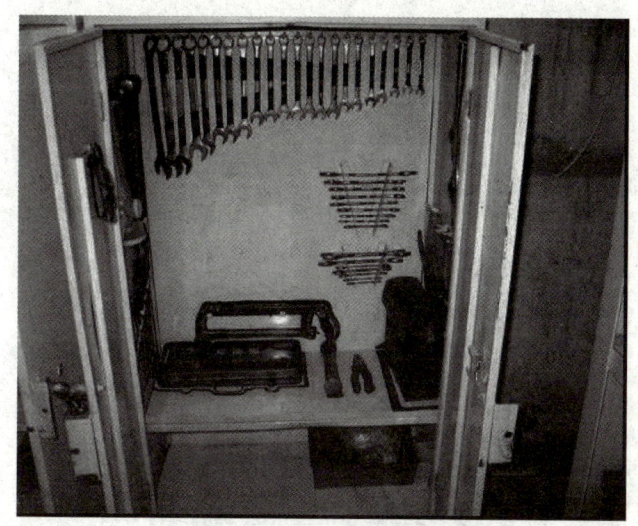

工具放置规范、有定位，提高了取用效率

明确的区域警告标识，杜绝安全隐患

5S现场管理法与其他管理活动有其内部联系。5S是现场管理的基础，是TPM（全面生产管理）的前提，是TQM（全面品质管理）的第一步，也是ISO9001有效推行的保证。它能够营造一种"人人积极参与，事事遵守标准"的良好氛围。有了这种氛围，推行ISO、TQM及TPM就更容易获得员工的支持和配合，有利于调动员工的积极性，形成强大的推动力。

实施ISO、TQM、TPM等活动的效果是隐蔽的、长期性的，企业可能一时

5S 管理可以延伸到抽屉、电脑里的文件管理

难以看到显著的效果,而实施 5S 活动的效果是立竿见影的。如果在推行 ISO、TQM、TPM 等活动的过程中导入 5S,可以通过在短期内获得显著效果来增强企业员工的信心。5S 水平的高低,代表着管理者对现场管理认识的高低,这又决定了现场管理水平的高低,而现场管理水平的高低,制约着 ISO、TPM、TQM 活动能否顺利、有效地推行。通过 5S 活动,从现场管理着手改进企业"体质",则能收到事半功倍的效果。

5S 管理现在发展成为 6S、7S、8S 等更多的"S",但究其根源还是 5S 管理,这是基础。所以,不管现在发展到多少个"S",我们先把前面 5 个"S"夯实,把底子打牢就是了。

第六节　应用视觉识别系统

一、第一印象定乾坤

客户在接触企业的第一眼时,可能已经决定了是否要和这家企业合作了。企业的形象,会给客户传递非常重要的决策信息。

客户在与一个陌生企业合作之前,会有至少三个质疑:

这个企业可靠吗?

这个企业的产品可靠吗？

这个企业的实力和能力能够满足我们的要求吗？

所以，企业在做形象工程的时候，必须时刻围绕一个核心——信心！你必须在第一时间解决客户对你企业的信心问题。如果信心问题没有解决，你的后续谈判将事倍功半。

企业给客户传递信心，不是光靠跟客户见面后的语言。你滔滔不绝、口若悬河地轰炸半天，可能抵不过客户看一眼。

客户的信心源自哪里？它可能来自一次客户偶然浏览企业网站，发现你的企业网站如此别具一格，具有大品牌气质；可能来自第一次接听你企业打过去的电话，看到你发过去的电子邮件，发现你企业的业务代表非常专业、技巧娴熟；可能来自第一次参观你企业的样品室，发现你的样品室精美如博物馆的收藏品等，这些都是企业传递信心的重要内容。

我们说细节决定成败，细节在哪里？细节就在你的每一个网页、每一封邮件、每一个电话、每一页目录册、每一场接待和每一个言行举止。做好某一个细节其实并不难，难的是把每一个细节都做好，而且长期坚持下去。这就需要脚踏实地的工作作风，在这一点上，日本的企业表现比较突出。跟日本公司合作过的朋友都会有感受，日本人似乎都比较死板，合同和文件上怎么规定的就怎么做，不容任何变通，他们会坚持把看似鸡毛蒜皮的每一个细节问题都落到实处。而事实证明，日本的产品质量确实不错。其实日本企业的员工不见得比你企业的员工聪明，只是日本企业的员工坚持做好了每一个细节，而你的员工可能忽略了很多细节。差之毫厘谬以千里，小企业与大企业的差别可能就在这针尖大的功夫上。

二、严把五道形象关

企业形象无处不在，如果企业能处处都做好，那自然是最好的。

而现实情况是，小企业往往很难面面俱到。那么以下五道形象关是小企业必须把握的，这是企业形象的命脉所在。

第一道形象关：网站

（1）设计网站前，请多浏览一下目的国的大公司网站，了解一下别人的审美观，让自己的公司网站尽量符合客户的审美习惯。

（2）品牌的东西一定是简洁的、凝练的，要给客户信心，就要把自己定位在大品牌的要求，学会让自己的宣传看起来简洁、凝练，别像个老太婆一样唠叨个没完。

（3）鉴于网络技术问题，网站尽量减少动画内容，不要幼稚地认为网站专业就等于放置大量的动画。要知道，你的动画会严重影响浏览速度，如果国外客户半天都打不开你的网站，你的动画再漂亮又有什么用呢？

（4）务必确保网页的翻译内容准确，切忌使用机器翻译。有些企业为了省钱，把中文内容放到翻译软件里一翻，结果出来的东西让专业人士见了就得笑掉大牙。客户如果看到这样的网页，将这企业淘汰的概率可能超过90%。所以，当有网站建设公司向你推广说"我们可以将你的网站免费翻译成12种语言"时，你千万别高兴，他这是在害你，让你那些使用这12种语言的客户都不跟你做生意。

（5）经常更新你的网站，新鲜、有活力的网站对客户更有吸引力。

第二道形象关：目录册

（1）设计和网站的要求一样，要简洁、凝练，并能够体现企业的品位和价值取向，最好还要学会一些艺术的表现手法。自己不懂如何艺术，就请专业的人帮忙。

（2）目录册，就是一份广告。你必须让客人在看到目录册3秒钟之内就能吸引客人的眼球。如果你的目录册很平庸，你将会失去很多商业机会。

（3）目录册需要合理取舍，不要什么东西都搬上去，你要在目录册上表现的是最有竞争力、最有代表性的产品。已经过时很多年的东西就不要再花功夫宣传了，用一句话做些说明就可以了。

（4）记得叫卖你的品牌、企业和网站。必须在目录册的多个地方轻松找到你的品牌和网站，让它们不断闯入客户的脑海，加深印象。在合适的地方印上企业的名称和联络方式，让客户随时可以联络你。

第三道形象关：样品室

（1）基本要求：陈列有序、干净整洁。

（2）样品室代表着企业的产品品质的最高级别，所以不要把缺胳膊少腿的样品放在样品室。

（3）用来陈列样品的货架，需要精心设计，不要随便摆个桌子当货架，而要把这个样品当艺术品一样陈列出来。

（4）样品室可以设置一些有中国特色的东西来加深客户的独特印象，如中国书画、茶、瓷器等元素。

第四道形象关：办公区

（1）长期保持干净、整洁。

（2）合理分区、标志清晰，让客人感觉这是一个非常规范的企业。

（3）办公区不要堆放其他杂物，否则会给人比较乱的印象。

（4）氛围和谐。每个人都代表着企业形象，所以每个人的表情不要像别人欠他钱几十年没还一样。要让客人感觉这是一个热情、开朗、有活力的团队。

第五道形象关：生产区

（1）分区清晰、合理，物料堆放整齐。

（2）生产线标示作业指导书。

（3）物料区、生产区、半成品区等各区域都有醒目的黄色区域标线，并悬挂区域标牌。

（4）参与生产的人员和操作符合安全生产的相关要求，如佩戴口罩、帽子、防静电套，无违规操作等。

三、创造品牌/企业识别元素

过去很多企业谈品牌，其实更多的是在谈商标。如果把一个产品的商标去掉，客户就无法知道这是哪个品牌的产品了。也就是说，这个品牌除了商标和其他人不同，并没有创造和商标配套的品牌支撑，如产品风格、设计理念、企业文化等。视觉识别系统是让一个品牌、一个企业和其他品牌、其他企业区分开来的一种有效方式。现在，没有展示商标的品牌产品越来越多地受到关注和青睐，有人称之为低调的奢华。

要创造一套完整的VI视觉识别系统，其成本是比较高的。对于多数小企业而言，不一定有这方面的财务预算。即使这样，我们仍然可以在有限的成本范围内，创造、设计、应用好几个品牌、企业识别元素，从而达到一定的区分效果。

（一）主体颜色

企业根据自己的企业文化、产品特点和发展理念等，提炼出企业在宣传推广、内部装饰过程中的固定使用的颜色搭配。

长期稳定的颜色搭配，有利于在客户头脑中强化自己企业的风格，从而起到最终有助于区分于其他品牌、其他企业的作用。

(二) 工作服

企业无论大小，穿统一的工作服似乎不是一件难事。关键是，选择穿什么样的工作服才能对企业有更大的作用呢？

多数企业选择工作服考虑的第一要素是节约成本。于是，可以看到大量的公司的工作服基本难以区分，看起来大家好像都是一家公司的。这种工作服，对内起到了统一形象的作用，但对外没有起到区分于其他企业的作用，不利于企业形成、强化自己的风格。

工作服同样要传递企业的文化内涵，并要与企业的发展风格一致。比如，做时尚产品的企业，能否让工作服更有时尚感、更漂亮、让更多人喜欢呢？做休闲产品的企业，能否让工作服保留休闲风格呢？做奢侈品或高端产品的企业，能否让工作服看起来不那么廉价呢？如果我们愿意从这些方面去努力，这些效果是完全可以达到的。

(三) 公司 LOGO

现在企业的品牌意识越来越强，大部分企业都有自己的商标设计，甚至成功注册下来。我们可以在两个细节提升商标的影响力。

其一，商标的设计与企业的整体风格、理念保持一致，使其准确传递企业的潜意识。

其二，商标设计尽量做到简练。过于复杂的东西不容易被记住，也就不容易传播，更难于被客户识别。在服装行业，我们看到各种类型的鳄鱼、老人头、老爷车等相关的品牌，很多消费者都无法分清楚谁才是原创。这就是因为太复杂的东西，客户难以准确分辨、加以区分。

其三，企业一旦有了商标，就要淋漓尽致地应用到工作、生活的每一个角落，发挥它的传播作用。衣服、文件、内部装饰、宣传栏以及广告用品等，都可以在显眼位置印上公司的商标。

【案例：风行品牌的商标设计和品牌应用】

电子灭蚊器品牌"风行（A1-TECH）"创立于2003年，至今已经有10多年发展历程。它定位于中高端客户，其销售量不算大，但客户质量是比较高的。客户包括类似于中国电网、加多宝工厂、中国贡茶集团、广东科技学院、广州烈军属疗养院、大量五星级酒店和房地产集团等这些优质客户。

商标设计,从传播上来说,"风行"两个字非常简单易记,利于口口相传。再看大拇指的标志,有其内涵,一方面表示风行品牌的产品质量第一、口碑第一,人人都竖起大拇指;另一方面,里面的字母"a"和外面的线条构成了代表流行的元素"@",寓意产品能跟上时代潮流和社会发展趋势。在外贸宣传平台上,一般会采用英文部分。商标的英文部分,并没有直接用拼音fengxing来代替,而是用了 A1-TECH。一则在英文宣传资料里,如果需要按字母排序,A1-TECH 会有机会排列在前面。另外,A1-TECH 表示一流技术,以此暗示品牌的可信度。

除了商标,还可以将商标的部分以变体的形式做其他方面的宣传,在传递其他内容的同时宣传品牌。如下面的标志,是一个广告语"健康灭蚊专家",因为所有的风行灭蚊器都是不用任何化学药剂的,属于环保无污染产品。把大拇指标志放置其中,就可以起到品牌宣传作用。

商标和商标的变体,都可以大量应用于产品、网站、宣传册,以及包装盒上,让人一眼就可以把你和别人区分开来。

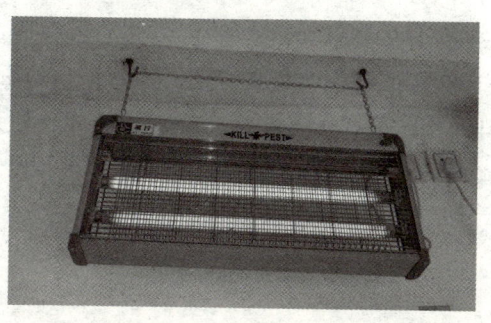

即使在产品的宣传小图上,也不忘带上自己的品牌,时刻传播。但要注意的是,在这些小图上,商标覆盖的区域不要太大,否则会喧宾夺主。

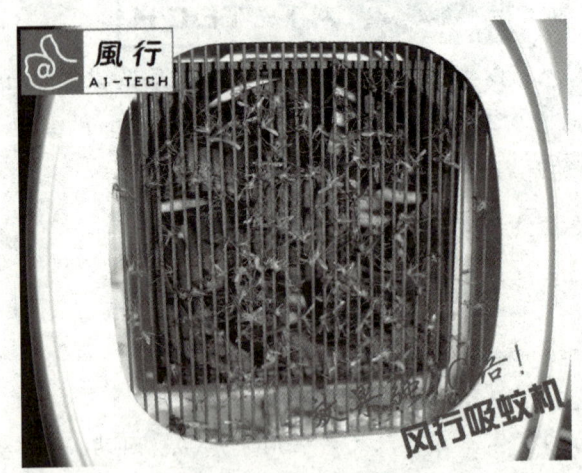

如果有机会,企业可以参与国内外的各种品牌评选,为自己的品牌加分。2011年3月13日,"产业新势力－2010年度中国时尚户外家居及休闲生活评选"颁奖盛典在浙江省人民大会堂结束,"风行"品牌成为灭蚊器行业中唯一入选2010中国户外家居"十大新锐品牌"的品牌,被光荣地载入《中国日报》、凤凰网等媒体的历史记录。自此,风行品牌像一匹黑马,杀入人们的视野。

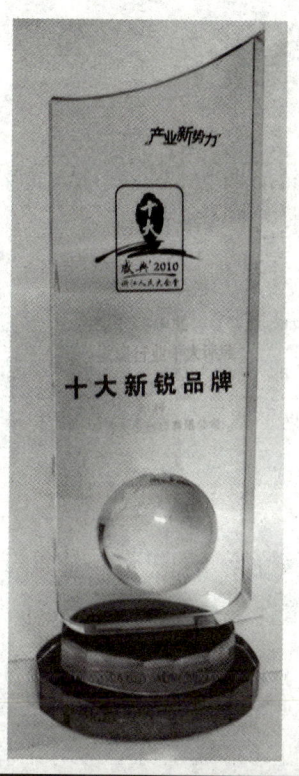

不要等到企业做大了才想着如何做品牌推广,事实上小企业更需要品牌推广。小企业在产品技术、渠道控制、采购成本等各方面都没有优势,如果再没有品牌支撑,小企业就难以形成自己的独特优势,难以脱颖而出。

(四)卡通形象

有一定经济基础的企业,也可以根据需要设计公司的卡通形象。设计好了,它就是企业免费的形象代言人。

(五) 广告语

创造一句朗朗上口、简洁明快的广告语,把公司的卖点准确表达出来,会起到区分于竞争对手、快速传播的作用。

"今年过节不收礼,收礼只收脑白金。"这句广告语,虽然俗气,但深入人心,也起到了很好的市场推动作用。

"钻石恒久远,一颗永流传。"这句广告语,虽然高雅,但很少人知道这广告说的是谁家的钻石,似乎只要卖钻石的都可以用。

(六) 设计风格

产品设计、包装设计保持统一的风格,是简约、艳丽、经典,还是时尚?没有标准答案,只有适不适合,确保这个风格与品牌理念保持一致。

比如苹果公司设计的 MP3、MP4、iPad、iPhone,你几乎都可以感受同样的简约风格。仅用黑白两种颜色,即演绎了苹果的设计理念。这和其他品牌使用大量的颜色、鲜艳的设计形成了鲜明的对比。这种简约的风格,也成了苹果品牌和产品内化的性格特征。如果把一堆同类产品放到一起,你会很容易感觉到这是苹果的风格。

(七) 团队的行为习惯

一个团队统一的行为习惯,会在客户心中形成企业的性格特征。

如每个员工见到客人都会做到点头、微笑、问候,并表现出精神抖擞的风貌,这就会成为这个企业热情、阳光的特征。

如果每个人都习惯于高效率地处理与客人相关的任何一件细小的事情,高效率便成为企业在客人心中的特征。

客人对企业的整体印象,就是这些细小事情留下印象的总和。如果各部门都是不同的表现,客人的感觉是企业比较乱,没有成熟的特征。

第三章 营销篇

四招决胜千里之外

胜兵先胜而后求战，败兵先战而后求胜。

凡战者，以正合，以奇胜。故善出奇者，无穷如天地，不竭如江河。

——《孙子兵法》

面对茫茫海外市场，初涉外贸业务的中小企业，内心十分复杂，激动又为难。如同面对一个抱成团的刺猬，无从下手。大部分人在摸着石头过河，虽然交了很多学费，但总反应其效果并不好。下面我们就来理清海外营销实战的思路。

第一节　B2B 不等于国际营销

一、小企业迷失在 B2B

"如果让你负责海外市场，推广我们的产品，你准备怎么做呢？"

"我会通过阿里巴巴、中国制造网发布产品信息。"

"然后呢？"

"每天及时回复客人的询盘。"

"然后呢？"

"再在一些免费的平台发布产品信息。"

"还有吗？"

"差不多就这些吧。我相信我的努力会为公司争取大量订单的。"

上面是我面试一位外贸主管时的谈话内容，他在另一家公司做了 3 年，带 2 个人的团队。类似风格的谈话，在无数个面试场合重现。一方面，可以反映出 B2B 平台给外贸从业者留下了深刻印象，影响深远；而另一方面，则看出外贸团队隐藏的严重问题——眼中有平台无市场，只见树木不见森林。

经常困扰这些决策人的问题就是，我该做哪个平台呢？做还是不做呢？这就是很多小企业的缩影。

你都不知道这个产品适合谁，自己要和谁竞争，和谁合作，就盲目地上B2B平台，然后守株待兔，能有好结果吗？即使再多努力，恐怕也是收效甚微，就算有点效果，也是瞎猫碰上死耗子。

为什么这些外贸主管对外贸拓展的理解停留在这么狭窄的层面呢？

大部分外贸从业人员是外语专业毕业的，因为外语是外贸必备的工具。而他们几乎没有学习过营销的专业知识，进厂了也没接受相关的专业培训。即使学的是外贸专业，大学课程里多数也是理论性偏多，实战性偏少，还是无法派上用场。而有营销专业知识的内销人员，又不懂外贸流程，没法教。

既懂营销又懂外语的精英实属稀缺资源，这就是多数小企业只能在B2B平台迷失的原因。

二、营销体系决定业绩

企业老板们最头痛的不是要投入多少费用，而是对投资回报没有任何把握，每一分钱都投得战战兢兢。那么业绩从哪里来呢？

决定业绩的因素很多，如员工的工作态度、工作技能、产品的优势以及宣传推广渠道的优劣等。而现实情况中，虽然有的企业有很好的团队，他们工作态度非常积极，外贸技能娴熟，但历尽千辛万苦，却没有太大收获。他们开始迷惘了，不是说天道酬勤吗？难道这句话是错的？

真正决定业绩生死的，是企业的营销体系。

你有进行海外市场调查与分析吗？

你有对自己进行竞争力分析吗？

你有根据分析的结果制定大战略吗？

你有制定详细的策略来支持战略落地吗？

你有符合要求的人力资源来支持策略的实施吗？

你有保障组织良好运行的制度、流程和企业文化吗？

如果这些你都没有，或不清晰，企业的业绩只能靠运气，和买彩票中奖的概率相当。任何单方面的优势、力量都是有限的，只有整个营销体系完善，协同推进，企业在海外市场才能持续成功。做薯条、汉堡、汽水的个体户做不过麦当劳，很重要的原因就是麦当劳不光提供产品给加盟商，更提供了一个运营系统，这个系统保障了加盟店的成功。

第二节 大道至简的五个外贸营销法则

一、最适合法则

在营销活动过程中，我们总面临很多选择。

先做欧美市场，还是亚洲市场，或是非洲市场？

有人说，欧美市场好，利润比较高。有人说东南亚和非洲市场好，门槛较低，烦琐的认证少了很多。有没有标准答案呢？

没有。每个市场都有其优势和劣势，利润高的市场门槛也高，门槛低的市场，其利润低，而且竞争激烈。所以，没有最好，只有最合适。适合你的才是最好的。

选择 B2B 推广平台也是同样的，阿里巴巴、中国制造网、环球资源等，在有限的资金下企业该选谁呢？事实上也是没有标准答案的，不同的平台有不同的特点，没有特点的平台很难存活下来。适合企业发展的平台才是最好的。

最适合企业目前发展状况的营销活动，就是最好的，这就是最适合法则。

二、门当户对法则

大家都听过灰姑娘的童话故事，童话的结尾都是"从此，公主和王子过上了幸福的生活"。我们都很单纯，所以从未追究过真相。直到有一天，英国戴安娜王妃与查尔斯王子闹离婚，公众才了解到其实这个平民王妃与贵族王子有着很深的隔阂。一些平民女子嫁入豪门，我们外人看到的是一掷千金的奢华，但真实生活的痛处只有她自己知道。幸福，远不是外人所感受的样子。

中国古代的婚姻讲究门当户对，这背后是有其合理的根源的。门当户对，意味着两家有类似的生活习惯、教育水平和文化背景等，这样的婚姻会让新诞生的小家庭的价值观分歧最小化，家庭更和谐。

选取生意场上的合作对象是一样的道理。选取层次相近的客户，合作最为顺畅。我们可以看到，一些大企业对小订单没什么兴趣。如果你向富士康订100个电脑机箱，他会直接让你去找代理商。但如果你向佛山的中小型电脑周边设备厂家订100个机箱，他们还是会很客气地招待你的。这就是门当户对带来的实际效果。

如果LV向一个小厂下10万个包包的订单，这家小厂真能接得了吗？

如果这个小厂不具备相同级别的生产能力、品质控制能力、组织管理能力，极有可能出现以下问题：

（1）无法及时交货，失去信誉；

（2）与客户沟通不畅，服务漏洞百出；

（3）产品质量问题严重，品质达不到客户要求。

小厂如果没有一个良好的运营系统，是无法和这些大客户直接匹配的。大客户有远远超越小客户的要求，他们的要求有时几乎到了苛刻的程度。一个五金鞋扣，一般工厂开模打样需要1~2周时间，而某大品牌客户要求3天拿到样品，否则不能合作。这个要求对于多数小企业几乎无法完成。作为小企业，如果你没有具备这个实力，而去开发这类型的客户，会让你在后续的合作过程中力不从心，甚至得不偿失。

想接大单，想和大客户合作，首先就要提升自己企业的层次，让企业的运营系统跟上大客户的步伐。但总的来说，合作对象门当户对，合作才能游刃有余，企业才能良性稳健增长，而不是手忙脚乱失去节奏。

三、优势兵力法则

优势兵力是相对而言的。就数量上来说，100人对10人作战是优势，而对1 000人作战则成为弱势了。

有人就会疑惑了，这个道理太简单了，中小企业规模小，是不是针对大企业的竞争就没有任何优势可言了？也不是这样。如果你拥有100人的团队，同时对1 000人的团队作战，当然没有优势。但如果你只针对这1 000人中的10人作战呢？你当然有绝对优势了，这就是优势兵力法则。

作为中小企业，应该尽量避免全线出击，这只会让自己死得更快。而应该瞄准一小块空隙，在自己有把握取胜的领域，全力出击。这样必能起到以小胜大的作用。

四、奇正创新法则

正，就是营销的常规套路，产品、价格、渠道、促销这方面的工作都得做踏实。

奇，就是非常规套路，需要有更多创意，以达到出其不意攻其无备的效果。比如，大家都使用邮件营销的时候，你可以直接给海外客户电话沟通；大家都不出国门的时候，你直接去海外客户办公室沟通；大家都在使用谷歌搜索引擎做广告的时候，你选择当地最流行的区域搜索引擎品牌。这些都是奇兵。

奇正之术，需要相互配合使用，才会产生奇妙的效果，不可偏重一方。所有的营销战术，都不外乎奇正的搭配使用，灵活组合，千变万化。这就是奇正创新法则。

正，是稳定的基础；奇，是取胜的关键。优秀的外贸主管，要善于出奇兵。

五、四步营销法则

国际营销，看上去纷纭复杂，初入此行的企业不知如何下手。

小企业要做好外贸，需要顺应市场规律，遵循一定的操作规则。盲目操作，只是浪费时间和资源。本人根据自己多年的搏杀经验，总结出"四步营销法则"。只要这四个步骤做到位，即使小企业也可以在国际市场获得一席之地。

每个企业的营销活动细节也许各有差异，但这四个步骤一定不能省。

第一步：做到知己知彼。

第二步：进行战略定位。

第三步：进行战术策划。

第四步：确保高效执行。

如果不去认真做好这四个步骤，企业的海外市场开发肯定是存在大量问题的。企业如果按照以上四个步骤认真做了，不是不会有任何问题，而是会把大的问题、风险排除，让企业能够保持持续的良好发展势头。剩下的只需企业做细节的修正，而不需要像很多小企业动不动就从头再来。

这就是小企业不能逃避的四步营销法则。

第三节　知己知彼——找到生存空间

一、不可忽视的情报战

【案例：力拓案暴露国际商业情报战】

2009年7月5日，胡士泰、王勇、葛民强、刘才魁等四名力拓员工，被上海市国家安全局刑事拘留。上海市国家安全局称，胡士泰等四人采取不正当手段刺探窃取中国国家秘密。媒体透露，被有关部门带走的力拓上海办公室办公电脑内有数十家与力拓签有长协合同的钢企资料。资料涉及了企业详细的采购计划、原料库存、生产安排等数据，包括大型钢企每月的钢铁产量、销售情况。电脑中对中国各钢企的技术分析详细，各生产流程的参数准确。有研究人员认为，"'窃密门'未来可能会牵扯到必和必拓和淡水河谷"。8月11日，胡士泰等四人以"涉嫌侵犯商业秘密罪和非国家工作人员受贿罪"被正式批捕。2010年3月29日下午，力拓中国四名员工涉嫌"非工作人员受贿罪"和"侵犯商业秘密罪"一案，在上海正式一审宣判。胡士泰等四名力拓员工因泄露商业机密和受贿被判入狱，刑期从7年到14年不等。

三大矿山公司中国区一位主管透露，他们经常派遣一些员工到全国各地的钢厂进行调查，了解钢厂的生产需求情况。除了通过收买中国钢铁生产单位内部人员和公司派遣内部人员前往全部各地钢厂调研外，力拓还从全国各大钢厂和政府部门高薪"挖"来政府公关人员、中国钢铁专家、中国矿业专家等"人才"。此前曾供职于五矿集团、莱钢集团等公司一些人员就职于三大矿山公司之中，这些人对中国钢铁企业非常了解，且与相关钢铁公司和政府部门人员非常熟稔。

上海市第一中级人民法院对力拓案宣判时曾表示，商业机密的泄露给中国钢铁行业带来了巨大损失，使中国企业在铁矿石谈判中处于不利地位。因为力拓案四名案犯的犯罪行为，导致去年有逾20家中国钢铁企业为铁矿石进口多支付了10.2亿元人民币。

从上面两页网络新闻标题可以清晰地看出隐藏背后的情报战影响的市场表现。在中国钢企的内情赤裸裸地暴露在矿山企业面前的情况下,2008年中国进口铁矿石价格谈判结果是最高涨幅96.5%,而2009年力拓间谍案影响下的谈判结果是进口价格最大降幅50.42%。尽管力拓案不是唯一的影响因素,但也是影响当年谈判的重要因素之一。至少这个事件对于当年的谈判起到了敲山震虎的作用，在谈判造势上有积极意义。

2005~2009年铁矿石谈判对阵表

年份	代　表	结　果
2005	新日铁 vs 力拓	粉矿、块矿涨71.5%
2006	宝钢 vs 必和必拓	粉矿、块矿涨19%
2007	宝钢 vs 淡水河谷	粉矿、块矿涨9.5%
2008	新日铁、浦项制铁 vs 淡水河谷	粉矿涨65%，块矿涨71%
2008	宝钢 vs 力拓	粉矿涨79.88%，块矿涨96.5%
2009	新日铁 vs 力拓	粉矿跌33%，块矿跌44.5%
2009	浦项制铁 vs 淡水河谷	粉矿跌28.2%，块矿跌48.3%
2009	中钢协 vs FMG	粉矿跌35%，块矿跌50.4%

从力拓案中，我们可以真实地感受到在当代的国际商业活动中，情报战离我们很近。你不了解、不承认、不作为，不代表它不存在。日本企业就是重视商业情报战的典型代表，有中国专家称，日本企业情报能力堪比日本政府的"中央情报局"。

在过去40多年的铁矿石基准价格体系中，日企一直占据主动，其关键因素是日本钢铁企业与日本的综合商社之间建立了利益共同体，即他们之间存在相互持股或共同投资的关系，可以在从矿石到钢铁产品的整个产业链上，对投资收益做内部的平衡，而减少个别环节的损失。

日本最大的综合商社有6家，它们集贸易、金融、信息功能于一体。它们在世界187个城市设立了800多个分支机构，向国外派出1.6万余人，重点搜集各国的政府经济、政治等情报。他们大约5~60秒即可获得世界各地金融市场行情，1~3分钟即可查出世界各地进出口贸易商品品种、规格的资料，3~5分钟即可查出国内外1万多个重点公司的各年度生产情况，5~10分钟即可查出各国政府的各种法律、法令和国会记录，5分钟即可利用数量经济模型和计算机模拟画出国内外经济变化带来影响的曲线图。

相比之下，我们中小企业的情报意识就非常淡薄。只要有人前来询价，我们的中小企业往往是二话不说就把整个报价表全部发过去，唯恐不能接到订单，而对对方却从来不问出处。现在我们明白了，情报战已经不是我们想或不想，它一直存在于国际商界。我们没有选择，只有快速学习和适应。

在开发一个新市场前，如果你能了解到关键情报，你就成功一多半了。

二、知己，成就不可战胜

知己，就是全面了解自己，客观综合评价自己的实力，分析自己的优势与劣势。

《孙子兵法·谋攻篇》谈道，"知彼知己，百战不殆。不知彼而知己，一胜一负。不知彼不知己，每战必败"。可见，"知己"是多么重要，瞬间就可以将取胜的概率提升到50%。如果说"知彼"有一定的难度，那么相对来说"知己"要容易很多，而且每个企业都可以做到。

遗憾的是，很多小企业在进入国际市场的时候并没有完成"知己"的步骤，大部分处于"不知彼不知己"的状态，海外销售做了很久还是"盲打"。结果可想而知，战绩不会太好，做好做坏只能凭运气。

知己，需要包括以下几个内容：

（一）企业规模

请思考以下问题：

你的企业是属于大型企业、中型企业、小型企业，还是微型企业？

你的产能有多大？

最多能承受多少订单量？

最少需要多少订单量才能维持企业运营？

你的仓库容量有多大？

能够承受顾客货物滞留的最长时间是多久？

你的品质控制体系能保障产品品质达到哪个层次客户的要求？

你对供应商的管理能力能保障大家的合作达到什么样的效率？

了解以上内容，将有利于你的企业找到门当户对的客户，有利于企业在谈判的过程中明确自己的底线，做出正确的判断。

比如说，你的企业最少需要每个月10万元的订单额才能维持企业的正常运营，而这个月你才接到8万元的订单额。这时你在和另一个公司竞争同一个客户，订单金额有两三万元，客户已经将价格压到几乎成本价了，这订单究竟接还是不接？

如果你明白自己的状况，就可以立刻做出决定。接了这份订单，企业虽然不会有利润，但可以维持企业的正常运营。如果不接，企业可能要面临亏损。所以，这订单无疑要接下来。而你的竞争对手可能处于盈利状态下运营，如果这份订单几乎没有利润，他可能不会表现出太大兴趣。

企业必须时刻记住，先要生存，然后才是发展。中国的企业，尤其是小企业经不起折腾，经不起长期亏损。

（二）人才数量与结构

请思考以下问题：

你企业的各类人才数量分别有多少？

研发、生产、销售、行政等各部门的人才比例大致是怎样的？

人才的学历结构，高中或技校、大专、本科、本科以上等人才比例各占多少？

只有明白自己有什么人，才能明白自己可以做什么事，不可以做什么事。要想拓展海外市场，最少需要一些懂英文的业务员吧。如果你的目标市场是南美地区，最好能有一些懂西班牙文的业务员。如果想开发东欧市场，有懂俄语的业务员是最好不过了。如果你不具备这些人才，就只好另谋出路了。

不要总是存在这样一种想法，"中国的人多的是，要多少随便抓"。随便找来临时顶替的人，或者从来都不认同你企业文化的人才，是无法最终为企业所用的。关羽被迫留在曹操营里，但身在曹营心在汉，始终没有为曹操做出任何贡献。

所以，企业在计算自己的人才的时候，需要考虑的是相对稳定的人才团队，而不是尚在人才市场或别人公司里的员工。

（三）可支配资源

企业必须明白自己有哪些资源可以支配，包括有形资源和无形资源。

有形资源包括你的厂房、机器、人才、资金、产品等。

无形资源包括你的品牌、技术、专利、社会关系等。

明白了自己有哪些可支配资源，才能对资源进行有效的搭配，使它们发挥最大的作用。

知道有哪些产品以及各自的特点,才可以对产品进行组合销售。

知道有多少资金可用,才可以决定做哪些推广、怎样推广。

如果拥有强势的品牌,自然可以获得更好的品牌溢价。

如果有良好的社会关系或政府关系,自然可以获得更多有利的推广机会和销售机会。

(四)企业在同行业中的地位

你的企业在同行业中的影响力怎么样?

是无人知晓,还是小有名气,或是声名远扬?

你企业的产品在行业中是处于领跑者的状态,还是跟随者的状态或被淘汰者的状态?是技术领先型的,还是价格领先型的,或是劣势型的?

市场占有率大约有多少?

企业在同行中排名大约在哪个档次?

哪些企业领先于你?你有哪些方面不如他们?

哪些企业落后于你?你有哪些方面优于他们?

企业明白自己在同行业中的地位,就可以使自己明确前进的目标和方向,同时可以为企业行销方案提供重要的决策依据。比如说,你暂时还是一个无人知晓的微型企业,那就不要瞎折腾了,先在市场上想方设法站稳脚跟要紧。

(五)企业在市场中的优势和劣势

这点比较好理解,很多公司已经开始使用SWOT工具进行分析。

SWOT工具主要分析四个方面:优势、劣势、机会、威胁,也是在试图让企业了解自己的状况。一般通过在以下表格的每个项目下一条一条地总结自己企业的情况来进行分析:

S:优势	W:劣势	O:机会	T:威胁
1.…… 2.…… 3.…… 4.…… ……	……	……	……

企业的优势和劣势，是从企业内部来分析得出的。企业了解自己在市场中的优势和劣势，这点非常重要。

金无足赤，人无完人，企业也一样。每个在市场上存在的企业，都有其优势和劣势，关键是用你的慧眼去发掘出来，使其清晰明确。

优势和劣势本身并不能决定什么，所以也有很多人认为SWOT分析工具纯属浪费时间。其实，我认为了解企业优势和劣势分别是哪些项目，其目的是据此做出各种不同的配套战略和策略。简单地说，就是对症下药，量体裁衣。

如果你不了解你的企业有哪些优势和劣势，你又如何能让你的企业扬长避短，获取市场先机？又如何能为你的企业科学规划发展蓝图？

企业的优势和劣势是相对的，比如企业规模小，从普遍意义上来说这是劣势。但正是因为企业规模小，它才能更灵活地适应客户的要求，马上为客户的新要求作出反馈，而这就成为小企业的优势了。如果能够寻找劣势背后的优势，那么别人的优势也就成了劣势了，你就为企业找到了区别于竞争对手的武器。

机会和威胁，是从企业外部环境分析得出的。

企业要时刻关注国际政治环境和经济环境，敏锐地把握市场机会，规避市场风险。比如英国承办奥运会、巴西承办足球赛，对我们的外贸企业意味着什么机会呢？也许，小企业不能直接成为这些赛事的合作单位，但还是有机会成为这些合作单位的供应商的。另外，即使这些小企业不与大赛组委会有直接合作，也可以与外围的商家展开大规模合作。如需求数量巨大的礼品、纪念品、服装、饮料等，为我们小企业呈现了一个让人兴奋的市场前景。这是从事件中分析得到的机会。

从世界发展趋势、产品更新换代、新技术应用等方面进行分析，也同样可以寻找到很多机会。有企业就紧盯着苹果手机的产品更新，只要iPhone 6在美国一面市，一周之内，国内厂家的相应的周边配件已经可以出货了。大功率、大屏幕的智能手机大量销售，配件厂家随即发现电量供应不足是个问题，而这个问题就是配件厂的机会。他们马上开发出各种规格的充电宝，迅速抢占市场。

至于威胁，它可能来自政治、经济环境，如总统换届选举导致的政治动荡、大型企业的兼并重组，也可能来自竞争对手。如海尔冰箱在进入美国市场之初，就遭遇各大品牌的打压，如果不讲究市场策略是无法最终成功打入市场的。

三、知彼，成就战无不胜

唯有"知彼知己"，方可"百战不殆"。

所以，光有"知己"还不行，还得"知彼"，以获取另外 50% 的制胜几率。

"知彼"，不但要求了解竞争对手的情况，还包括了解客户的情况，了解行业的发展状况，了解各国的经济状况、市场特点、国情、民情风俗等。

在不了解客户背景和客户需求的情况下而进行的报价活动，其成功几率是非常低的。这就是为什么很多企业的外贸业务员经常抱怨"询盘虽然不少，可一报价以后就没有后文了"。

有些外贸业务员说："我的报价已经是接近成本价了，可是为什么客户还是没有兴趣呢？"

而实际情况可能是，顾客期望的是品质较高的产品，你的价格已经低到让他开始怀疑你的质量了。也就是说，顾客没兴趣的原因，不是因为你的价格不够低，而是因为你的价格不够高。这就是一例典型的知己不知彼的惨败结局。

类似的情况还有，比如说，你的灯饰在国内卖得非常好，你推荐给几个国外客户，并且价格也在客户的目标值范围内。可奇怪的是，他们仍然没有任何兴趣，这是为什么呢？原来，你的灯饰款式与当地人的审美观不一致，在当地不受欢迎，所以客户自然不会下订单给你。

由是观之，知己知彼何其重要。然而，知己容易，知彼却有一定难度。作为一个小企业，你不可能动不动就跑去国外客户那里看一看，到国外市场上去调查调查，这不像在国内派发调查问卷那样简单。如果向一些专业公司购买调查数据，价格不菲，小企业难以承受，而且这些数据不一定符合自己的特殊需求。

最好的办法，当然是免费获取自己需要的信息。下面，我就提供一些"知彼"之道，供大家参考。

（一）了解竞争对手

这点做起来不是很难，但需要大量的时间去整理和分析。

你可以通过在各类国内外的知名 B2B 平台进行相关产品的供应商搜索，发掘出大量供应商资料。根据这些供应商在各类 B2B 平台活动的频率、会员级别、专业度等各项信息，可以初步确定这个供应商的实力和档次，也可以确定这个供应商是否为自己的竞争对手。

然后，把主要的有一定影响力的竞争对手资料进行详细整理和分析，为自己的后续动作做准备。

需要提到的是，国外的一些竞争对手的手法比较高明。他们时常会扮演买家的角色，长期刺探中国供应商的产品信息和价格底线，所以外贸业务员在看到询盘或求购信息时，需要甄别一下真伪。否则，不但没获得客户，反而将自己的底牌全部曝光。

（二）了解客户

企业收到客户的询盘以后，不要急着报价。可以先通过 Google 等搜索引擎搜索一下客户的资料，看看实际情况是否和客户所描述的那样好。一些客户为了尽快获得底价，经常是不打草稿地随便就发一个预计订单数量 10 万件、100 万件。而实际情况是，他可能只是一个刚起步的小批发商，一年都卖不掉一万件。当然，如果你搜索发现这个客户在当地是一个拥有数十家连锁店的中型零售商，这也是一个不可多得的好客户，那就一定要死缠烂打，不下订单决不罢休。

另外，就需要通过邮件、电话等方式与客户进行详细的沟通，了解他们的确切要求和需求。这样将更有利于你做出正确的报价。

（三）了解目标市场

了解目标市场，需要了解三个方面的内容。

首先是了解这个国家的宏观情况，知道这个国家的地理位置、气候、矿产、工业、农业状况、主要经济来源和经济状况、风俗习惯、贸易特点、国家政治状况、与中国的国家关系等。

企业可以通过三个网站免费获取这些信息。

1. 新华网 www.xinhuanet.com

新华网由新华通讯社举办。新华通讯社，简称"新华社"，是中华人民共和国的国家通讯社，也是具有中国特色的世界性通讯社。新华社现有工作人员13 000多人。总社设有11个管理职能部门、10个采编职能部门、20个直属单位。在全国除台湾地区以外的各省、自治区、直辖市，以及中国香港特别行政区、中国澳门特别行政区设有33个分社，在全国20个大中城市设有支社或记者站，在中国人民解放军、中国人民武装警察部队设有分支机构；在中国香港、墨西哥合众国墨西哥城、肯尼亚内罗毕、埃及开罗和比利时布鲁塞尔设有亚太、拉美、非洲、中东、欧洲5个总分社，并在100多个国家和地区设立了分社。

可以说，新华网的资料代表着权威声音、主流声音，资料比较真实、可靠，应该作为我们收集海外信息的重要渠道。

在新华网的"首页－资料－国际资料"目录下，可以查看到各国的概况，该页链接：http://news.xinhuanet.com/ziliao/2007－10/30/content_ 6973562.htm。

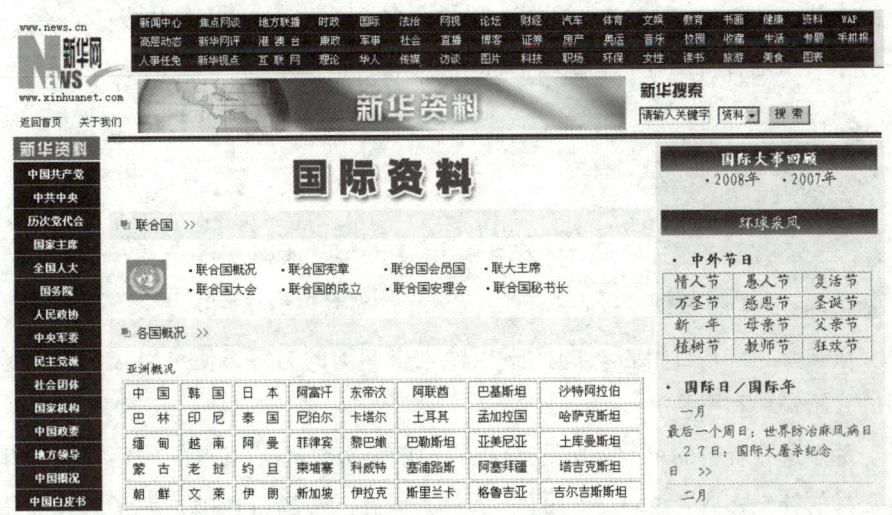

这里，你可以查看到世界各国的地理、人文、宗教、政治、科学、文化、经济、艺术、国际关系等情况。有了对目标市场所在国的了解，你的企业营销就不会盲目了。

2. 维基百科 www.wikipedia.org

维基百科（Wikipedia）是一个基于Wiki技术的多语言百科全书协作计划，也是一部用不同语言写成的网络百科全书，其目标及宗旨是为全人类提供自由的百科全书——用他们所选择的语言来书写而成的,是一个动态的、可自由访问和编辑的全球知识体。

维基百科全书,自2001年1月15日正式成立,由维基媒体基金会负责维持,截至2009年2月,维基百科条目数第一的英语维基百科已有270万条条目,而所有265种语言的版本共突破1 200万条条目,总登记用户也超越1 500万人,其中条目数前15名的维基百科共占总条目数的71%,大部分页面都可以由任何人使用浏览器进行阅览和修改。英语维基百科的普及也促成了其他计划,例如,维基新闻、维基教科书等计划的产生,虽然也造成对这些所有人都可以编辑的内容准确性的争议,但如果所列出的来源可以被审察及确认,则其内容也会受到一定的肯定。

中文维基百科于2002年10月24日正式成立,截至2009年2月,中文维基百科已拥有236 946条条目,此外尚有其他汉语系语言维基百科,包括:闽南语维基百科、粤语维基百科、文言文维基百科、吴语维基百科、闽东语维基百科、赣语维基百科及客家语维基百科等,皆是众多不同语言维基百科的成员之一。

中文维基百科网址:http://zh.wikipedia.org

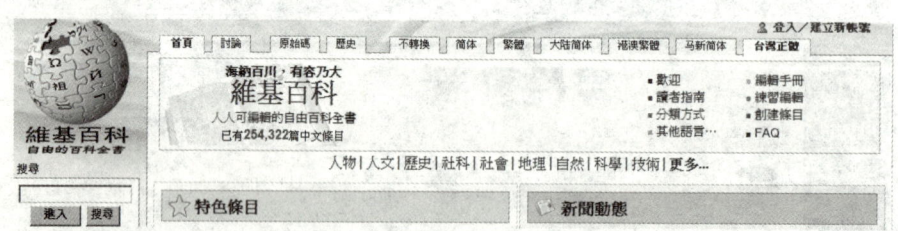

只需要在维基百科首页的搜索栏输入查询国的名字,便可以很快获得该国的介绍资料和图片。

基于这些资料的可靠性问题,我们一般可以把维基百科的资料作为新华网资料的补充,或者说从不同的角度去了解目标市场所在国。多了解一些情况,对我们的市场营销一定是有益的。

3. 阿里巴巴国际网站 www.alibaba.com

阿里巴巴在国内的广告做了不少,相信大家并不陌生。而这项世界各国资料的查询和使用功能,对于很多人来说却并不熟悉,或者说做了很多年会员都没有查看过,实在是浪费。事实上,阿里巴巴的这项资料查询在目前仍然是向所有人免费开放的。

阿里巴巴国际网站在目录"Home > News > World > Country Profiles"下,公布了世界各国的资料介绍,链接:http://news.alibaba.com/country-profiles.html。

阿里巴巴国际网站的这些资料是英文版本的,其特点是与商业关系更密切,更多地关注与商业相关的信息。这些信息包括:卫星和平面地图、国旗、首都和天气、人文特征、通信、汇率、国家概况、经济自由指数、政治自由指数、新闻自由指数、国家风险状况等。

通过以上三个网站,相信大家都可以找到自己需要的信息。如果你要花钱购买这些资料,一定是一笔不小的开支。小企业经不起这种折腾,还是自己勤快一点,多动动手吧。

其次是了解目标市场所在国家的产品使用和销售状况,群众的消费趋势。

有些产品全球都可以销售,但更多的产品是有特定销售区域的,有的产品在这个洲或这个国家可以卖,而在另一个洲或另一个国家却卖不动。作为有外贸业务的企业,必须了解这个情况。

上面提到的三个网站也可以获得一些关于目标市场特性的情况。但仍然不够,需要进一步查询。

大家可以通过全球性的零售网站如亚马逊网站(www.amazon.com)、ebay网站(www.ebay.com)或其他地方零售网站来查询在目标市场畅销的产品类型和价格。

例如,你是做电脑光电鼠标的企业,你想了解一下英国市场上哪些光电鼠标比较受大众欢迎,可以尝试打开ebay网站看看。这里需要在目录"Home > Buy > Advanced Search"下使用高级搜索功能。

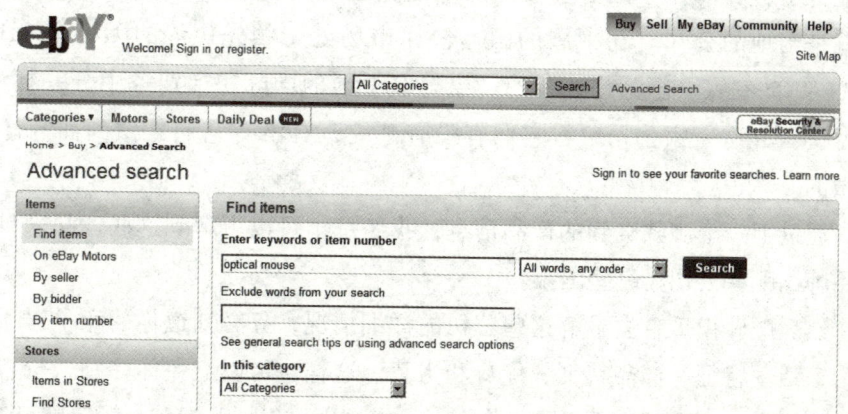

在关键词栏目内输入"optical mouse",然后在产品所在地栏目选择"U-nited Kingdom",如下图:

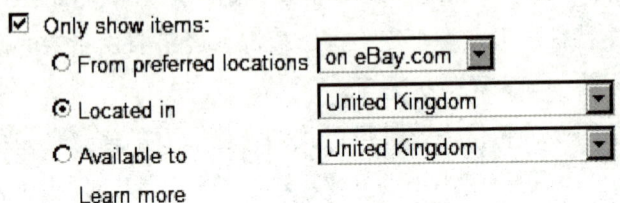

确认后,就可以看到正在英国销售的光电鼠标款式和价格,以及大家对这些产品的反应。

当然,网上销售的产品价格相对较低,所以网上的信息可以作为参考,不要作为最终结果。这就要求外贸业务员和管理人员需要一定的分析能力。

除了从这些零售网站上了解情况,企业直接与前来询价的客户进行沟通和交流也是一个很好的方法。这是最好的,也是免费获取信息的渠道。客户反馈的情况一般都比较真实可靠,但大多代表一家之言,不能因一两个客户的反馈信息而对整个市场下定论。应该与更多的目标市场客户沟通,综合分析。

再次是了解目标市场的主要竞争对手。

带兵打仗,你首先得知道你在跟谁打,否则你还来不及弄清方向就已经倒在别人枪口下了。比如说,一个外资国际快递公司想来中国开发业务,他就得了解目前在中国的主要国际快递竞争对手是谁。当然,这对手不一定就是当地的公司。在中国的国际快递市场处于领先优势的无疑是DHL、TNT、UPS三家,全都是外资的。要想在中国的国际快递业务中分一杯羹,它就得研究这三家公司,看它们有没有破绽,有没有它们没做到而它却可以做的。

通过上一个步骤查到的产品信息,我们基本可以了解到这些产品来自哪些品牌、哪些公司、哪些国家。

然后顺藤摸瓜,去了解这些公司的详细情况,务必知道你的竞争对手的实力、活动特征、产品特征、优势和劣势。这样,可以避免你往别人枪口上撞。这样做一方面减少不必要的伤亡,另一方面可以据此找到市场突破口。

第四节 战略定位——先胜然后求战

一、定位决定生死

商业中的"定位"概念最初由美国战略大师杰克·特劳拉于1969年提出来，随后进行发展和完善。

定位是企业战略的核心，但定位却并非源自企业内部，因为定位是要针对敌人来确立自己最有利的位置。所以，科学有效的定位一定是从企业外部的竞争对手那里找，而定位的前提必须是"知彼知己"。

有了前面两个步骤作为基础，定位就可以正式开启企业的战略步伐了。

从战略的角度而言，定位的正确与否已经决定了企业的生死。《孙子兵法》中谈到"胜者先胜而后求战，败者先战而后求胜"，强调的正是开战前战略的重要性。而定位就直接影响到战略的正确性。所以，我经常跟企业领导强调定位的重要性，定位正确与否对企业的最终胜局起到50%以上的决定作用。

定位，就是要根据各方实际情况，确定自己的目标市场、主导产品、竞争策略、推广渠道等内容。定位确定下来以后，企业的所有活动、产品、配置都得围绕这个定位来开展，作为企业的最高准绳。

二、有效定位的四条铁律

如何使定位科学有效，达到不战而屈人之兵的效果呢？下面的四条铁律必须把握。

第一，定位要清晰、明确，切勿模棱两可。

【案例：川菜馆与粤菜馆】

在广州有两家新开业的餐馆。一家做川菜，一家做粤菜。川菜馆有一个绝招，水煮鱼片做得很好吃，其他的菜肴就跟普通餐馆的没有多少差别。而粤菜馆似乎各种菜肴都还不错，没有特别突出的，也没有做得难吃的菜。粤菜馆老板一直在想如何扩大生意，让隔壁川菜馆的消费者也来这边吃饭。冥思苦想，他终于想到一招，请了一个川菜师傅，把店名改成"××川菜粤菜馆"，菜谱也是川菜粤菜齐全。心想，"这下可以了吧，吃川菜的和吃粤菜的客户如果都来我这里吃饭，我就发达了"。

可事实很奇怪，自从他改了店名、菜谱以后，生意反而一天不如一天了。吃川菜的客户是来了一些，但还是没有隔壁川菜馆的多；吃粤菜的客户却比以前少了一多半。后来一问客户，才找到原因。吃粤菜的老客户说，"你这里又做粤菜又做川菜，感觉粤菜的水平越来越不如从前了"。尽管老板解释说厨师一直没换过，也没有作用，客户的看法已经定了。吃川菜的客户说，"你们以前是做粤菜的，感觉这川菜做得就是没有隔壁那么地道"。老板解释说这厨师是地道的川菜厨师，也没有人相信。

几个月后，再看看一同起步的那家川菜馆，简直是发生奇迹了：他店门口排着长长的队伍，客户要先在门口拿个号，然后要等大约20~30分钟才能进店吃饭。这些客户都是从很远地方赶过来的，不为别的，就为吃这"水煮鱼片"，而且一来就是呼朋唤友七八个、十来个。

【分析】

川菜馆的定位非常清晰、明确，就是做川菜，而且是以"水煮鱼片"为龙头的川菜，所以它可以很容易地在消费者中形成一个鲜明的形象，并在消费者中快速传播。一提到川菜，这些消费者一定会想到这里的水煮鱼片，想到这家川菜馆。

而这家粤菜馆就很可惜，为了吸引更多的客户，模糊了自己的店铺特色，使自己无法在消费者心目中建立清晰的品牌形象，逐渐丧失了大量客户，得不偿失。粤菜馆失去自己的明确定位，就失去了应有的市场。

第二，定位必须充分估量"敌我"双方的情况，找到市场的安全空间。

【案例：海尔电冰箱】

海尔电冰箱在进驻美国市场前，一定会先衡量海尔冰箱与当地的竞争品牌的力量对比情况。1999年4月30日，海尔开始在美国南卡罗来纳州建设它在北美的第一个家用电器生产基地。而此时，美国有多家大品牌控制着市场，包括惠尔浦、美泰克、GE、LG、三星等。以海尔集团当时的力量,如果要在美国市场发动一场正面进攻,估计会被这些品牌扼杀在摇篮中,连大型超市的门都进不了。

经过再三衡量,海尔选择了逐步推进的方法,暂时放弃开发与其他品牌冲突的产品,推出其他品牌忽略的小型冰箱。显然,其他大品牌对这个小玩意没有多大兴趣,也犯不着花时间和精力去对付海尔。所以,小型冰箱市场对于海尔来说,是一个安全空间。

2000年4月底美国海尔园建成投产之后,海尔冰箱在美国市场的销售量可以说是扶摇直上。海尔冰箱的出色表现还使它成为美国各大连锁店竞相合作的理想伙伴。为了与海尔冰箱建立更好的合作关系,以进一步增强自己的竞争能力,美国最大连锁公司沃尔玛多次派员到海尔参观交流。

2001年,美国家用电器协会(AHAM)公布了由美国著名统计咨询公司NPD Intellect的有关统计数据,统计显示:在美国小容积冰箱市场最畅销产品中,海尔的两款冰箱——BC50P、BC111,分别排在第一、第二位,成为美国市场最受欢迎的小容积冰箱产品。

美国家用电器协会(AHAM)统计数据还表明:海尔冰箱在美国一系列冰箱型号排名中表现不凡,连续几个月雄踞小容积冰箱市场榜首,成为美国家电市场上升最快的一颗新星。

据统计,在2.4立方英尺(1立方英尺约合28.3升)以下冰箱市场中,海尔冰箱占35.52%;在2.5~3.4立方英尺冰箱市场中,海尔冰箱占32.93%;在3.5~4.4立方英尺冰箱市场中,海尔冰箱占26.82%。也就是说,在美国小容积冰箱市场,海尔冰箱以平均30%以上的市场份额稳居榜首。

与以往不同的是,此次统计数据还显示:海尔冰箱除了在美国小容积冰箱市场独领风骚之外,在中型冰箱市场也成绩斐然:以BC230、BFF275为代表的海尔冰箱也已经占据中型冰箱(6.5~9.4立方英尺)市场的35.88%的份额。这说明海尔冰箱已经开始在美国冰箱市场产生重要影响。

【分析】

正确估量敌我双方的力量对比,才使海尔找到了自己在强者之林的生存之路,并且以此为契机,获得了充分发展的空间。如果当初决策失误,选择全线产品进攻美国市场，可能就没有今天的海尔了，美国市场上的各路强势冰箱品牌可能早已将海尔封杀。

作为一个足以让中国人自豪的电器知名品牌企业，海尔集团尚且如此细心、谨慎地估量、抉择，我们很多刚刚入行的小企业在这方面的工作显然做得不够。

第三，定位必须尊重优势兵力原则。

小企业在参与国际市场竞争的时候，普遍会有一些自惭形秽的心理，认为自己的企业这么弱小，怎么和别人竞争？所以，小企业往往认为自己相对于国际市场上的竞争对手毫无兵力优势可言，也就无所谓以优势兵力取胜。

这是一个非常严重的误区，必须加以纠正。

中国历史上有很多著名的以少胜多、以弱胜强的战役。如果做一些深入的理解，我们会发现，这是对"优势兵力原则"更透彻的解读，而不是肤浅的名词解释。

【案例：第二次反围剿】

第二次反围剿：毛泽东、朱德3万人击败蒋介石20万人，歼蒋3万人马。

蒋介石在第一次"围剿"失败后，于1931年2月，派他的军政部长何应钦代行总司令职权兼陆海空军总司令南昌行营主任，调集18个师零3个旅，20万人的兵力，"以厚集兵力，严密包围及取缓进为要旨"，采取稳扎稳打、步步为营的作战方针，积极部署对红一方面军的第二次"围剿"。

3月下旬，敌人部署完毕。第19路军由蔡廷锴代总指挥，辖第60师（蔡廷锴兼）、戴戟第61师及第12师马昆第34旅，由兴国向龙冈头、宁都进攻；第5路军由王金钰任总指挥，辖上官云相第47师、公秉藩第28师、郭华宗第43师、郝梦龄第54师、罗霖第77师，由吉安、泰和、吉水、永丰向东固、藤田方面进攻；第26路军由孙连仲任总指挥，辖第25师（孙连仲兼）、高树勋第27师、关树人第1师，由乐安、宜黄，向东韶、小布进攻；第6路军由朱绍良任总指挥，辖胡祖玉第5师、毛炳文第8师、许克祥第24师、路孝忱新编第13师，由南丰、八都，向广昌、黄陂进攻。此外，韩德勤第52师担任维护赣江交通和当地"清剿"，3个航空队执行侦察和轰炸任务，刘和鼎第56师（归第6路军指挥）出安远（属宁化县）、周志群新编第14旅出宁化、卢兴邦独立第32旅出连城和长汀、张贞第49师出上杭和武平、香翰屏第62师出蕉岭，防堵红军向东南转移。

这时，红一方面军仍是第一、第三两个军团，人数略有减少，约3万余人，经过第一次反"围剿"的锻炼和胜利后的养精蓄锐，斗志旺盛。毛泽东提出的诱敌深入的战略方针，已为广大军民所认识和接受。在第一次反"围剿"胜利后，根据地的党政军民，从各方面进行了反"围剿"的准备。按照红一方面军总部3月23日的命令，主力部队由根据地北部边缘的永丰、乐安、宜黄、南丰以南地区，转移到广昌、石城、宁都、瑞金等地，进行整顿、训练、筹款，并在当地展开群众工作。在红军和人民中进行了广泛深入的政治动员，召开了地方武装和赤卫军、少先队的工作会议，对这些武装的任务、编制、训练、战术等问题，都做了明确的规定。党中央要求各游击区以地方武装为骨干，领导赤卫军、少先队，运用游击战术，积极执行扰敌、堵敌、截敌、袭敌、诱敌、毒敌、捉敌、侦敌、饿敌、盲敌等十项任务，配合主力红军歼灭敌人。这些就为取得反"围剿"的胜利，创造了有利条件。

对第二次反"围剿"的战略方针问题，党中央曾指示，"当敌人力量尚未集中的时候，我们必须利用优势兵力，去击溃敌人的主力"。"红军总司令部在组织决战中，采取诱敌深入苏区的策略，在当时的阶段中（年底及年初）是正确的。如果力量对比上利于我们时，我们应该扩展向白区的坚决进攻，打碎敌人的主力军"。同时还提出，"遇必要时，可以抛弃旧的与组织新的苏维埃区域"。3月中旬至4月中旬，在苏区中央局第一次扩大会议上，有的又提出分兵退敌的方针，对反攻先打哪路敌人问题，有的主张先打强敌蔡廷锴部，也有的主张打朱绍良部。经过反复讨论，才接受了毛泽东的正确主张，仍然采取诱敌深入的战略方针。鉴于第19路军、第26路军和第6路军，均为最强或较强之敌，而第5路军的第43、第47、第54师从北方新到，第28、第77师在第一次"围剿"中被红军打过，对红军有畏惧心理，战斗力较弱，先打该敌容易取胜。同时，我军如由东向西打，则受赣江限制，而从富田打起，向东横扫，可在闽赣交界的建宁、黎川、泰宁地区扩大根据地，征集资财，便于打破敌人的下一次"围剿"。因此，决定采取由西向东横扫，先打弱敌，各个击破的作战方针。

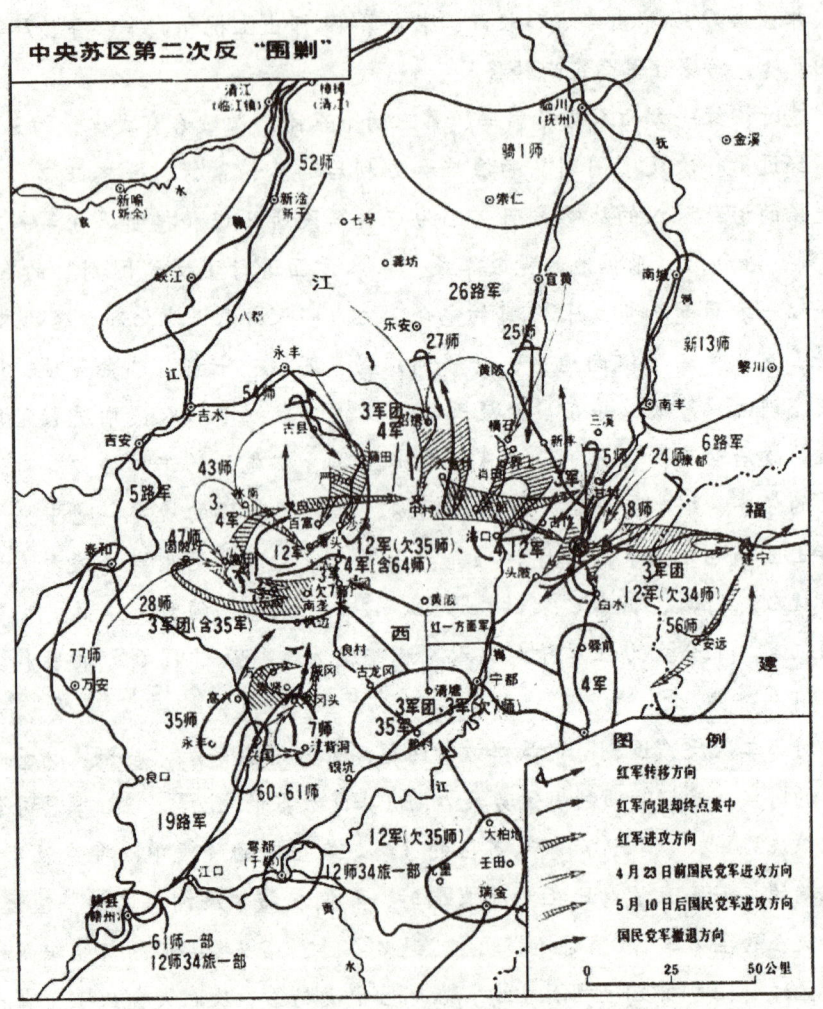

  4月1日，敌人分四路开始向中央根据地大举进攻，至4月23日，先后进至江背洞、龙冈头、富田、水南、严坊、招携、广昌等地。与此同时，红军主力秘密转移到退却终点龙冈、上固、东固地区，在东固地区，为待机歼敌，迫敌而居达25天。5月13日，敌王金钰所部第28师和第47师一个旅，开始从富田向东固前进。5月16日至17日，我军在中洞、九寸岭地区，包围歼灭敌第28师和第47师一个旅的大部。接着，向东横扫，于5月19日在白沙歼敌第43师大部和第47师一个旅的残部，余敌逃向永丰。5月22日，在中村歼灭前来支援的敌第27师近一个旅。5月27日，攻克广昌，歼敌第5师一部，师长胡祖玉受重伤毙命。5月31日，突袭建宁，歼敌第56师三个多团。从5月16日至31日，红一方面军横扫700余里，连打5个胜仗，歼敌3万余人，缴枪2万余支，痛快淋漓地打破了敌人的第二次"围剿"。

红军粉碎敌人"围剿"后，乘胜转入进攻，分兵发动群众，打土豪分田地，筹粮筹款，解放了赣东，闽西的黎川、南丰、建宁、泰宁、宁化、长汀等广大地区，进一步巩固和扩大了中央根据地。

【分析】

红一方面军以3万人打败敌军20万人的大围剿，并歼敌3万余人，缴枪2万余支，不能不说是一个奇迹。

这首先得益于对敌我双方的力量对比、对地形地貌有一个正确的分析，从而制定出大的战略是从西部弱势敌军开始进攻，然后向东横扫，并为进一步扩大根据地打下基础。

其次，这场胜利得益于对优势兵力的透彻理解和运用。如果单从人数总数来分析，红军是不具备任何优势的，即使在装备条件相同的情况下，3万人无论如何也无法与20万人抗衡，何况蒋介石的部队装备远远优于红军。而克敌制胜的关键就在于，红军从一开始表现为退却之势，实际却是有计划地从四面八方集结部队，以形成局部优势兵力。而另一方面，红军通过"十项任务"使敌军对自己无法琢磨，从而分散敌人兵力。最终达到《孙子兵法》所说的"我专为一，敌分为十，是以十攻其一也，则我众而敌寡"，局部优势兵力正式形成。所以，当红军主力部队全部集结到东固地区时，蒋介石在这里的部队已经处于绝对的劣势，败局已定。

中国的小企业在参与国际竞争的时候，首先不能示弱，必须冷静观察和分析，找到合适的方法，形成自己的"优势兵力"。这样，就一定有机会在国际商战中取胜。

中国企业，大部分都处于资源严重不足的状况，所以切忌将兵力分得太散。如果兵力本来就不强，还要分散多处，那么必定自乱阵脚，无论在哪里都是劣势。相反，如果将这些不是很充裕的资源，集中于一时、一地、一个产品，我相信是可以创造局部优势的。

第四，定位必须考虑市场拓展力。

一个好的定位，应该使企业具备更多的传播优势，使企业获得更大的市场拓展能力,一个没有市场拓展力的定位是无效的定位。

【案例:百事可乐】

1961年,已经成为美国可乐行业中排名第二位的百事可乐开始思考如何超越排名第一位的可口可乐。

可口可乐是可乐的发明者,它代表着最正宗、最经典的可乐,这点无人能及。百事可乐干脆顺势出击,将可口可乐定位为传统、老土、过时的可乐,而将自己定位为年轻人的可乐。围绕"年轻人的可乐"这个定位,百事可乐做了大量的针对年轻人的相关运营活动,包括推出广告语"新一代的选择",并启用年轻人的偶像迈克尔·杰克逊为形象代言人,百事可乐还在年轻人群中开展各种促销活动等。

这个定位非常成功,年轻人开始选择属于自己这个群体的百事可乐,而自认为心态年轻的一些中老年人也会考虑选择百事可乐。结果,百事可乐的市场份额节节攀升,甚至迫使可口可乐开始动摇自己的定位,准备更改配方来追随百事可乐。1985年,百事可乐有史以来第一次超越可口可乐,取得一年领先的战绩。

【分析】

百事可乐的这个定位的市场拓展力非常强,这种定位是基于事实引申开来的,可口可乐无法真正改变自己经典的形象,即使能够改变,也已经无法取代百事可乐的定位,因为百事可乐已经在消费者心智中抢得"年轻人的可乐"的第一定位,可口可乐如果再来也只能排到第二了。这使得可口可乐几乎无法进行快速、有效的反击。而这段时间就足以让百事可乐获得快速增长。

第五节 战术支持——攻城略地之必杀技

一、小企业海外营销的常规战术

营销战术,不外乎常规战术和非常规战术。我们常说的出奇制胜就是指非常规战术。常规战术并不能保证企业在营销战中取胜,但却是取胜的基础。

如果企业只重视非常规战术而忽视常规战术，容易导致海外营销的成绩缺乏连贯性，有一单没一单的。相反，如果企业只重视常规战术，而忽视非常规战术，就容易导致海外营销难有快速的突破，甚至在某些区域市场、某些领域出现持续的僵局。

海外营销的常胜将军就是那些能把常规战术和非常规战术灵活搭配，不断进行创造性营销的营销骨干。常见的常规战术有以下几种：

1. 公司网站

这里说的公司网站是指有公司自己独立域名和独立空间的企业网站，而不是在其他 B2B 平台设立的二级域名网站或使用 B2B 平台空间的一级域名网站。

依附于其他平台的网站，变数太大。这些平台的政策一调整，企业之前的付出可能就打水漂了。比如雅虎中国网站提供的邮箱服务在 2013 年 8 月 19 日正式终止，此后用户的所有邮件和相关的账户设置都将被删除且无法恢复。如果有企业使用的是他们的免费邮箱，那么就会面临很多麻烦事，之前企业所做的一切宣传网站、宣传单、名片都要全面更新。

这还不是最惨的，如果我们对某 B2B 平台不满意，想换平台，那么你在这个平台上投入大量精力引入的流量就会变成零。

如果是自己的公司网站则结果大不一样，开始公司网站也许流量不多，效果也不算很好，但它就像一棵自己亲手种下的树苗，会慢慢长大，而且终有一天会成为为企业贡献客户的栋梁。

至于把网站建成什么样子，则需要与企业的营销战略同步。企业网站常见的有展示型的网站和购物型的网站。无论企业选择哪种类型，本质上都要建成营销型的网站。这个网站要能为营销服务，有利于营销传播，能够协助企业完成营销过程中的某些环节。

随着智能手机的普及，移动终端成为众多商家争夺的重地。有实力、有资源的商家纷纷开发了自己的 APP，许多国内商家都开始启动微信营销和宣传。开发企业独立的 APP 成本较大，动则数万元，更大的问题是，即使企业开发出来自己的 APP，要让大家乐意下载到手机上使用才能发挥效果，这点对于企业的 APP 来讲极具挑战性。而手机网站、微信公众号的应用成本相对较低，使用频率也要多很多。但开发一个集电脑网站、手机网站、微信网站于一体的企业网站，同时还具备电子商务功能或 SEO 功能，其成本也不低，一般建站公司报价均在 2 万元以上。

对于小企业，如果愿意自己花一两天时间学习，用好一个高度智能化的自助建站系统就可以以极低的成本实现企业的电脑网站、手机网站、微信网站的各种高级功能整合于一体，多语言、每个页面实现 SEO、随时更新网站内容和版面、网络下单和支付、手机下单和支付等功能一应俱全。

你能用到的功能基本都有，比花两三万元建的网站还要高端、大气、上档次。具体的介绍，可以登录这个网页：www.u1898.com，你会找到如下内容：

点击中间的"我要开通"，就会弹出以下三个选项。如果你只需要最基本的功能，可以选择"企业版"；如果你需要用到电子商务的功能，则选择"商务版"；"网店版"适合需要做 B2C、C2C、O2O 业务的企业使用。

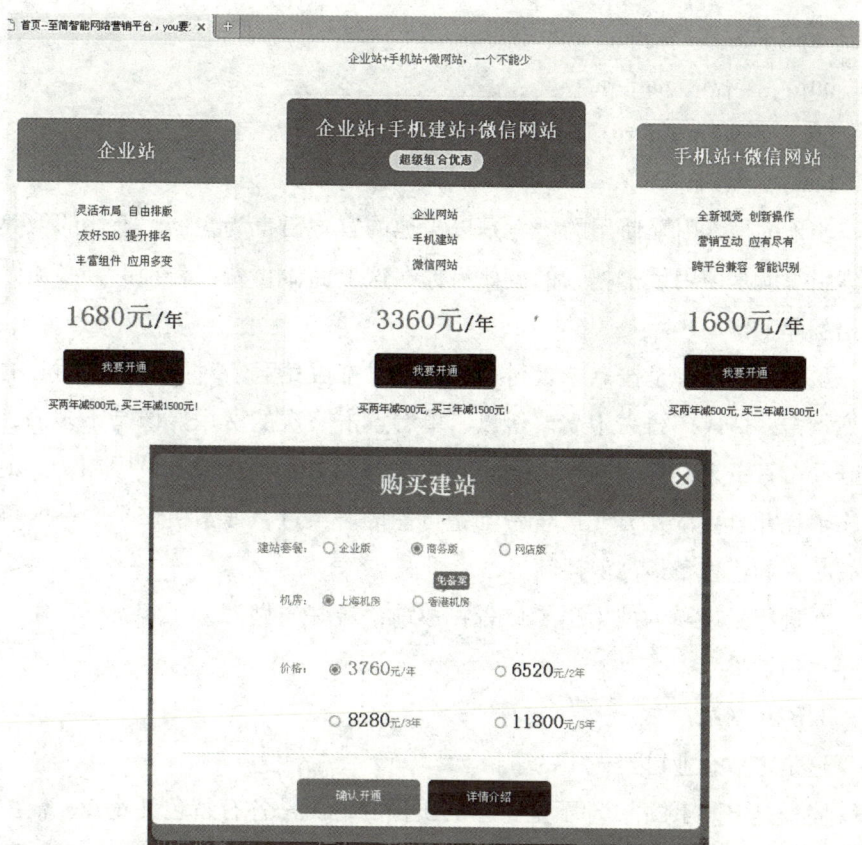

2. 搜索引擎广告

搜索引擎广告的广告位一般位于搜索页面的顶端或右侧，按点击量付费。每个关键词，根据其在市场中的热度不同，每点击一次的付费价格差异很大，从几毛钱到几十元不等。我们常见的搜索引擎是百度和谷歌。

在中文搜索方面，百度具有更多优势。而在全球范围的英语和其他语种的搜索，谷歌优势则更加明显，尤其是在美国市场。事实上，除了百度和谷歌，世界各地都有很多在本地非常有优势的本地化搜索引擎，就像百度在中国的地位一样。所以，我们必须拓展视野，找到当地最流行的搜索引擎，这样性价比会更高。比如在俄罗斯，除了谷歌和雅虎搜索，还有以下搜索引擎是用得比较广泛的：

http：//www.yandex.ru

http：//www.rambler.ru

http：//www.webalta.ru

http：//www.mail.ru

http：//www.rol.ru

http：//www.km.ru

当地的搜索引擎使用的语言是以当地的官方语言为主的，上述的俄罗斯搜索引擎就是使用俄语搜索的。如果你在这上面做付费广告推广，必须做好俄语翻译工作。

虽然这类广告是按点击量付费的，却很难避免竞争对手或别有用心的人恶意点击，造成广告费浪费。所以，单看点击一次的费用好像是不多的，但综合一个月下来，搜索引擎广告也是很烧钱的方式。如果不设限制，一个月点击消耗几万到十几万元广告费都是可能的。不过，搜索引擎平台一般可以设置每月的广告费最高消耗额。

在进行大规模的搜索引擎广告投放前，最好先做深入了解，然后做短期试用评估效果。

3. B2B网站

这是多数企业已经做了的事情。

同样是B2B网站，却不是完全同质化的，而是各有特色和重点。需要我们去仔细了解和选择。我们常见的B2B网站平台是按年度付费的，比如阿里巴巴、环球资源、中国制造等，但也有一些是按效果付费的，根据询盘量的多少或成交额来付费。

下面来介绍一下常见的十大主流外贸B2B平台：

环球资源网 globalsources.com

环球资源网的价格是最贵的，通常企业加入的年费都在10万到20万元之间。它主要靠线下展会、杂志、光盘宣传，其最有优势的行业是电子类和礼品类。它对买家的审核很严格，成交的订单中，大单多一些。它针对的客户群以大企业为主，小企业需谨慎选择。环球资源网的信息排名有自己的特点，它是按企业排名的，每个企业只有一个位置，这样可以避免一个企业的大量重复信息占用排名位置。同时，它会在排名的标题上以一句话来展示企业的核心优势，这也是比较有创意和实战意义的。

阿里巴巴 alibaba.com

基于中国的大量用户和访问量，它成为最大的B2B平台，其效果也比较明显。该平台上的中国供应商以中小企业为主。对企业来说，不利的地方是，阿里中的中国卖家太多，加之阿里平台允许买家批量询盘，导致价格竞争激烈，因此阿里成交的单子利润都偏低。如果企业比较有成本优势，在这个平台推广的效果会更明显。从某种角度说，阿里还是老外衡量中国供应商价格、获取中国供应商价格情报的平台。某些行业收费用户过多，竞争白热化，翻了十几页后还是收费会员，这种分类下的供应商效果就不太好了。

中国制造 made–in–china.com

中国制造网，其域名很有特色，这个域名上口、好记，而且符合部分客户搜索中国产品时带上"made in China"这串关键词的搜索习惯。中国的制造大国地位也正好给这个网站提供了信用背书，从而给国外客户留下深刻的印象。此网站广告投放的力度并不大，在国内外主要靠口碑相传，其搜索引擎优化排名也不错。经过不断改版，这个网站的功能较以前增加了不少。中国制造网的询盘无论从质量还是数量上，都是可以称道的。但是中国制造网从之前的金牌、银牌、铜牌会员分级变革到只有一个级别即金牌会员，费用也较之前有较大幅度的提升，给一些尝试者增加了阻力。而他们最新提供的在出口企业和客户之间牵线搭桥促成交易的服务是一个新的突破，至于其效果如何，尚未见权威的分析报告。

ec21.com 和 ecplaza.net

这两者都是韩系B2B网站，免费会员基本没效果，仅仅是让你知道一下其内部基础功能。他们进入中国重点抓的是销售。较前几家网站，这两家网站难免在发展策略上略逊一些，其远期效果还要观望。在Ec21上，收费会员如果做机械、电子类的产品一定要买Trade Pro服务，Trade Ok对于竞争激烈的产品效果不太好。Ec21对会员页允许使用HTML语言，这样很多搜索引擎优化的技巧就完全可以用上，可以为企业自身网站带来目标客户。Ecplaza.net和Ec21一样，也是一个来自韩国的B2B站，效果也和Ec21差不多。

ecvv.com

一个按效果付费的B2B平台，如果以收年费来盈利的B2B平台划分为第一代的话，这种模仿Google广告，按效果付费的盈利模式可以称为第二代B2B平台。供应商使用ECVV"按效果付费"服务，决定付费的前提在于供应商通过 ECVV 网站收到的有效询盘，供应商在收到买家的大量询盘后，可以根据询盘的内容来自主判断是否为有效询盘，ECVV 只对在供应商自主筛选后的有效询盘收费，按条付费。

tradekey.com

国际 B2B 平台中的一匹黑马，如果仅以询盘判断，这个网站的效果还算不错。Tradekey 靠网站的搜索引擎优化起家，用许多产品的关键词在 Google 中搜索，三页内经常可以看到 Tradekey 的身影。他们现在已经取消免费会员，银牌会员价格不贵，且目前上面供应商数量还不多。Tradekey 的金牌会员很少，说明银牌会员已经能满足一般企业的需要，平台上的竞争还没达到白热化。不过对于询盘的成交比率和成交金额，很多国内会员各有说法，尚无定论。

eBay

很多人以为 eBay 就是针对个人的拍卖站，事实上 eBay 上除了 C2C 以外，B2C 和 B2B 交易也相当活跃。eBay 的每个分类里都有一个批发专区，可以刊登批发信息，而且 eBay 中的不少 powerseller 采购量大得惊人，他们经常在 eBay 里采购，然后在 eBay 中零售，规模上一点不亚于 Globalsource 中的国际买家。通过 eBay 首页底部的全球网站导航，你可以进入 26 个国家刊登你的批发信息。

iOffer.com

这是一家美国的交易平台，严格说不能归为 B2B 平台，但有批发业务。上面的批发交易很活跃，通常都是小单。iOffer 是一个基于谈判的交易系统，买家可以在线提问，与卖家协商，最终成交并可以在线付款。所有交易记录和协商过程都记录在网站上，这样很方便买家对商品价格和卖家信用进行评估。想注册成为 iOffer 的卖家，需要使用国际信用卡，iOffer 根据成交金额收取交易费。

敦煌网 DHgate.com

敦煌网是一个新兴的 B2B 平台，由原卓越网 CEO 王树彤女士创建，这个平台面向中国中小企业。卖家在该网站上注册完全免费，可以任意刊登产品。国外买家选购商品后先用 Paypal 付款给 DHgate 公司，DHgate 通知中国供应商发货，买家收到货后检查没有问题，通知 DHgate 放款给中国供应商，这个过程大大降低了国际采购商受欺诈的风险。在交易中，

DHgate 公司向买家收取一定比率的交易费。

4. 外贸展会

对于外贸展会，大家并不陌生，而大家最熟悉的莫过于每年两届的广交会。

20世纪90年代到21世纪初的广交会，其场面火爆。广交会上到处都是外商，现场的签单率也很高，而广交会的摊位价格也被炒到居高不下。对于经济实力不强的小企业或没有特别关系的小企业，几乎很难打进展会。广交会如此火爆，一方面是因为它是新中国成立后政府指定的交易会，具备足够的权威性；而另一方面是这个时期其他的交易会还不是很丰富，企业没有太多的选择。

而近几年，广交会的春交会和秋交会又各自分了三期，规模再度扩大。每期都有不同的参展范围，第一期：大型机械及设备、小型机械、自行车、摩托车、汽车配件、化工产品、五金、工具、车辆（户外）、工程机械（户外）、家用电器、电子消费品、电子电气产品、计算机及通信产品、照明产品、建筑及装饰材料、卫浴设备、进口展区；第二期：餐厨用具、日用陶瓷、工艺陶瓷、家居装饰品、玻璃工艺品、家具、编织及藤铁工艺品、园林产品、铁石制品（户外）、家居用品、个人护理用具、浴室用品、钟表眼镜、玩具、礼品及赠品、节日用品、土特产品（109届新编入）；第三期：男女装、童装、内衣、运动服及休闲服、裘革皮羽绒及制品、服装饰物及配件、家用纺织品、纺织原料面料、地毯及挂毯、食品、医药及保健品、医疗器械、耗材、敷料、体育及旅游休闲用品、办公文具、鞋、箱包。除了出口区，还增加了进口区。而对于展会效果，参展商都反映不如从前。但相对其他展会而言，广交会还是有其明显优势的。所谓瘦死的骆驼比马大，广交会依仗国家背书和渠道资源，以及自新中国成立初期至今累积的客户资源和影响力，虽然它现在的创新能力、服务意识明显落后，而且官僚作风严重，但广交会还是保留了自身的短期优势。如果不进行改革，广交会的黄金时期还能持续多久就很难说了。展会效果下降受多方面因素影响，比如世界经济下行、电子商务份额扩大、展会的种类和数量快速增长等，不光广交会，其他展会的效果也是呈下降趋势。

比如美国拉斯维加斯当地主办的服装展会 Magic Show，有参展商在 2005 年以前去的时候，效果很好，当场可以获得很多订单，写单写到手软。而在 2008 年以后，则光景大不一样，现场下单已经是比较幸运的事情了。

尽管如此，对于多数企业而言，展会仍是不可或缺的营销方式之一。毕竟，在展会上，企业可以获得与客户最近距离的沟通和最生动的展示，这样有利于建立信赖感和长期合作关系。小企业如果能有条件参加展会，是完全可以争取的。

而什么样的展会效果更好，则需要企业多方面调查了解，以确认展会主题、参观的客户类别和数量、区域市场是否都符合自己企业的要求。

二、战术选择对定位的"六匹配"原则

企业定位确定的是一个大的战略方向。定位要变成现实，需要一系列的战术策划作为支撑。如果说定位是一个气球，你可以做成圆球形状也可以做成兔子形状，但要真正清晰地看到这个形状，你还得往里面不停地吹气，使它鼓起来、充实起来。这些空气，就是战术策划。

战术策划，一方面，需要对内整顿，以最大程度适应定位要求和外部竞争；另一方面，则要对外谋划，确定切入目标市场并发展壮大的时机、方案。

无论进行哪些战术策划，我们始终不能迷失既定的定位，否则战术将不利于企业的发展，甚至会起反作用。

这一部分，我想结合一些商业案例来进行完整解析。有些案例虽然不是国际营销的案例，但原理是相通的。希望通过身边熟悉的案例，我们能更快速地掌握精髓。

【案例：VANCL 凡客诚品的成功网络直销】

似乎是在一夜之间，国内各大门户网站，以及《读者》等知名杂志上，开始不断出现一个服饰品牌"凡客诚品"。

它的出现，就像之前的贝塔斯曼书友会一样，以非常有诱惑力的宣传和促销，吸引着客户进行尝试性的购买行为。凡客诚品成立于2007年10月，创业不到两年，当很多同行公司才开始意识到这个公司的存在的时候，凡客诚品已经在国内小有名气了。

2009年5月30日，由《当代经理人》和新领军者俱乐部联合主办的2009年第八届创业中国高峰论坛暨2009中国十大新领军人物、十大创业新锐、十大行业隐形冠军揭晓盛典在北京召开。VANCL凡客诚品创始人、CEO陈年被推选为"十大新领军人物"，并发表闭幕演讲。

陈年在概括凡客诚品的成长时谈到以下三点：

第一，互联网加速了中国中产阶级的成长，因为中产阶级这个市场的形成，他们需要符合中产阶级品位的品牌；

第二，凡客诚品倡导简单得体的生活方式，符合互联网消费的合理价位，应该说是应运而生；

第三，凡客诚品一直坚持把客户体验放在第一，始终把客户体验放在战略的高度，认为提升客户体验不是成本，而是品牌投入。

陈年和他的凡客诚品因为近两年来的快速发展，已经成为电子商务业的一个引人注目的现象。艾瑞2009年第一季度数据显示，在网络购物市场VANCL位列京东商城、卓越、当当之后居于第四。作为自有品牌而非B2C平台，凡客诚品目前的成长实属难得。

【分析】

凡客诚品的品牌定位为"符合中产阶级品位的品牌"。

对于中产阶层的划分标准，一直引起人们的争议，至今难有定论，但有一点是公认的：中产阶层具有较强的购买力。

汇丰银行与万事达卡国际组织曾经联合发起，并委托复旦大学设计问卷，在北京、上海和广州三地进行一项关于中产阶层的调查，该项调查对中产阶层的定义是20岁至49岁之间、个人年收入在6万元人民币至20万元人民币之间的群体。从该调查结果来看，中国内地中产阶层正日益壮大，2006年约为3 500万户，这一数字有望在2016年增至1亿户。

随着国内经济多年连续性的快速增长，中产阶级已经成为一个拥有巨大消费潜能的庞大消费阶层。选准这一个目标，无疑就是选择了一个最大的市场。显然，客户群的定位是非常好的。

通过对中产阶层的分析，凡客诚品已经察觉到，这个阶层对品牌档次有一定的要求，他们不喜欢路边摆摊的那类便宜服饰，这会让他们感觉自己掉价。而另一方面，中产阶层的经济收入有限，他们的收入不如那些富裕阶层，所以他们愿意支付的金额不可能太高，动辄千元的服装肯定不能引起他们的购买欲望。那么如何平衡目标客户对品牌的追求和对价格的限制，成为凡客诚品首要考虑的问题。

要实现自己的定位，凡客诚品需要做两件重要的事情：

一是树立凡客诚品的品牌形象；

二是控制公司运营成本和产品生产、销售成本，降低产品实际销售价格。

通过对凡客诚品的定位分析，我们可以了解到定位与战术策划的"六匹配原则"：

第一匹配原则：组织结构、运营模式与定位相匹配

企业的定位不同，其组织结构与运营模式会有很大差异。只有当这种结构和模式能够满足定位的需要，企业的战略定位才能够发挥它的作用。

企业要压缩成本，降低产品价格，那么企业的组织结构也要做相应的压缩，精兵简政。

凡客诚品选择的方案是网络直销，在组织结构上的特点表现为公司成员集中作业，压缩公司服务人数；在运营方式上表现为避免租用大量店铺耗费公司资金，不设立实体分店，而是通过网络自动化、全天24小时营业。

如果按照一个实体品牌店的租金8 000元/月来计算，每年每店需要店租9.6万元。如果开100家直营店，每年需要投资店租成本960万元。而100家店最多能覆盖一个省。

相比之下，我们可以知道，采用直营实体店铺的方式是显然不利于节省成本的，成本下不来，价格也自然降不了，也就无法满足公司的战略定位要求。

在开发海外市场的时候，有些公司选择自己在海外设立分部直营，有些选择寻找当地代理商，更多的是做别人的OEM加工厂。使用哪种方式比较好，其实没有一个固定的标准，关键看你的企业是如何定位的。然后是在你的定位之下，选择合适的运营模式。

在组织结构方面，外贸企业也需要做一些取舍。如果你定位的目标市场是大洋洲市场或北美市场，那么你的组织结构里肯定要有相应的英语相关部门；如果你定位的是东欧市场，那么俄语的相关部门是必需的了。如果你将产品研发当成自己的优势定位，那么你最好能组建自己的研发团队；如果你将产品的加工当成自己的优势定位，那么你可能并不需要有研发团队，只需要在机器设备上更多地投资。

第二匹配原则：产品与定位相匹配

凡客诚品要服务好中产阶层这个消费群体，在产品上也要下不少功夫。

在产品线方面，凡客诚品采用的是提供全方位的产品，实行一站式服务。在凡客诚品网站上，可以买全一家人需要的主要衣物、饰品、鞋子、袜子、床上用品等服饰类产品。

在产品设计和风格上，凡客诚品尽量使产品符合他们提倡的"简单得体的生活方式"。在凡客诚品的产品里面，无论是衬衫、T恤、裤子，还是鞋子、袜子、饰品，你很难找出设计花哨的款式。

外贸企业在推出自己的产品之前，你是否考虑过产品与自己的战略定位相符合？如果你一定要把非洲市场标准下的产品卖到欧洲，那是肯定要白忙活的，欧洲市场接受不了那种品质和款式。同理，如果你一定要把符合欧盟市场标准的产品卖到尼日利亚，不是卖不掉，而是卖不了多少，产品成本高，太贵了。

我们曾经销售过一种电脑机箱，这种电脑机箱在非洲卖得很好，但一拿回国内销售，就怎么也卖不动，价格便宜也走不了多少货。一调查才发现，国内客户认为这种机箱很难看，因为这些非洲畅销款式的机箱面板上是一些像浮雕一样凹凸不平的图案，而国内消费者更喜欢看上去锃亮的、平滑的、精致的面板。这些都属于不同类型客户的审美观差异，也是我们企业在开发产品的时候必须注意的。

在考虑产品与定位相匹配的时候，除了考虑产品线、产品设计，还需要考虑包装、产品材料、生产工艺、生产工具等各方面的细节。比如说，你的产品是用来在超市零售的，那肯定要把包装做得精美一点，以吸引消费者的眼球；如果你的产品要去欧盟市场，那么你的工具和材料都得符合 ROHS（《关于限制在电子电器设备中使用某些有害成分的指令》）的要求。

企业如果想在海外市场拓展自己的品牌，那么就必须加大产品的研发力度，务必掌握产品的知识产权。也就是说，你要研发新产品，申请专利保护，注册自己的商标。如果你没有产品研发能力，那么你的产品势必在市场上与其他企业的产品同质化，在市场竞争中就会失去话语权，失去利润，失去发展机会。为什么中国出口那么多产品，但价格大部分都不是我们说了算呢？为什么在海外采购商面前，我们面对他们的砍价显得那么软弱无力，只能任其宰割？企业缺乏研发能力、产品同质化是很重要的一个因素。

在国际市场竞争中，我们的企业很多都像是裸体上阵，没有任何秘密可言，别人一眼就可以看到你的底牌。那么在谈判桌上，你只能乖乖就范，别人说多少钱就是多少钱。你不做，旁边还有一堆人在排队。

所以说，企业在推出一个产品之前，最好能多考虑一下自己的定位，不要一拍脑袋就干。不然，事情做完了再来修改，已经晚了，该投入的成本已经投了，弄个"四不像"的东西出来，卖给谁都不好，骑虎难下。

第三匹配原则：价格与定位相匹配

速干小方领短袖衬衫 ...

原价￥418 售价￥139

凡客诚品的服饰产品的实际售价都在 60～300 元之间浮动，这个价格对于年收入不少于 6 万元的中产阶层的消费能力来说是没有任何问题的。

实际售价只是价格的一个方面，它解决的是目标客户的购买力匹配问题。

而作为一个服饰类品牌，还有另外一个价格，就是它的品牌价格。我们可以看到凡客诚品网站上的如下标价方式：

这款男士衬衫的原价是 418 元，实际售价是 139 元。很清楚，这 139 元是消费者实际需要支出的金额，在目标客户的消费能力范围之内。而前面那个原价418元就是凡客诚品的品牌价格。换言之，就是凡客诚品这个品牌的衬衫价值418元，它标志的是使用这类产品的消费者的生活档次是属于衬衫价值400元以上的档次，这是和路边摊贩的衣服明显区隔开来的。这个价格，可以极大地满足目标消费群体对于品牌的追求。

这种价格策略在大部分专卖店都有使用，也不算什么神秘高招，只是凡客诚品的使用更广泛、程度更深。

定价的方式多种多样，但对于大众消费品来说，都务必使消费既拿得出银子，又买得到面子，这才是最好的定价。当然，如果你的产品定位是类似于劳斯莱斯汽车的奢侈品，那又另当别论了。

我们的外贸企业可以自问一下，你的产品报价能否满足企业定位的需要？价格不是越便宜越好，而是越合适越好。

第四匹配原则：渠道与定位相匹配

在营销行业，我们经常说的一句话是"到有鱼的地方去钓鱼"。这点对于我们决定选择什么样的销售渠道是非常有意义的。

可口可乐的销售渠道近乎完美，它能够使全球约98%的人认识可口可乐。"可口可乐"成为20世纪全球最流行的三个词之一（上帝、她、可口可乐），也是世界上普及程度仅次于OK的一个词语。可口可乐的销售渠道已经覆盖了KA渠道、传统批发渠道、直营渠道。这是一个强势品牌的渠道。

不是所有企业都能做到这一点，毕竟每个企业都有不同的实际情况和实力。但是，一个成功的品牌一定有一个成功的渠道作为支撑。否则，所谓的品牌就是空虚的。

如果你不能像可口可乐一样覆盖所有渠道，那么你至少可以选择一个最有效的渠道来推广、销售你的产品。

什么是最有效的渠道？沃尔玛是最有效的渠道吗？不一定，因为很多人可能一个月都难得逛一次超市。电视购物直销频道是最有效的渠道吗？也不一定，看电视是需要很多空闲时间的，对于很多忙碌的人，他们几乎很少有时间看电视。可见，要判断一个渠道是否有效不能从渠道本身来判断，而应该从你的目标客户来判断。这就是我们开始说的"到有鱼的地方去钓鱼"，目标客户最集中的地方才是最有效的渠道。

凡客诚品如果选在大街上建立专卖店也可以做成功，但成功的速度一定没有这么快。我们都知道，逛街需要大量时间和精力。作为中产阶层，大部分的人工作都比较忙碌，不可能有那么多时间整天在大街上闲逛。而整天在街上逛的那种客户，也就不在凡客诚品的目标客户范围内了。网络在中产阶层的普及面非常广，大部分人的工作和生活都多多少少的和网络有着各种联系。凡客诚品选择了网络直销，借助现代发达的网络技术，以最短的距离、最快的速度将产品呈现在目标客户的面前。客户可以直接通过网上下单，网上支付，然后在家等候自己购买的商品，简单又方便。这就是凡客诚品的成功销售渠道，符合它的战略定位要求。

目前外贸企业销售产品的渠道以间接性的为主，主要通过展会、网站、杂志、电话、传真等途径获取海外进口商和分销商的采购信息和订单，然后通过这些公司进行渠道分销。总体来说，我们这些小型企业对于海外销售渠道的控制能力是比较弱的，或者说完全丧失控制力，处于任人宰割的状况。

在实力不够强的时候，找代理商和分销商合作也是不错的选择。但是在选择谁来合作的时候，我们的企业需要斟酌一下。无论选择像沃尔玛这样的全球性的KA渠道，还是分布在世界各地的中小型批发商，你都需要考虑这些伙伴能否满足你的定位需求。另外，选择在哪些区域的渠道投放你的产品，也是需要考虑的，不要把正确的产品投向错误的地方。

外贸企业在累积了一定的实力以后，也可以开始自己在海外设立办事处，或派专人常驻海外开发市场，直接面向当地的KA渠道、批发零售渠道、直营渠道等，推广自己的品牌。海尔、华为等这些中国大企业，在开发海外市场之初也是这样一步步做起来的。

第五匹配原则：促销推广与定位相匹配

凡客诚品的宣传推广，主要包括三个方面：

一是纸媒体的推广，在包括《读者》等受中产阶层喜爱的知名杂志上登载大幅广告；

二是通过网络搜索引擎、门户网站等主流和非主流网络传播媒介进行宣传推广；

三是通过公司的官方网站进行促销推广。

网络推广方式仍然是凡客诚品的主要方式，这和其品牌定位是相符合的。即使精选的纸媒体推广渠道也是目标消费者出现比较集中的地方。

在促销内容上,凡客诚品也有不少可圈可点的地方。

亮点一:核心词——"免运费"

在凡客诚品的宣传广告里面,"免运费"这个词出现的频率特别高,而且这三个字的位置以及字号的设置都使其特别显眼,给人造成很大的视觉冲击。

一方面,是这个"免运费"让人很快联想到"免费",而"免费"这个词是很受消费者欢迎的,这样就会给消费者留下一个很好的第一印象,从而吸引他们去仔细查看详细内容。

另一方面,网络调查显示,免运费的产品比消费者需要另外付运费的产品更受欢迎,无论这免掉的运费是否羊毛出在羊身上。

亮点二:价格折扣比率大

从下面广告上可见一斑,原价358元的女士衬衫,仅售118元,不到原价的3.3折。如果品牌店出现这样的折扣,那些逛街的女士一定要疯狂抢购了。

亮点三:尽量引导客户一次大量购买

从下面这则广告可以看到,如果一次购买4件全棉短袖衬衫只需要299元,如果分两次购买则最少需要336元。显然一次性购买4件要划算得多,如果反正要购买换洗的衬衫,很

方格双袋休闲短袖衬衫…

原价 ¥358 售价 ¥118

多人会选择一次购买多件。为了适应更多不同需求的消费者,广告里面还提供了购买3件的优惠价,以及能够提供的不同颜色。这些促销策略无疑是在引导消费者尽量一次订购多件。

  原因很简单,一个客户从看到广告到吸引进网上商店到最后决定购买这个过程的广告成本是一定的,如果一次购买多件,平均的广告费用就大大减少了。如果一个客户来了,买一件东西就走,岂不是太浪费资源?

如果一个产品只需要一两件,也没关系,他们还有组合搭配,如"两条面巾+一条浴巾",反正想办法让你凑满三件再走。

除此之外,他们还有其他的搭配方式,灵活多变,以满足个性化的需求。

亮点四:关联式促销,引导体验消费

从这个广告可以看到,如果一个客户开始只想买跨栏背心,突然看到只要多加一块钱就可以买一条价值 30 多元的莫代尔内裤,这显然是白送的,不要才是傻瓜。

这个广告要达到的目的，就是要引导消费者体验他们的内裤。如果内裤确实不错，消费者下次还会来买。这样，回头客就来了。对于这些珍贵的客户资源，凡客诚品可是一点都不浪费。

亮点五：强强联合促销

凡客诚品与诸多知名企业建立了各种合作关系，包括银行、网络支付工具、C2C网站、酒店、旅行社等各类品牌。而上面这则广告展示的则是它与爱国者公司的强强联合促销活动，双方互惠互利。虽然他们之间的合作细节我们不得而知，但这种方式显然有利于充分利用各自的客户资源，使各自的客户资源数量增长了一倍，达到资源利用的最大化。

对于外贸企业而言，我们同样可以采用和海外客户合作，通过互购贸易或互补型产品捆绑销售的方式，实现优势互补，互惠互利。比如国内做厨房日化用品的企业能否和海外做厨房用品的公司开展互购贸易或产品捆绑销售呢？产品同时在国内和海外实现销售，同时推广两家企业的品牌。

从以上五招，我们不难看出凡客诚品确实功夫不凡——没有花架子，刀刀见血。你可以避开第一招或第二招，但很可能会中随后的第三招、第四招、第五招。一个企业的促销推广能做到这一步，确实不容易。

外贸企业千万不要以为这些促销功夫只有内销企业才会用到，其实这些促销功夫就像中国功夫，在国内有用，跟国外功夫泰拳、柔道过招也一样有用。我们反过头来，看看安利公司在中国是怎么做的，看看可口可乐在中国是怎么做的，再看看沃尔玛、家乐福在中国是怎么做的，还有三星电子、松下电器在中国是怎么做的，你就会明白营销无国界，要想把品牌做到世界各地，促销推广的真功夫少不了。海外市场推广，需要更多地与海外代理商与分销商合作。如果企业继续保持以前呆板的报价方式和推广方式，显然是很难有起色的，水平太差了。

御可贡茶官方宣传微电影

【案例：风行灭蚊器与御可贡茶的资源互换合作】

在拓展国内和国外市场的过程中，风行品牌灭蚊器和御可贡茶就采用了这招策略展开深度合作。御可贡茶源自台湾配方，到2014年全球加盟连锁店达到500家，后续计划以每年200~300家速度扩张。风行灭蚊器提供自己的广告资源给御可贡茶，以使御可贡茶达到更好的招商加盟效果，而御可贡茶则直接采购和在所有御可贡茶店面使用风行灭蝇灯。双方互惠互利，实现合作共赢。

我们再看一个B2B平台为获取买家资源而做的邮件推广促销活动，看它如何把免运费、低折扣等这些促销手法用上的。

这是香港贸发局的官方B2B平台做的邮件促销内容。对比这个广告和凡客诚品的促销内容，我们会发现不少异曲同工之妙。它采用免运费的促销方式，吸引客户的眼球。再辅以低价样品采购，让客户获得成功的平台使用体验，并从此留下真实的可长期使用的客户资料。这些客户资源和友好体验，

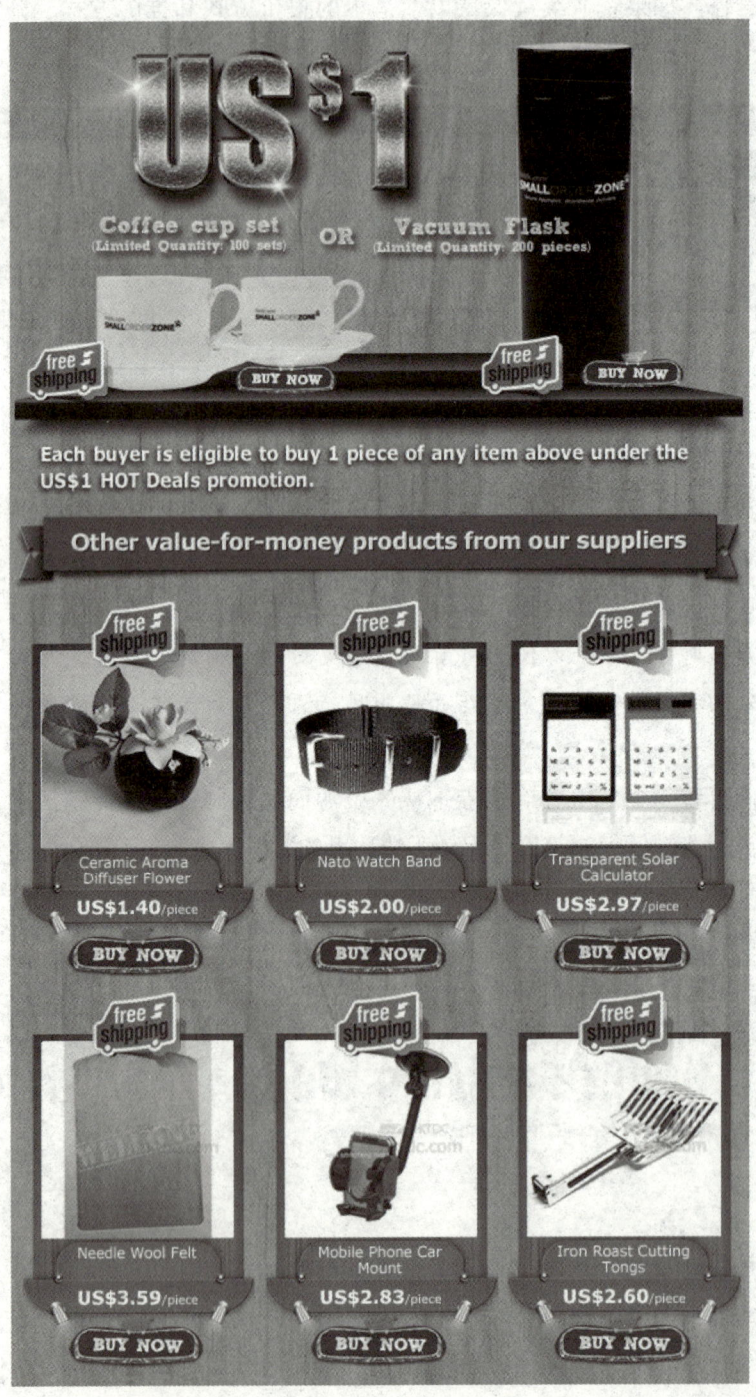

是 B2B 平台最大的财富。这让我们明白，在国际贸易中，不是不能够促销，而是我们从来就没想过要去做促销这件事，一直认为这是内销或商场才有的事，一直没有促销的思想。

有促销的思想才会有成功的促销方案，下面我再举例来说明：

如何让更多目标客户来参观展位，取得更好的参展效果呢？

这是在一次外贸交流会上某企业的外贸业务员提出的问题，我提供了可行的促销建议给她。

首先，我们要明白两点，一是守株待兔的方式不会产生更好的效果，二是展会现场一定有很多目标客户存在，关键是如何让他们注意你的摊位。如果想聚集现场的目标客户，促销活动是一个不错的选择。对于有一定价值的样品，企业通常不会免费赠送，但企业可制定"预约观展，免费送样品"的促销活动。当然，可设定几个条件：一是属于行业客户；二是现场填写客户信息表，用于详细了解客户的情况；三是提前通过短信或邮件预约观展时间。也可以制定"下样品单，送平板电脑"的促销活动，通过引导客户尝试订购数量几百个的小额订单，开启和客户的长远合作。这些促销方案需要提前印刷好，在展会现场和周边大量派发和宣传。在展会开始前两周以上的时间，就可以把这些活动方案发给正在跟进的潜在客户。

促销，企业总是要让利或花钱的，但这是为了获得长远的、更大的利益。各企业可根据自己的实际情况制订符合自己长远利益的促销方案。促销可以无处不在，我们需要有无处不在的促销思想。

不要把国外市场神秘化，国外的消费者和分销商也和国内的人一样，是普通的人，也需要促销推广的引导。只是这些促销推广需要符合当地的文化和习惯，外贸企业必须多花一些时间来研究自己的目标市场和目标客户。

第六匹配原则：战略资源与定位相匹配

企业的战略资源包括人、财、物。当企业确定了自己的战略定位以后，人、财、物的匹配必须跟上。不然，等士兵冲到前线，才发现每人只有一发子弹，那也是白白牺牲。与其这样，还不如不要开始这场战斗。

比如说，你想开发越南市场的服装业务。你得事先预算一下，需要哪些人，需要多少人，需要多少钱，需要哪些必备物资。对于大企业，可以谋定整个市场，然后一气呵成，全盘拿下。但对于小企业来说，无论从人力、物力，还是财力上分析，都不足以撼动整个市场。小企业能够做的，就是先在一个市场最合适的地方敲掉一颗牙，打个洞，让自己存活下来，然后再慢慢渗透，逐渐扩大自己在当地的实力。

三、网络营销战术之极致

当然，企业最集中、最精彩的推广还是体现在网络推广上。从这些推广工具的使用情况，我们可以感知到凡客诚品在网络推广方面的功底之深。

工具一：网络广告投放

凡客诚品成立于2007年10月，2008年6月就已实现销售额4800万元。从2008年8月份开始，凡客诚品启动了密集性的广告投放。大家在新浪、搜狐、腾讯、凤凰网、迅雷及各大网络媒体上可以经常性地看到凡客诚品的广告。

除了成本较高的这些硬广告，我们还可以考虑成本较低的软文广告。这些广告以新闻或专业分享等方式呈现出来。这些软文，尤其是新闻，被各大媒体转载的机会是比较大的。只要在某个较权威的网络媒体发布，马上就会一石激起千层浪，在网络世界掀起一轮涟漪。软文广告虽然不直接叫卖，但能起到权威、正面传播企业和品牌的作用。而且让客户容易在网络的权威位置搜索到你的企业相关信息，增强信赖感。

工具二：官方网站的搜索引擎优化

搜索引擎优化简称SEO，指的是在符合用户友好性及搜索引擎算法的基础上，使用网站内或者网站外的优化手段，使网站在搜索引擎的关键词排名提高，从而获得目标搜索流量，进而建立直接销售或建立网络品牌。

影响SEO结果的因素包括：域名、服务器的稳定，关键词分布密度以及分布情况，网站更新频率，外链数量，流量排名，用户体验等。

谷歌搜索的结果排名有其内部的计算方法，分值高的会排在前面，计算公式如下：

Google Score = （KW Usage Score × 0.3）+ （Domain Strength × 0.25）+ （Inbound Link Score × 0.25）+ （User Data × 0.1）+ （Content Quality Score × 0.1）+ （Manual Boosts）- （Automated & Manual Penalties）

翻译：

Google 分数 =（相关关键词分数×0.3）+（域名权重×0.25）+（外链分数×0.25）+（用户数据×0.1）+（内容质量分数×0.1）+（人工加分）-（自动或人工降分）

如何才能获得网站排名靠前呢？

这取决于上面提到的很多因素。一般来说，要让一个含有关键词的网页会有很高的排名时，此关键词必须出现在网页的 TITLE 卷标（tag）、META 卷标（tag）的 Keywords 区段、Description 区段，当然还必须出现在网页内容里。搜索引擎看不懂图形，我们要确保让最关键的文字必须出现在 HTML 内容本身。

越来越多的搜寻引擎都将网站链接的受欢迎程度列入排名决定因素。也就是说，如果你的网站成为很多网友链接的对象，而且这些链接里或是链接的附近文句含有一些特定的文字，那这些文字能让你的网站有较好的搜寻排名。

但最关键的还是要做好网站内部结构的优化，使关键词密度和分布情况控制好，即使外链不强，照样能获得高排名。

从公式中我们了解到，影响页面排名分数的因素依次是"相关关键词"、"域名"、"外链"、"用户数据"、"内容质量"以及"人工干预"六个方面。

我们以凡客诚品的官网为例看看 SEO 的关键词设置：

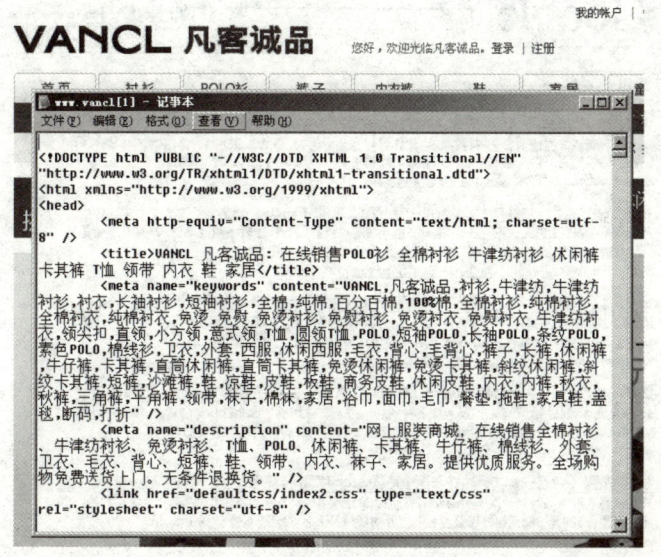

这个是凡客诚品首页的相关的代码,可以看到,他们设置了大量关键词。凡客诚品以自己的官方网站作为首要平台,进行优化和推广,摆脱了很多公司一直依靠 B2B 和 B2C 平台网站推广的限制。

工具三:搜索引擎广告

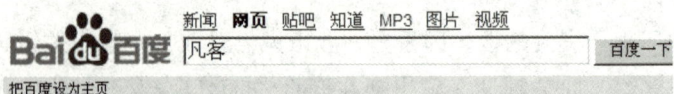

在百度、谷歌等搜索引擎上，VANCL购买了大量的关键词，包括衬衫、男装、领带、休闲裤、内衣、皮鞋等。

工具四：电子邮件营销

通过许可电子邮件营销，可以适时给用户发一些促销的信息，充分利用客户资源，让老客户回访网站，以促成老客户产生新的购买行为。

工具五：博客话题营销

就是以产品为话题让多个博客写用户体验文章，以用户角度对产品进行体验式营销。只要在网上搜索一下，可以看到很多关于凡客诚品的文章。不过现在也有一些负面文章发布在网上，对凡客诚品的推广有一些反作用。

工具六：网络媒体推广

新闻比广告更容易为消费者所接受，所以新闻式的广告传播更加真实、有效。凡客诚品利用网络媒体的报道来提高品牌的影响力，增加了消费者对产品和官方网站的信任度。

工具七：网络广告联盟

凡客诚品在多家网络广告联盟上投放CPS广告，CPS是指按销售提成广

告费用,许多个人站长在网站上投放了他们的广告。

工具八:网站销售联盟

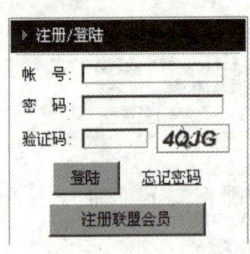 

凡客网络联盟是一个在网络上推广凡客产品并按推广业绩获得佣金的联盟组织。在加盟的网站/博客放上凡客诚品的广告图片,浏览者点击该图片将链接到凡客官方网站,如果该浏览者发生购买(24小时内购买均算有效),那么加盟网站方将获得一定金额作为佣金。这个形式也是属于CPS。

从凡客诚品的网络推广形式来看,他们已经将网络推广工具运用得淋漓尽致、炉火纯青了,让我们很多自以为网络营销做得很好的外贸企业自愧

如何快速获取佣金

- 拥有一个网站、网店或任意信息发布平台
- 注册"VANCL网络联盟",获得自己的广告ID
- 选择适合自己网站风格的广告代码(仅针对网站)
- 及时更新广告代码,关注我们的优惠活动,会为您带来更多的业绩,并及时查询后台销售数据。

联盟快速加入流程

一般网站

01 阅读协议注册加盟 → 02 邮箱激活帐户 → 03 选取广告代码 → 04 投放广告 → 05 按月获取收益

网络店铺

01 阅读协议注册加盟 → 02 邮箱激活帐户 → 03 店内销售 → 04 代客下单 → 05 按月获取返利

不如。

其实这也难怪,很多网络推广手法以前只在平台性的 B2B、B2C 网站,以及像 GOOGLE 这样的搜索引擎公司用到,很少有一个自有品牌网站会做到这样的境界。如果了解凡客诚品的创始人陈年,大家也就不奇怪了,他就是原卓越网创始人。所以,对于这些网络推广工具的运用,他自然是信手拈来,十八般武艺样样精通。由是观之,中国外贸企业的网络营销水平还有很大的提升空间。

四、出奇制胜战术之"七剑降魔"

第一剑:病毒营销——策划有效的视频传播

随着摄影器材的普及,网上开始流行大量的视频短片,也出现了一批专门宣传视频短片的免费网站,如 YOUTUBE、优酷网、六间房、酷6网等。

一些嗅觉灵敏的企业,也开始采用视频短片来宣传和招徕顾客。外贸企业主要发布视频短片的地方还是 YOUTUBE 网站,这是一个服务器设立于美国的网站,其浏览量非常大。

我查看了一些企业的相关视频,虽然精神可嘉,但水平太差,仅供自娱自乐还可以,无法起到营销传播的作用。这类视频,大部分就是企业把自己的厂房或办公区拍一拍,把产品拍一段360度视频,再就是把产品的生产过程拍一截等。总之,就是让客户能够通过这些视频亲眼看到产品是在什么环

境下做出来的，是怎样做出来的。虽然可以起到一些见证作用，但也仅此而已。

当然，如果你的产品非常有特色，这样简单的视频传播短片也可以起到非常生动的传播效果，因为产品本身就具有传播力。如美国玩具商美泰公司开发的一款玩具娃娃，名字"Tickle Me Elmo"，它的一段视频短片受到了世界各地玩具爱好者的追捧。视频短片展示的是玩这个玩具的情况：碰一下这个玩具娃娃，它就会发笑，而且笑出各种神态，笑得身体发颤，笑得捧腹，笑得打滚，笑到你无法控制也跟着它一起笑。

一段有效的视频传播短片，首先应该具有传播力。

如果没有传播力，放在网上也没人看，就谈不上什么效果，只能自我欣赏、自我陶醉。

什么样的视频传播短片才具有传播力呢？

1. 符合大众的猎奇心态

它会吸引大家去探索、思考，甚至去模仿。如可口可乐的喷泉视频，就有很多人效仿，大家都觉得很有意思。还有些短片的名字就很有悬念，如"女人竟然可以穿成这样"（其实是女士服装广告）、"女士专用，男士止步"（越不让看，越要看，正好中了激将法）等，看了内容以后，才发现并不是自己第一反应的时候所想的内容，但又在情理之中。

2. 符合网络点击热门词汇的标准

有一则丝袜广告，命名为"偷窥者的下场"。光听这个名字，很多网民就有兴趣去点一下。视频主要内容是，一个男人用望远镜偷窥一个美女换长筒丝袜，结果美女察觉到了，通过一组很细致的动作，美女巧妙地在没有曝光的情况下把丝袜脱下来，然后将丝袜一端绑在门栓上。偷窥的男人正在纳闷，只见美女拿来一个茶壶，放在丝袜中间，往回一拉，再一放手，那水壶向箭一样飞向偷窥的男人。

这里涉及的"偷窥"、"丝袜"、"美女"等都是网络的热门词汇，而视频内容也让人看后忍不住会心一笑，同时也不得不佩服那丝袜的弹力好。

3. 内容要有吸引力，但也要保证健康

如果展示黄色和过于暴力的内容，一则会触犯相关法律法规，另外也可能会被网站给删除掉。并非只有低级的内容才能满足大众的情趣，相反低级内容可能会有损品牌形象,把你的品牌也变成一个低级品牌。

其次,有效的视频传播短片,应该具有营销信息承载力。

也就是说,你让很多人看了这段视频还不够,还得让他们从这视频里头获得一些你想传播的信息,比如你的公司网站、你的核心产品、你的产品特征等。

满足了以上两个基本特征,一段视频传播的短片才是有效的。

很多视频短片都是非正式的,表现在制作不是很精美,因为都是非专业人士拍的,但这并不影响其传播。越是这些非正式的短片,才越是有吸引力,因为大家觉得这些更真实、更贴近自己的生活。也有一些是正式的广告短片,如三星公司的手机广告、可口可乐公司的宣传广告等。

小企业就要利用这些非正式、廉价但高效的视频传播短片来与大企业抗衡,达到宣传效果。

【案例:可口可乐+曼妥斯口香糖=华丽喷泉】

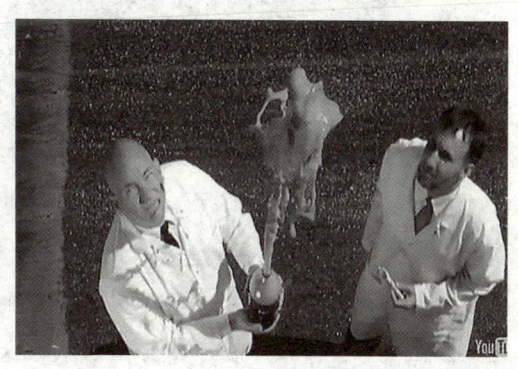

网上曾经流传过一个非常有影响力的视频短片,"可口可乐+曼妥斯口香糖=华丽喷泉"。内容是游戏者将曼妥斯口香糖放入健怡可口可乐瓶中,很快,可口可乐就像喷泉一样从瓶中喷涌而出。这段视频很快传遍全球,现在仍然可以轻松在网站上搜索到。无疑,这个视频发挥了巨大的作用,全球很多人开始做这个实验,消耗了大量可口可乐和口香糖,同时也将这两个品牌快速推向全球。虽然,这也有一些负面作用,有人担心同时食用可口可乐和曼妥斯口香糖会致命,但从网络的实际反应来看,人们更倾向于把这个当成有趣的游戏,而不是致命的警告。有时候,略带一些争议性的东西,其传播力会更强。

【案例：微电影《爱不停炖》让品牌传播不停顿】

在中国内地企业拍摄的视频中，微电影《爱不停炖》是我近些年所见的为数不多的好视频。

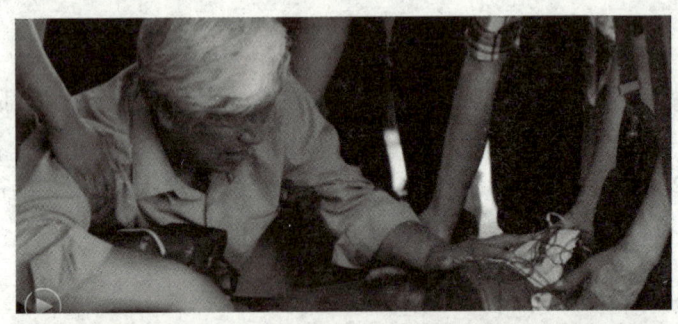

这个时长仅有 10 分 15 秒的视频，讲述的是一对父女情感的故事，感人至深，十人看有八九人会流泪。电影中的主角就是父亲和女儿，估计母亲在女儿年幼时已经不在了，父亲从小将女儿一手养大。中秋节，女儿在公司加班不能回家。父亲从电话中得知她咳嗽，这是女儿从小就有的老毛病。于是，他按以前的偏方炖了梨子汤，坐火车连夜赶去女儿上班的地方。拥挤的旅途，对于一个白发苍苍的老父亲是一段艰难的历程。但想到女儿的咳嗽，他没有疲倦，只有忧虑。可惜，在下火车的过程中，他被挤得摔了一跤，老炖锅摔碎了，梨子汤也没有了。老父亲没有放弃，在小熊电器专柜买了一个电炖锅，给女儿煲梨子汤，并借了专柜的吉祥物道具小熊，假扮成快递员把汤送到女儿的公司。女儿从熟悉的味道感觉出这汤是父亲炖出来的，马上猜出躲在小熊里面的不是快递员，而是父亲。父女相拥而泣。

这段微电影无论从剧本还是拍摄手法都非常专业，能看出来小熊电器在这部影片上是花了不少心思的。我们从被各大网站收录转载的效果，可以看出其成功的程度。

这段微电影并没有通篇充斥着广告，只是在电影中嵌入了一小节隐性广告。但是，因为这段视频传递了人间真情，在最广泛的人群中激起了共鸣，获得了很好的传播效果。小熊电器的品牌也获得了很好的宣传。

如果把这段视频变成英文版的，我相信在海外市场同样能获得大家的认同和争相传播。

第二剑：社交平台

提起外贸相关的社交平台，很多人自然能联想起 ICQ、MSN、Yahoo Messenger、Skype、Facebook 等。

世易时移，有些老的社交平台被后起之秀取而代之，逐渐退出江湖。2014 年 3 月，微软正式宣布关闭 MSN 软件，并将 MSN 的 1 亿多名用户整合到 Skype 的网络中去。MSN 和 Skype 同属微软旗下的产品，左口袋到右口袋的交易，微软也没让肥水流到外人田。Skype 是全球免费的语音沟通软件，拥有超过 6.63 亿的注册用户，最高同时在线超过 3 000 万。37% 的 Skype 用户用其作为商业用途，超过 15% 的 iPhone 和 iPod touch 用户安装了 Skype。社交网站 Facebook 是后起之秀，在 2014 年 9 月公司市值一度增长至 2 016 亿美元，这使得 Facebook 成为全球排名第 22 位的大公司。Yahoo Messenger（雅虎通）有在世界上 20 多个国家稳定运营 8 年以上积累起来的宝贵技术和国际品牌，仍然拥有一定的用户基础。

这些社交平台上聚集着世界各地的人群，其中不乏我们需要的潜在客户。花点心思来开发这些人脉资源，一定会有回报。不过，在这些平台，我们建议先交朋友，后找商机。只要在世界各地都有朋友了，我相信商机总会有的。

至于这些平台的使用方法，我相信大家并不陌生。因为中文版的微博、微信、QQ 大家都用得非常熟练，英文版的社交平台和这些情况也类似。

第三剑：借力政策

国家会根据我国的经济和社会发展情况，鼓励或扶持某些行业和产业的发展。这是国家的宏观调控的指挥棒，也是反映我国未来经济动态的风向标。密切关注国家政策的动向，有利于本来就资源匮乏的小企业找到发展机遇。

出口退税政策

出口货物退（免）税（Export Rebates），简称出口退税，其基本含义是指对出口货物退还其在国内生产和流通环节实际缴纳的产品税、增值税、营业税和特别消费税。出口货物退税制度，是一个国家税收的重要组成部分。出口退税主要是通过退还出口货物的国内已纳税款来平衡国内产品的税收负担，使本国产品以不含税成本进入国际市场，与国外产品在同等条件下进行竞争，从而增强竞争能力，扩大出口的创汇。

国家规定外贸企业出口的货物必须同时具备以下 4 个条件：

1. 必须是增值税、消费税征收范围内的货物

增值税、消费税的征收范围，包括除直接向农业生产者收购的免税农产

品以外的所有增值税应税货物，以及烟、酒、化妆品等 11 类列举征收消费税的消费品。

之所以必须具备这一条件，是因为出口货物退（免）税只能对已经征收过增值税、消费税的货物退还或免征其已纳税额和应纳税额。未征收增值税、消费税的货物（包括国家规定免税的货物）不能退税，以充分体现"未征不退"的原则。

2. 必须是报关离境出口的货物

所谓出口，即输出关口，它包括自营出口和委托代理出口两种形式。区别货物是否报关离境出口，是确定货物是否属于退（免）税范围的主要标准之一。凡在国内销售、不报关离境的货物，除另有规定者外，不论出口企业是以外汇还是以人民币结算，也不论出口企业在财务上如何处理，均不得视为出口货物予以退税。

对在境内销售收取外汇的货物，如宾馆、饭店等收取外汇的货物等，因其不符合离境出口条件，均不能给予退（免）税。

3. 必须是在财务上作出口销售处理的货物

出口货物只有在财务上作出口销售处理后，才能办理退（免）税。也就是说，出口退（免）税的规定只适用于贸易性的出口货物，而对非贸易性的出口货物，如捐赠的礼品、在国内个人购买并自带出境的货物（另有规定者除外）、样品、展品、邮寄品等，因其一般在财务上不作销售处理，故按照现行规定不能退（免）税。

4. 必须是已收汇并经核销的货物

按照现行规定，出口企业申请办理退（免）税的出口货物，必须是已收外汇并经外汇管理部门核销的货物。

生产企业，包括有进出口经营权的生产企业、委托外贸企业代理出口的生产企业、外商投资企业，申请办理出口货物退（免）税时必须增加一个条件，即申请退（免）税的货物必须是生产企业的自产货物或视同自产货物才能办理退（免）税。

很多企业产品销售的纯利润不到 10%，而很多产品的退税率却可以达到 10% 以上，甚至到 17%。这让我们的小企业不得不关注这个政策，正确通过这项政策获得更强的国际竞争力。

为了扶持中小企业拓展国际市场，国家设立了中小企业国际市场开拓资金。"市场开拓资金"以中小企业为使用对象，原则上重点用于支持具有独立企业法人资格和进出口经营资格的中小企业。

资金补贴对象包含企业项目和团体项目两类。中小企业独立开拓国际市场的项目为企业项目，企、事业单位和社会团体组织中小企业开拓国际市场的项目为团体项目。

申请企业项目的中小企业应符合下列条件：

（1）在中华人民共和国关境内注册，依法取得进出口经营资格的或依法办理对外贸易经营者备案登记的企业法人，上年度海关统计进出口额在 4 500 万美元以下；

（2）近三年在外经贸业务管理、财务管理、税收管理、外汇管理、海关管理等方面无违法、违规行为；

（3）具有从事国际市场开拓的专业人员，对开拓国际市场有明确的工作安排和市场开拓计划；

（4）未拖欠应缴还的财政性资金。

市场开拓资金主要支持内容包括：

境外展览会；

企业管理体系认证；

各类产品认证；

境外专利申请；

国际市场宣传推介；

电子商务；

境外广告和商标注册；

国际市场考察；

境外投（议）标；

企业培训；

境外收购技术和品牌等。

市场开拓资金优先支持面向拉美、非洲、中东、东欧、东南亚、中亚等新兴国际市场的拓展，以及取得质量管理体系认证、环境管理体系认证和产品认证等国际认证。

鼓励我国企业积极参加境外展览会，是中小企业国际市场开拓资金支持的重要内容之一。所谓境外展览会，系指在中国境外举办国际性或地区性的综合或专业展览会，以及经我国相关主管部门批准在境外主办的各类展览会。

针对我国不同地区，资金支持会有差异。开拓资金对我国中、西部和东北老工业基地中小企业开拓活动的支持比率要大于其他地区中小企业的支持比率。支持金额原则上不超过项目支持内容所需金额的50%。对中、西部地区和东北老工业基地的中小企业，支持比率可提高到70%。

我国中、西部和东北老工业基地中小企业系指：安徽省、江西省、湖南省、湖北省、河南省、山西省、辽宁省、黑龙江省、吉林省、内蒙古自治区、广西壮族自治区、重庆市、四川省、贵州省、云南省、西藏自治区、陕西省、甘肃省、青海省、宁夏回族自治区、新疆维吾尔自治区、新疆生产建设兵团、原海南黎族苗族自治州所辖市县中的6个民族自治县（包括琼中、保亭黎族苗族自治县、昌江、白沙、陵水、乐东黎族自治县）以及东方市、五指山市的中小企业。

市场开拓资金对境外参展补贴支持如下：

支持内容	企业类别	支持标准	最高限额
展位费（场地、基本展台、桌椅、照明）	中、西部和东北老工业基地中小企业	20 000元	40 000元
	其他地区中小企业	15 000元	30 000元

注：

1. 展位费支持标准按每个企业申请一个标准展位（9平方米，下同）计算，每增加一个标准展位支持金额增加10 000元，最高不超过3个展位。

2. 在中国香港、澳门地区举办的展览会，按上述标准的60%计算。

3. 如展位费实际支出金额超过10 000元但低于上述标准的，按实际支持金额支持。

资金申请流程和相关政策可登录国家商务部旗下网站，中小企业国际市场开拓资金网：http：//www.smeimdf.org。

除了中央的资金支持，许多省、市也出台相关的资金支持政策，帮助中小企业开拓国际市场。比如广东省东莞市在2014年就有政策补助符合条件的

中小企业在海外参展期间的差旅费,最多2个名额。如果是参加美国展会,这项补助的金额就达到4万元以上了,即使在东南亚的展会,这项差旅费也在2万元以上。加上广东省的补助资金,东莞参展企业这年的参展费用几乎全部不用自己承担了。

如果小企业自身实力不足以承担展会开支的风险,可设法寻求这样的政策支持。这项政策支持目前均是公开透明的,你只要愿意去了解和主动参与,就有机会成功。

第四剑:"围攻"展会

实在没有条件争取到国家专项资金支持,又想从展会获得客户的小企业,需要好好研究这个战术。有展位,但想把效果做到最好的参展企业,也值得研究它。这种战术主要应用于国内的进出口展会,在海外展会上因出击成本高或有法律风险,须谨慎考虑。

如果企业进不了会场,就可以在会场外打"游击战"。游击战的特点是,规模小、成本低、机动灵活,尤其适合实力不够强的小企业。这个游击战可注意以下要点:

1. 选择有效的作战地点

第一类地点是企业所在行业的展区。因为没有展位,一般不宜大规模或旁若无人地宣传,只能在这里和目标客户交换名片和宣传资料。从展会组织方的政策来讲,这是不允许的,但对于小企业来讲又是在艰难发展时期不得已的选择。所以这有点像在敌后区开展游击战,企业要掌握好分寸,进退有度。一不小心,有可能所有资料物品全部被组织方没收了。要进入这个区域,小企业的代表多数通过让海外客户协助办理采购商或翻译入场证件入场。

第二类地点是展会外围人流比较集中的报刊亭、小卖部、休息餐饮区等位置。这些地方要提前抢订，慢一步都可能没有了。这地方虽然不是参展摊位，但它至少是个合规、合法的据点，你不用担心别人会赶你走。而且，可以利用这个据点做好装饰和宣传，做得好，完全不亚于一个参展摊位的影响力。很多 B2B 网站来展会做宣传就喜欢抢占这些据点。

第三类地点是展会各出入口。这里属于公共区域，没有那么严格的监管要求，公开派发名片和资料不会有太大风险。弱点就是这里人员比较杂，除非你的产品人人都可以用，否则你派了一堆资料，只有很少一部分能到达目标客户手中。而且，这种方式的可信度不是很高。既然这样，在这样的区域就要加大派发的数量，从而提高击中目标客户的概率。这样做的成本低廉，容易上手，尽管效果算不上非常好，但也对得起你的付出。

第四类地点就是通往展会的公交车、地铁上。坐车的时候一般比较空闲，塞张资料给他看看，接受的概率比较大，而且往往都会看一下，如有合适的他们也会收藏起来。在路途中派发资料，客户一般也不知道你是否有摊位，对你的印象没那么糟糕。

2. 战前准备工作要充分

参展员工的思想动员工作不可少。一些人因为放不下面子、心理素质太差，做这些工作的时候收效甚微。别人可能一天下来收了一两百张名片，他可能只收了几张名片。

其次要考虑各种情况的预案，避免参展员工和展会管理员有任何冲突发生。

最后是"武器弹药"的准备要充分，包括各种宣传资料、样品、赠品、道具、工具等。不要到现场开始工作了才发现名片没带、资料不够、演示不生动、计算没有计算器等。一开始就要把各种情况下需要用到的物品准备齐全。

3. 选择"有杀伤力的武器"

所谓"有杀伤力的武器"，是指除了常见的名片、资料外的其他吸引客户的物品和方案。这种"武器"一定要为客户量身定做，才能效果最佳。

比如向客户免费提供袋子、笔，这是最普遍的方式，也有一定效果，因为这些物品上都有企业的广告信息。但用的人太多了，小企业很难脱颖而出。

我更强调从客户的需求出发，不断创新宣传品。比如客户来到中国，对各展区分布一定不是很熟，如果你能事先准备好展区分布图，免费提供给客户，并要求留下名片，我相信这是一种效果比较好的方式。也可以把所有参展商名录刻入光碟，免费提供给客户，同时交换名片。还可以通过促销方式，鼓励客户登录企业网站免费领取礼品，展会期间直接送达其入住的酒店。更多方案，可以不断创新出来。

通过以上的游击战术围攻展会，小企业在很小投资的情况下也会取得不错的战果。

第五剑：闪电战术

闪电战是第二次世界大战期间德军经常使用的一种战术，它充分利用飞机、坦克的快捷优势，以突然袭击的方式制敌取胜。它将奇袭、快袭集中在一起，像闪电一样打击敌人，使敌人在突如其来的威胁之下丧失士气，从而在第一次巨大的打击之下就会立即崩溃。凭借闪击战，德军27天内征服了波兰，1天内征服丹麦，23天内征服挪威，5天内征服荷兰，18天内征服比利时，39天内征服号称"欧洲最强陆军"的法国，堪称战争史的一大经典。

小企业实力不够强，在某些关键时刻，应用闪电战术可收到意想不到的效果。

当很多企业在用邮件你来我往地沟通着客户需求和报价时，"闪电战"企业早就在接到客户第一封邮件后，以电话的方式沟通完了所有细节，并开始做样板。

当很多企业还在讨论样品费和快递费该由谁承担的问题时，"闪电战"企业早已承诺客户免费快递给客户，客户只需要提供详细收货地址即可，并已将样品快递出去。

当很多企业还在等待客户收到样品后的回复时，"闪电战"企业已经派重兵飞抵客户的办公室，直接现场落定第一张订单。

如果你和这样一个"闪电战"企业竞争，是否总是感觉自己慢了几拍，何谈胜出的希望？

但是，作为资源紧缺的小企业，闪电战不是随处使用的。闪电战集中了小企业的优势资源，如果砸下去不见回报，对小企业的损失是比较大的。所以，实施闪电战的前提是一定要选定好实施闪电战的目标，即我们要对客户进行"闪电式"快速而严格地调查和筛选，确定目标客户与企业的匹配度较高的情况下才实施后续的步骤。

【案例：闪电式交货征服客户】

经过漫长的沟通和洽谈，客户终于决定下单给我们。订单总量有60万件，但由于客户担心我们的供货能力，怕我们不能按时交货，于是先下了13万件的订单。交货期也比较正常，有大约2周时间。面对这个情况，我马上召集相关部门开会，制定了作战方针"以超常规的速度提前交货，为客户创造惊喜，以行动征服客户"，明确我们的目标是"吃着嘴里的（13万件），盯着碗里的（60万件），想着锅里的（潜在的6 000万件）"。在这一思想的指引下，从业务、跟单到生产、包装、仓库各部门通力合作，终于提前5天交货。我们用行动让客户相信，接下他们的60万件订单没有任何问题，最终彻底征服了客户。

即使我们不能对整个成交过程实施闪电战，也可以在交易的部分环节更多地使用闪电战。比如在客户询盘后的一周内，要通过电话沟通、快速响应和客户建立具有优势的信赖关系。能做到这点，也可以超越很多企业的蜗牛速度了。

第六剑：直捣黄龙

海外客户与我们距离遥远，我们也就习惯了通过网络的方式沟通和成交。甚至有些企业与海外客户从询盘到成交，到合作多年，都未曾谋面。但我们都明白，见面三分亲。这也是为什么展览会的效果要优于纯网络推广的效果的原因。见面，会让我们和客户的距离更近，关系更紧密、更稳固。

小企业显然不具备直接去所有客户公司所在地拜访的实力，而对于重点目标客户则可以这样做。对于做内销的业务员来说，面对面拜访客户是常态，对于外贸的业务员而言则是非常态。即使不能拜访总部，也可以考虑拜访其在中国设立的办事处。即使自己不能去海外拜访，也可以拜托海外的朋友代表企业去拜访。拜访的首要目的，就是拉近与客户的距离，建立信赖感。在国际贸易中，解决了信赖感的问题，其他问题都好解决，甚至价格都不再是问题。

对于海外比较肥沃的区域市场，我们可以考虑在当地设立办事处或公司，甚至在当地办厂。现在已经有很多企业去越南、孟加拉国、印度尼西亚开设工厂了。在当地设点，企业既可以独立建也可以和当地客户合作建，这要根据企业的实际情况来考虑。

如果企业想开发这块黄金市场，又暂时无法建立当地的据点，那么也可以采用在当地媒体投放广告招商的方式，将营销在区域市场落地。即使这个区域只是一个小城市，能攻下来，也是小企业巨大的成功，并为未来的全球市场拓展埋下伏笔。

第七剑：精准打击

无论是 B2B 网站推广、搜索引擎优化，还是展会营销，这些都是等客上门的做法。而精准打击术则反其道而行之，变被动为主动，寻找适合自己的目标客户，充分调查和计划，谋定而后动，一举攻破。

精准打击术的成功，关键是要有支持获取精准信息的资源。你必须能了解到对这个产品采购起决定作用的部门和人员，影响采购决策的关键要素，目前的竞争对手的表现情况和竞争策略。

所以，实施精准打击，情报工作排第一位，其次则是公关工作。为了让这两项工作能够落实，需要采用两项措施：建立战略合作伙伴和人才本地化。战略合作伙伴可以是客户，也可以是拥有我们所需资源的其他企业，通过资源共享、利益共享的方式构建合作关系。而人才本地化则可以通过符合当地规则的方式、最有效的渠道获取企业所需商业情报，并获得牵线搭桥的中间人。

在海外有很多华人圈子和华人协会，以及留学生群体，如果企业能和他们多沟通，建立长期的联系，会为我们企业实施精准打击提供有效的帮助，也可以和他们直接建立合作关系。即使没有这方面的人际关系网，海外社交平台也可以为我们企业提供拓展人脉的有效渠道。只要你有目标，用心经营，一定可以找到你想要的人和信息。

下面我引用一个 TCL 公司拓展越南市场的案例，供大家学习参考。作为小企业，不一定要机械照搬他们的方法，但可以从他们的市场拓展过程中学习一些经验，获得一些启发。

【案例：TCL 如何在越南站稳脚跟】

1999 年，TCL 收购香港陆氏公司彩电项目，投资超过亿元建成生产基地，包括一条年产量约在 50 万台的彩电生产线、一条年产量 30 万台的数码影碟机生产线和一条电工产品生产线。从此，TCL 开始了自有工厂、自建渠道、自主品牌的新兴市场之路。

据媒体披露，截至 2006 年底，TCL 在越南 TV 累计销量突破 150 万台，销售收入突破 10 亿元，TV 市场占有率达到 22%，排名第二。从 2002 年到 2006 年，TCL 越南分公司的业绩表现，在 TCL 新兴市场业务中心一直名列第一。可见，越南是 TCL 进入新兴市场的范本。

TCL 在越南的发展大致可分为三个阶段，我们将焦点放在 TCL 是如何跨越第一个阶段（1999~2000 年）进入第二阶段（2001~2006 年），从大幅亏损到站稳了脚跟。

进入越南市场初期，TCL 超过 50% 的生产线亏损，18 个月就亏损 18 亿元。2001 年，TCL 首次实现盈利，并长期保持较高市场占有率。TCL 是如何在越南站住脚的？我们发现，它经历了经营层面、精神层面和能力层面的"三重修炼"。伴随经营的屡败屡战是精神上的痛苦和升华，最终落脚在能力的构建。

第一重——经营修炼：自有工厂、自建渠道、自主品牌

很多中国企业进入海外市场，或者在国内生产，或者寻找当地代理商，或者采用 OEM、ODM 等非自主品牌形式。而作为进入海外市场的第一站，TCL 进入越南的基本策略是自有工厂、自建渠道、自主品牌。从中国企业的实践来看，这种新兴市场进入策略成功率是较低的。

自有工厂

TCL 兼并陆氏工厂，避免了自建工厂的种种风险，绕过了越南的产业政策限制。越南劳动力相对便宜，在当地直接生产充分利用了新兴市场的成本优势。同时，自有工厂能够根据市场变化迅速调整生产，对于创造、保持市场竞争力功不可没。

自建渠道

掌握市场前端是 TCL 在越南设立分公司的初衷，就是为了规避外贸出口

的风险。越南分公司也认识到"渠道关节的打通,是 TCL 能站稳越南市场的关键"。TCL 在越南构建了覆盖广、渗透强、影响大的渠道网络。这是 TCL 挑战日韩企业的技术、品牌和综合实力优势的最优选择。

有资料显示,越南分公司运用 TCL 擅长的竞争手段——自建与终端用户紧密接触的销售网络。日韩企业在"大区"下做三、四级批发,给大的代理商盈利的空间较小,却又不能深入最偏远地区。TCL 越南分公司则采用了一级批发商代理制度,同时业务人员深入最偏远的地区与经销商展开合作。这样,既能够与经销商共同开发市场,也使得渠道网络掌握在 TCL 手中。

自主品牌

采用 TCL 品牌进入越南市场是基于国际化的长期战略,而不计"一城一地"的得失。面对品牌认知度低、中国产品形象差等劣势,TCL 在品牌影响力和资金实力方面都无法与日韩企业竞争。

TCL 另辟蹊径,坚持差异化和实效的策略,把推广重心放在参与社会公益活动上,借力政府关系,走新闻公关的路子,获得了良好的效果。其中最值得一提的是 TCL 优秀青年基金。TCL 官方网站显示,它由 TCL 越南分公司与越南共青团中央、中国共青团中央、中国驻越南大使馆于 2000 年联合创办。TCL 在越南每售出的一台电视机中,拿出 5 元钱划入基金,以资助品学兼优的越南青年。2006 年,越南团中央向 TCL 越南分公司颁发了奖状,这是当时外国企业在越南获得的最高政府表彰。越南政府和执政党机关报对这一基金及活动做了大量的报道。

第二重——精神修炼:屡败屡战,百折不挠

亏损是企业进入新市场的常态,尤其是异文化市场。尽管这种亏损属于"战略性亏损",但是 TCL 在进入越南的初期还是过于乐观了。超过 50% 的生产线亏损,18 个月亏损 18 亿元,不仅是对越南分公司的精神磨炼,也是对整个集团以及管理层海外市场战略的信心考验。

2000 年初,针对连续亏损一年多的越南市场,TCL 内部出现了不同意见,并展开了激烈讨论。大部分高层认为应该舍弃越南市场,而越南团队却认为必须坚持下去。作为领导人的李东生并没有下结论,在和越南分公司的负责人沟通后,他宣布了决定:再给越南团队 6 个月时间。

2001年，TCL在越南首次实现了赢利后，李东生撰写了题为《屡败屡战，百折不挠》的文章，他认为"开拓海外市场就要有屡战屡败、百折不挠的勇气和决心才有可能成功"。

TCL咬紧牙关，在越南坚持了下来，这种坚持是越南分公司对新市场屡败屡战的坚持，也是企业尤其是管理层对海外市场的战略坚持。这种精神修炼是任何企业进入新兴市场必须经历的。

第三重——能力修炼：本土化、适应性

怎样才能在越南活下来？进入初期TCL的大幅亏损归根到底是不适应当地的市场，没有认清竞争态势，没有洞察消费需求。之后，越南分公司选择低端缝隙市场为突破口，采用"农村包围城市"的"游击战"。从偏远地区和低端产品做起，同时灵活多变地满足当地的市场需求。

针对越南普通人群，TCL主要开发14英寸到21英寸彩电，用户以二、三级市场以下为主。针对越南雷雨天气较多，当时没有公共有线电视系统因而电视信号较差，他们开发出了防雷彩电、超强接收彩电，很受市场欢迎。

在售后服务上，针对越南市场的特殊情况和其他厂商的服务劣势，TCL采用了快速反应策略。有资料显示，TCL成为首家在越南做出"三年免费保修、终身维修"承诺的电视厂商，变革当地保修期最多两年的情况；上门维修，以有别于日韩产品需消费者抱着电视去维修站；建立上百个服务维修站，开设了24小时服务热线，以领先日韩企业售后服务网络不完善；针对越南人爱看足球，凡重大赛事、发生故障电视，先给用户备用机使用，维修好后再换。

由此，TCL在越南实现了产品和服务的本土化。同时，TCL努力实现人才、销售、管理的本土化。有资料显示，TCL越南公司的中层干部基本上都是越籍员工。其中，河内分公司，从销售、财务等部门经理到一般销售人员，清一色都是河内大学、越南经济大学、越南外语大学等越南著名高校毕业的优秀大学生。

如前所述，TCL在越南基本上实现了生产本土化。这一系列本土化努力，是TCL 18个月实现盈利的重要因素。总结起来，TCL在越南的成就，依赖于主动适应越南的文化心理、产业态势和消费需求，并在生产、销售、管理等方面采取了本地化策略，利用了当地的成本优势和人才优势。

TCL在越南站稳脚跟有着战略性意义。此后，TCL迅速将其经验复制到东南亚各国及其他新兴市场国家。TCL 在进入新兴市场方面获得了一定的经验,形成了极具适应性的模式。

近两年来,越南的彩电产业竞争态势大变,日韩企业更为强势,本地企业迅速成长,在品牌和成本等诸多方面优势并不明显的 TCL 面临新的挑战。一定程度上,早期的低端定位和品牌劣势也是目前困境的诱导因素,TCL 在越南站稳的经验正在接受考验。

（案例来源《北大商业评论》　作者：马金胜）

第六节　高效执行——让战果加倍

一、打造一流执行力团队

执行是最后的临门一脚了,没有这一步,前面所有的努力都白费。

关于企业如何打造自己的高效执行力,余世维博士在他的《赢在执行》一书中已经做了非常详细的阐释,我在此不再赘述了。建议各位企业管理人员回头去看一下这本书。

这里,我只想就外贸工作的一些细节跟大家一起来一次大检查。如果这些工作没有做到位,那么你的执行状况就不好,需要立即整改。亡羊补牢,也不算太晚,关键是要马上行动。

（一）企业员工知道"优秀员工"的标准是什么吗?

如果不知道"优秀员工"的标准,员工就没有明确的努力方向。上下的努力方向不统一,就肯定会产生很多内耗。就像四个人抬一张桌子,如果每个人都朝自己的方向走,力气往四个不同方向使,那么这桌子就会左摇右晃,无法前进。

那么企业就要给员工一个明确的标准,在你的企业里面,怎么做可以成为一个优秀员工,怎么做可以晋升到管理层。标准不但要写下来,还要给员工培训到位,让所有人都理解。

（二）员工知道自己可以拿多少钱吗?

这个看起来很简单的问题,在有些企业却很难弄明白。有些员工在企业工作几年了，都不知道自己的工资是怎么算的，企业也不准员工问，发多少钱就是多少钱。

市场经济体制下，工资是一个员工价值的体现，也是企业对员工价值认同的一种方式。世上也没有免费的午餐，没有一个人会只干活不要工资。一种好的工资制度，可以激励员工齐心协力，奋力拼搏。

不论是企业的行政人员，还是市场人员，都应该清楚自己在目前的工作状态下可以获得多少工资，迟到、旷工会扣掉多少工资，为企业做出特别贡献可以获得多少奖金。业务员还应该明白自己的提成方案是怎样的。工资制度要有一定的延续性，不要一日三变。

外贸业务员的工资制度，对他们的工作积极性有很大影响。要让有能力的外贸业务员获得高收入。要高到什么程度呢？要高到比业务员自己创业的收入还高。不要一看到业务员的一年收入都十几万甚至几十万元了，老板心里就难受，隔三差五地把工资制度又改一改。这样对企业的发展一点好处都没有。只要业务员凭自己的能力做到这么好的业绩了，哪怕提成100万元也要照给不误。如果优秀员工自己单干都比在你企业干的收入高，那你这平台有什么价值，别人为什么还要在你这里做？个人加入一个团队，就希望在团队的力量下，在良好的平台上，自己可以创造更好的成绩。流失一个优秀的员工，企业的损失是非常大的。

（三）员工明确自己的职责和工作流程吗？

如果职责划分不清晰，或者员工没有理解自己的职责和工作流程，那就需要赶紧处理。不然，领导一走开，员工就不知道干什么、怎么干了。执行就成了空话。

（四）领导在执行力方面有起到示范作用吗？

如果你要求员工8点上班，自己却常常睡到10点才来，你怎么怪罪员工经常迟到？如果你要求员工提高素养、不讲粗话，自己却在大会上破口大骂、粗话连篇，或者在公开场合烂醉如泥、丑态百出，你的员工怎么会听你的训导呢？上梁不正下梁歪，是有道理的。

企业领导不能作为特权阶级存在，而应该作为最高模范，作为一面旗帜，带领大家向既定目标前进。

（五）你经常对既定战略和策划方案进行检讨吗？

发射神舟五号、神舟六号上天的时候，需要对飞船的轨道进行多次调整，最终准确到达预定的位置。

企业在实现自己的既定目标的过程中，也需要对自己的战略执行情况和策划方案不停地进行检讨，及早发现问题，及早调整方向，使所有工作朝着既定目标努力。如果不及时对这些战略执行情况和方案进行检讨，而是迷失在执行的细节中，最后可能会迷失整个方向，无法达到目标。

所以，对于既定方案，企业要严格执行，及时监督和评估，发现问题及时解决。

（六）企业全体员工能否积极、主动地参与执行？

使员工积极、主动地参与执行，需要制度做保障，也需要适当的技能培训和团队文化熏陶。工作态度不一样，工作结果一定相差很大。所有方案的执行都是人在执行，所以人是关键，有执行力强的个人和团队，好的战略和方案才能够落到实处。

二、强化"高效执行"文化

只用制度约束，员工只会做制度要求的事情，而工作的很多细节却无法全部写入制度。你可以要求员工 8 小时之内的言行，却无法规定员工 8 小时以外的言行，而企业文化则可以弥补制度的不足。企业文化，就像润滑剂，可以渗透到制度到达不了的每一个细节和角落。

"高效执行"要成为企业的一种文化，让团队以执行力强为荣，以执行力弱为耻。让执行力强的团队和个人享受更多荣誉和获得更多机会。我们以奖惩制度为牵引，带动团队形成一种新的价值观，最终实现全员高效执行。

总结一句，就是不找借口，马上行动，理解了要执行，不理解也要执行。

三、强化跨部门协同作战能力

团队的执行力和个人的执行力有不同之处，执行力强的个人加在一起不一定能打造一个执行力强的团队。其原因在于，团队的执行力除了受每个个体执行力的影响，同时取决于团队的协同作战能力。如果一个人的手、脚、眼、脑不能协调好，他是无法在篮球场上有很好的表现的。眼睛看到篮球，大脑却不能及时把信息传递给手和脚，手和脚之间又缺乏沟通，不能准确到达指定地点腾空准确接球和传球。

要使团队协同作战能力提升，一方面要增强大家的协作意识，另一方面则要训练团队协助的技巧。

首先要训练大家的沟通技巧，确保每个人能把自己想说的内容表达清楚，同时确保对方清楚理解自己所说的内容。

其次要训练大家的回复习惯。一方向另一方提出任何协作请求，另一方都要在随后事情进度有变化的时候做出回复，如果进度无法推进或遇到其他困难也需要做出回复，告知自己所处的状况。这个习惯，可以确保团队各部门的信息同步。如果有10个小组，完成前后相继的流程，每个小组把信息延时半天传递到下个部门，那么整个团队完成任务的时间可能要延时5天以上，如果考虑外部环境的变动，甚至要延长一个月。现在很多企业强调建立信息共享平台，就是希望能让信息在各部门同步，确保团队协作能顺利、高效地进行下去。

最后要加强各部门负责人的团队组织、协调能力的训练。一旦在实施项目的过程中遇到任何困难，部门负责人应快速响应，及时拿出有效的解决方案，整合各部门的资源，迅速解决问题。

以上三点讲的都是训练，而不是培训。也就是说，这些技巧和习惯是要通过在平时做事的过程中不断练习、辅导、纠正来获得的，而不只是通过一个课堂培训，让大家知道了就可以获得的。

四、把团队激励成超人

团队在执行任务的过程中，难免会遇到各种困难。此时，狭路相逢勇者胜——我们团队的状态直接决定了结局。所以，团队的领导者要时刻关注团队的状态变化，及时激励团队战胜困难，达到目标。

如何快速学会团队激励方法，把你的团队激励成超人呢？用好下面五招，效果立竿见影：

（一）思想激励

领导者通过公众演讲，声情并茂、有理有据地向团队述说我们一定要取胜的原因、一定会取胜的条件，让团队有十足的信心去面对任何困难和挑战。

比如一个大客户，我们团队想尽千方百计，还是没有顺利达成交易，而公司对这个客户又志在必得。领导者可以这样激励大家：

"这段时间大家表现出的勇气让我感动，说明我们的队伍是一支百折不挠的队伍。尽管我们还没有和客户达成合作，但我们至少已经证明了过去的几个方案行不通，我们不会重蹈覆辙。我们觉得有难度，我们的竞争对手同样有难度。很多人在这个过程中开始没有信心了，准备放弃了。谁能坚持到最后，谁才是最终的赢家。所以，最困难的时候，正是展现我们团队战斗力的时候，也是我们即将取胜的时候！"

（二）物质奖励

《孙子兵法》云："杀敌者，怒也；取敌之利者，货也。"意思是说，要使部队和士兵勇猛地冲锋陷阵，杀敌立功，就要采取激励战士斗志的办法。要使士兵奋勇争先抢夺敌人武器物资，就要利用奖赏的方法。

为了激励大家达到既定的业绩目标，领导者就要设定好系统的奖励方案，涵盖近期和远期奖励、同期不同业绩级别的奖励。奖品可以是物品，也可以是现金。奖励价值档次可以低至一支牛奶，也可以高至百平方米以上豪华商品房。总体来说，要确保两点：

一是员工跳起来就可以实现一个小目标，获得一份小奖励；

二是最优秀的员工有机会获得让所有人羡慕和惊讶的奖励，比如一台汽车。

（三）惩罚

惩罚不是目的，只是让每个人有必须达到目标的压力，切断退路，将压力转化为动力。而惩罚的方式不一定是罚款，在实际操作过程中，很多团队创造了大量新点子。比如：体罚，团队绕小城跑步一圈，或俯卧撑500次；形象处罚，所有成员剃光头等。

罚款也可以作为一种处罚方式，但我们叫作乐捐，是团队成员愿赌服输的捐赠。这个钱可以用作公共活动基金,或奖励基金。要注意的是,乐捐金额、规则,要说在前面,否则大家会不服气。

(四)公众承诺

别人给出的目标都是别人的,自己承诺的目标才是发自内心的,在公众面前的承诺则具有更强的激励效果。个人定了目标,领导要辅导修正,使目标合理,并找到达到的途径,同时要提供给每个人做出公众承诺的机会和条件。承诺要表达达到目标会怎么奖励自己,未达到目标会怎么惩罚自己。

每个人都会有惰性,遇到困难的时候也会有畏难和退缩的情绪。通过公众承诺,我们会获得一股隐形的推动力,时时告诫自己,我已经在大家面前承诺过了,我一定要战胜困难达到目标,否则会很没面子。这样,我们的潜力会被挖掘出来。

(五)公众仪式

在全体成员面前颁发一个荣誉证书,即使没有奖品,也会让人倍感兴奋。这个过程,让获奖者感受到了尊重和自我价值。这就是公众仪式带给我们的意义。

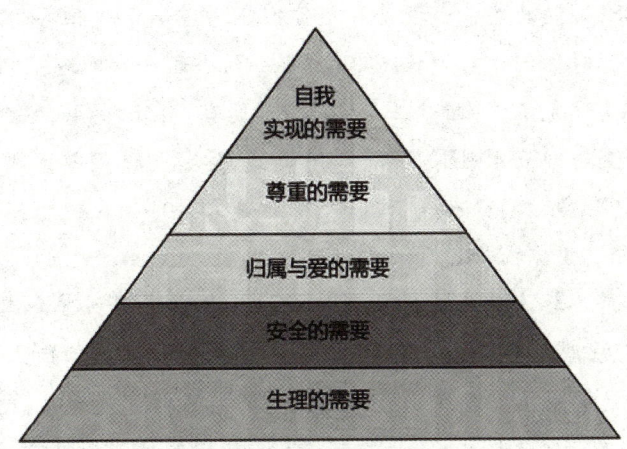

根据马斯洛需求层次理论,在满足了最基本的生理和安全需要以后,人还有更高层次的需求。这些需求都和精神层面的感受有关。而公众仪式则可以满足部分更高层次的需求。

比如,新人在入职的时候,公司为他们举办欢迎仪式,会让他们感觉到归属感和团队的关爱，能更快融入团队。在个人获得小小成功的时候，团队在公众面前给予正式的表扬和奖励，会满足他们对尊重的需要。

公众仪式也许不会花很多钱，但要花较多的心思。用心了，才能更好地激励团队。

下面我讲述一个我亲身经历的案例。

【案例：在拒绝中成交】

我收到一个酒店采购部的电话，咨询我们的太阳能灭蚊灯。我在跟客户沟通过后，建议他们采购我们另外一种灭蚊器，但客人坚持要太阳能灭蚊灯，我就先根据客户的要求传真了报价单给他们。

两天后，我打电话过去，他们采购员刘小姐说我们的价格太高，已经买了别人的。

大约一个星期后，我又给刘小姐去了电话，向她询问这种产品的使用状况。她说效果不好。我及时向她推荐我们的另外一种灭蚊器，"刘小姐，你们现在采购的灭蚊器是用于户外的，而酒店的户外面积那么大，用这么小的太阳能灭蚊灯肯定不够用，而且你们采购那种便宜的太阳能灭蚊灯质量肯定没有我们做得那么好。其实，我还是希望你们能考虑一下我推荐的风行品牌专业户外灭蚊灯，对你们目前的状况更适用"。刘小姐一口回绝："不要了，有蚊子的季节都快过完了。"这时正是4月份，凭我多年的销售经验，我非常清楚南方的蚊子繁殖季节才刚刚开始。我于是追问她："请问是谁判断有蚊子的季节快过完了？"她被问得有点不耐烦了，"是客房部的人说的，你去问他们吧，我不知道"。说完，"啪！"挂电话了。

作为业务员，被人这样冷冷地挂掉电话，是家常便饭了。我也不介意，客户的心情可以理解。整天要接那么多有用没用的电话，不烦才怪。我的心思集中在客户的需求上。我马上又拨通酒店的总机，礼貌地让前台小姐帮我转接客房部经理。前台小姐说："经理不在，请问哪里找他呢？"这个问题也是经常被问的了，如果直接回答说我是向你们推销灭蚊器的，肯定又要遭遇闭门羹了。我回答说："你们酒店有向我们公司咨询灭蚊器的事情，为了给你们提供最合适的产品和报价，我们需要跟你们的使用部门客房部沟通一下，了解一下他们的具体情况。"既然这样，前台小姐肯定不能把电话挂掉，对我说:"那把您的电话留给我吧,我转告我们经理。"

大约20分钟后,我的手机响了,是他们的客房部经理。我以我非常专业的身份向他介绍了南方蚊虫繁殖季节还远远没有结束,以及他们酒店需要安装什么样的灭蚊器才既有效又实惠。当然,我推荐的还是"风行"专业户外灭蚊器。既然产品说得那么好,客房部经理也有兴趣做进一步了解。他让我把资料发给他。于是,我随即将产品介绍同时发给了客房部经理和采购员刘小姐。

经过反复的沟通和讨价还价,订单在一个星期内就确定了。风行户外灭蚊器MS-4220的灯管功率40W,在2009年的单价是1700元(现在单价已经上涨到2000元),相对于几十元的灭蚊器来说价格并不便宜。而订单下来的时候,我尚未与他们任何一个负责人见过面。

反思这个订单的获取过程,前面很多次我都有足够的理由放弃。但是我坚持认为,客户需要我们的产品,而且我一直通过各种途径努力,使客户信任我、信任我推荐的产品,最终达成订单。

所以说,业绩好坏,人起了很重要的作用。只有当每个人都积极主动地执行企业的政策、方案,企业的战略目标才能够顺利实现。

第四章　团队篇

价值链：铸造攻无不克的外贸团队

用人不在于如何减少人的短处，而在于如何发挥人的长处。

——现代管理学之父　彼得·德鲁克

在开始阅读本章的时候，我们先来分析几个问题：

一、为什么很多小企业没有外贸团队？

提到"团队"两个字，小企业会有一些排斥心理。

小企业财力有限，让他养十几号人的外贸团队，看起来是不现实的。在珠三角地区，请一个普通的外贸业务员，固定月薪至少得 2 000～3 000 元，如果需要经验丰富、能力强的外贸人才，固定月薪低于 4 000～5 000 元，也许不会有人感兴趣。这样算下来，确实很难养一个团队。小企业一般都有零散的几个全职或兼职的外贸业务员，但远远称不上团队。

二、为什么小企业必须拥有外贸团队？

道理很简单：正因为财力有限，小企业没有资格浪费一分钱，它们更需要打造自己的外贸团队，提升工作效率，节约运营成本。而且，只有发挥团队的力量，小企业才可能迅速成长为大企业，否则只能长期处于小的状态，直到最后退出竞争舞台。

我们可以进行一个简单的成本核算。假设你的企业有 5 名外贸员，外贸员根据能力分为 A 级和 B 级，A 级月薪 5 000 元，B 级月薪 3 000 元。

方案一：单兵作战

企业在发展之初，都习惯于单兵作战。就是每个业务员各做各的单，互不相干，多劳多得，少劳少得。算账也清楚、容易，操作起来也简单。

既然各干各的，外贸员得一条龙服务，从搜索客户信息、处理邮件、电话沟通、商务谈判，到接单、生产、出货，样样要精通，自然需要 A 级外贸员才能胜任。否则工作就无法很好地完成。

人力成本：5 000 元/人/月 × 5 人 = 25 000 元/月。

很多小企业会找一些不太专业但工资要求低的略懂外语的人来代替专业

的外贸业务员。请注意：如果在这种方式下采用 B 级外贸员，可能因为操作方法不当或错误给企业带来巨大损失，潜在的风险成本比 A 级人力成本还高。

方案二：团队作战

团队讲究的是配合，每个人只要有一两门专长就行。这显然使人员招聘要容易多了，而且不需要每个都是 A 级外贸员，操作难度不大的那些琐事完全可以由 B 级外贸员负责。于是，只需要 2 名 A 级外贸员，3 名 B 级外贸员就足够。

人力成本：5 000 元/人/月×2 人+3 000 元/人/月×3 人=19 000 元/月。

这种工作方式下，由于每个人都只专注于自己的工作，所以更专业，效率更高，团队业绩会更好。

从以上两个方案可以得出很明显的结论：小企业更需要打造外贸团队。

三、小企业如何打造自己的外贸团队？

这就是本章试图与大家探讨的问题。

本人在实践中摸索出一套以"价值工作链"为基础的外贸团队组建方案和评价方案，目的就是使外贸工作高质、高效、经济地开展。

接下来我们要分析的，主要是外贸业务团队的组建和评估，即和客户开发密切相关的事项。而客户开发成功后开始下大订单或维护老客户这些工作，我列入外贸跟单的工作。这部分工作相对而言要简单一些，本人未做详细讲解。

第一节　团队组建

一、组建外贸团队的基本原则

团队建设是一个系统和长期的工作，需要科学规划、因地制宜、循序渐进。急于求成或随意发展，都不可取。

组建外贸团队需要遵循以下原则：

（一）实用性

需要什么样的人才，就聘用什么样的人。不多不少，不高不低。

四个人可以完成的事情,就不用请五个人;一个中专生可以做的事情,就不要找个博士生来撑门面。大材小用,不会长久;小材大用,有心无力。

就外语要求上,大部分国家可以用英语沟通,所以英语人才是最基本的。如果目标市场包含东欧,则最好能聘请俄语外贸业务员;如果目标市场包含南美,最好能聘请西班牙语外贸业务员;如果你的主要市场在日本,日语业务员当然也是必要的。其他国家和地区,用英语沟通都不会有太大问题。

(二) 互补性

一个优秀的团队,应该像小孩子玩的拼板玩具一样,这块板凸出一个半圆,那块板刚好凹进去一个半圆,一合上,完美无缺。这就是互补性。

一个优秀的外贸团队,不需要每个人都一样强,但需要每个人都各有特色,各有绝招。这样的组合,才能够具有强大的攻击力。

诸葛亮手无缚鸡之力,让他上战场拼杀,只有死路一条。但他足智多谋,指挥大军进退自如,胸有成竹,所以就在营中指挥,运筹帷幄之中,决胜千里之外。而关羽、张飞打架厉害,那就发挥他们的长处,上阵杀敌,屡立战功。这刘备呢,既不会指挥,打架又不厉害,他只有一样东西,皇室血脉,也就是企业的品牌。大家统一于这个品牌之下,相互协作。

同理,我们打造外贸团队,也不一定要每个人都是诸葛亮,或每个人都是关羽、张飞、刘备。对于一个小企业,每个类型的人才有一两个就足够了。

互补型的团队,才可以做到人尽其才,才尽其用,才可以使团队高效运作,才可以更有效地防止人才频繁流失。

(三) 德为先

有德有才是上品,要重用;有德无才是次品,应该加强培训后使用;无德无才是下品,不能使用;无德有才是危险品,需要在有效的控制和监督下使用,如果没有强有力的控制和监督能力,绝不能使用"危险品"。

对于小企业,下品和危险品显然是不能使用的。能够用的就是上品和次品,他们有一个共性就是都需要有德,所以说小企业招聘外贸团队的首要条件就是"德"。

对于人才的"德"的理解,影响着企业的用人思维和评价结果。究竟什么样的人才是有德之人呢?

言听计从,是德吗?无论是不是德,很多领导都喜欢言听计从的人。如果作为一个流水线工人来说,言听计从也许影响不大,但对外贸团队成员来说,"言听计从"不是德。外贸团队工作,需要独立思维、分析和判断能力,需要创新精神。一个言听计从的人,永远不会用自己的头脑思考问题,只是盲目地遵从上级命令和指示。这样是不可能做好外贸工作的。外贸团队成员的言听计从,本质上是对外贸工作的不负责任。

外贸团队成员的德应该包括以下两个方面:

其一是遵守职业道德。外贸人员,应该热爱自己的工作,全心全意参与团队各项活动,团结协作,实事求是,遵守各项职业规范的要求。医生不因为个人恩怨而拒绝救死扶伤,这是职业道德;裁判不因为个人喜好而吹黑哨,这也是职业道德。外贸人员不因为个人与公司的矛盾而处心积虑损害公司利益,泄露公司机密,这都是遵守职业道德的表现。

其二是个人品行端正。这是指个人在生活中的表现符合主流的道德标准。一个吃喝嫖赌俱全的外贸人员,绝对称不上是品行端正的人。一个经常有点小偷小摸行为的人,也算不上品行端正。虽然个人的品行属于个人的事情,但对于工作也有很大的影响。一个人的人格魅力会体现在工作和生活的方方面面,也会影响外贸人员与客户之间的沟通和关系。做业务,首先是做人。一个不受人尊重的人,不被人接受的人,在业务上也很难有大的成就。

(四)进取心

一个人起点可以稍微低一点,但不能没有进取心。一个进取心强的中专生,可以胜过不求上进的本科生。

有强烈进取心的人,会更加主动地参与工作和学习活动,会成长更快,更能与企业同甘共苦、一起成长。

二、外贸团队价值工作链

根据外贸团队的工作内容和价值,我设计了一种外贸团队的"价值工作链"结构。

这种结构以工作岗位对外贸业绩达到的价值为分类标准,承认团队成员的每一个人的工作价值。这是为了改变目前外贸企业单兵作战,只重结果不重过程,工作效率普遍偏低的状况。在这里,每一个人的工作都是重要的,每一个人都是值得尊重的,每一个订单都包含了团队所有成员的心血,值得整个团队为之庆祝。

(一)外贸工作模块划分示意图

根据外贸工作的特性,我们把外贸工作初步划分为四个模块:(1)信息资源开发模块;(2)市场营销活动模块;(3)客户初级跟进模块;(4)客户成交促成模块。

当团队成员大于或等于四人的时候,这四个模块的工作可以分别由不同的人负责。而当团队成员少于四人的时候,这四个模块就需要进行组合,像搭配积木一样分给不同的人负责。即使只有两个人,也可以进行模块分组,如每个人负责两个模块,或者一个人负责三个模块,另一个人负责一个模块。

所以,一个企业在考虑是否应用外贸工作模块的时候,外贸团队成员的多少并不是考虑的关键,关键是企业是否从思想上有一个转变,是否能够下定决心优化外贸团队,提升团队业绩。

(二)价值工作链分类

根据每个工作模块的内容以及对外贸业绩的影响,我们得出四条紧密相

连的价值链:
　　A. 信息资源开发——情报链
　　B. 市场营销活动——营销链
　　C. 客户初级跟进——催化链
　　D. 客户成交促成——交易链

　　外贸业绩的增长,有赖于这四条链的完美咬合与良性循环。这四条链对团队成员的要求有明显的差异。前面三条链是基础的,难度不算太大,但也重要。要求最高的是最后一环"交易链",它要求业务员有良好的分析判断能力、熟练的销售成交技巧和流畅的外语表达能力。

　　(三) 价值工作链的岗位职责

　　A. 情报链
　　负责收集外贸销售工作需要的所有情报信息,包括:
　　客户情报,如潜在客户名称、地址、联络方式、联络人、规模、主要产品线、主要市场区域、主要货源地、采购习惯等;
　　竞争对手情报,如竞争对手公司的名称、地址、主要产品及特点、业务的主要负责人、产品销售区域、销售政策等;
　　目标市场情报,如目标市场的消费特征、主要竞品、分销渠道、文化习惯等；

其他情报，即配合其他工作链的相关要求开展情报收集和整理工作。

同时，对重点目标客户和成交客户进行深入交流，争取获得客户的转介绍，获取其他有价值的客户信息和资料。

B. 营销链

负责制作营销工具、执行宣传推广工作，包括：

制作、印刷宣传单张和产品目录册等宣传资料；

建设公司网站、B2B 网站及其他网络宣传平台（如个人博客、社区等），及时更新网站资料和动态；

具体执行展会摊位的预定、布置等相关工作；

批量发布营销邮件、传真、信息等；

拍摄、制作各种营销相关图片、资料。

C. 催化链

负责初步跟进潜在客户反馈的所有邮件、传真、信息，引导、提升客户级别，为交易链提供合格的客户。

D. 交易链

对重点目标客户进行跟进，深入沟通，主持商业谈判，促成订单成交，负责落实交货和收款。

（四）价值工作链的岗位任职要求与人员比例搭配

A. 情报链（人员比率20%）

a. 电脑基本软件操作熟练，包括 MS WORD、EXCEL、POWERPOINT、ACCESS；

b. 了解基本的网页编辑方式，如 FRONTPAGE 等；

c. 熟悉搜索引擎的基本工作原理以及常用的搜索方法；

d. 有较强的英语阅读能力，达到 CET-4 级或以上，或相当于该水平；

e. 细心，观察力强；

f. 有耐心，有韧性，能吃苦耐劳。

B. 营销链（人员比率40%）

a. 具备一定的审美能力；

b. 熟悉平面设计软件 PHOTOSHOP、CORELDRAW 等的基本操作；

c. 熟练操作电子邮件的各种编辑和发送方式，包括群发、暗发、附件、链接等内容；

d. 能熟练编辑和维护公司网站、B2B 网站；

e. 英语能力 CET-3 级以上，或相当于该水平；

f. 能手工制作产品目录册、样品册；

g. 做事认真踏实、细心谨慎。

C. 催化链（人员比率 20%）

a. 英语 CET-4 级以上，或相当于该水平；

b. 具备一定的销售技能和技巧；

c. 沟通能力强；

d. 学习能力强，能快速熟悉公司的产品和相关政策；

e. 性格温和，有耐心；

f. 做事条理清晰，有恒心。

D. 交易链（人员比率 20%）

a. 英语 CET-6 级以上，或相当于该水平；

b. 能正确理解外商的谈话，并与外商顺畅地交谈；

c. 能听懂外商的电话，准确把握外商的谈话要点；

d. 熟练掌握销售技能和技巧，具备一定的谈判能力；

e. 熟悉公司和产品的详细情况；

f. 了解重点国家的文化和生活习惯；

g. 熟悉外贸流程和常用规则；

h. 为人友善，亲和力强，有耐心。

上述人员比率可根据各企业的具体情况进行调整，不可机械照搬，所有工作务必以符合企业实际情况为标准。比如说，有些企业做的时间比较长，已经有不少老客户，同时要获取新客户，那么交易链的人员比率相对要提高，以便使业务代表有足够的精力服务客户。相反，如果企业刚刚开始从事外贸，那么前期的营销链、催化链人员比率需要提升。

三、改革团队考评与激励方案

对于业务代表的工资方式，底薪＋提成＋奖金是由来已久的模式，而且比较多的都是以结果论英雄，一切收入以最终成交的订单为准。

这种方式，有它的优势，即可以充分激发业务代表的积极性，多劳多得，少劳少得，大家无怨无悔。这在国内贸易中几乎普遍存在，而且大都相安无事。

但这种方式的劣势也很明显，即它强调的是个人力量，容易造成个人英雄主义，而不能发挥团队优势。而且，当个人离职以后，比较容易将客户带走，造成企业的重大损失。

作为外贸业务，有与国内业务相通的地方，也有大不一样的地方。

外贸业务的业务周期比较长，正常的客户成交周期是3个月左右，大客户的成交周期可能需要1~3年。那么，在这个过程中，需要大量的团队配合工作，远不是某一个人就可以很好地完成所有工作。即使勉强完成了，也难以达到最好的效果，容易产生失误和错误。

外贸业务代表的客户资源不可能完全平等，总有些偏差，有些是显性的，有些则是隐性的。比如说，一个询价是明确有订单要做的，就看你提供的产品是否达到要求，另一个询价只是为他们即将开展的新业务储备供应商。从短期获利的前提出发，业务代表都倾向于选择前面一个。但如果从长期的利益来看，说不定后面那个客户的潜力更大，在一年后的订单量远远超过前一个客户。就在这一念之间，业务代表可能因为自认为资源分配不均而相互之间闹矛盾、不配合，导致团队凝聚力下降，团队合作无法进行，团队优势丧失。

为了更好地发挥团队工作的优势，外贸业务团队的利益分配和绩效考核模式，必须改进。

1. 改进目标

A. 最大限度激发团队成员的积极性；

B. 最大范围地激发所有成员的积极性；

C. 考核公正、公平，不但考核结果，同时考核过程（好成绩是好的过程表现的必然结果）；

D. 让团队拧成一股力量，团结、互助、积极、主动。

2. 改进方式

A. 利益分配结构改进

a 取消以个人业绩作为唯一考核标准；

b 改用这种模式：个人收益与企业效益、个人和价值链的工作完成状况、个人能力水平等相关。

B. 绩效考核改进

a 绩效考核成绩即为计算浮动奖金和个人价值率的唯一标准；

b 绩效考核内容包括：考勤、客户资源开发、网络营销跟进、客户跟进、订单成交量、目标客户转换率、客户服务质量和专业度；

c 根据各项工作在整个营销工作链中的不同重要程度设定不等的分值，越重要的工作环节设定的分值越高；

d 所有团队成员，只要在这个营销工作链中作出了贡献，即使自己没有签订订单，均可以获得相应的回报。

四、价值工作链考评方案

以价值工作链为基础组建的外贸团队的考核，包含两个主要部分，即固定考核与浮动考核。这些考核结果主要与企业员工的奖金、福利、晋升挂钩，但不与基本工资挂钩。基本工资作为员工的基本生活保障，宜设置为固定经费。

（一）固定考核

1. 考勤

主要考核团队成员参与本部门举行的会议、活动等情况。设置固定的奖金金额作为全勤奖，如设置全勤奖 100 元。

只要员工一个月全勤出席，就可以获得 100 元奖金。

如果请病假 2 天内，本着以人为本的精神，可以给予员工 50% 全勤奖。

请事假或者病假 2 天以上的，全勤奖归零。

2. 专业

根据团队成员的从业时间、工作量、工作质量、客户服务技巧和客户评价反馈等，对团队成员的服务质量和专业度进行分级，共分 5 个级别（也可以分为五个星级），企业给予每个级别的业务代表不同的专业津贴，如一到五级的专业津贴可分别设定为：300 元、200 元、150 元、100 元和 50 元。这样可以鼓励大家不断提升自身专业能力和水平。

每个级别的对应要求如下：

级别	一级 （五星级）	二级 （四星级）	三级 （三星级）	四级 （二星级）	五级 （一星级）
基本要求	外贸经验3年以上； 英语沟通熟练； 工作技能优； 客户反映优； 工作量完成100%； 工作差错率1%以内。	外贸经验2年以上； 英语沟通熟练； 工作技能优； 客户反映良好； 工作量完成100%； 工作差错率3%以内。	外贸经验1年以上； 英语沟通流畅； 工作技能良； 客户无投诉； 工作量完成100%； 工作差错率5%以内。	外贸经验1年以上； 英语沟通流畅； 工作技能一般； 客户月投诉1次以内； 工作量完成90%以下； 工作差错率8%以内。	外贸经验1年以下； 英语沟通无障碍； 工作技能一般； 客户月投诉1次以上； 工作量完成80%以下； 工作差错率8%以上。

（二）浮动考核

（1）浮动考核与团队效益挂钩，不同的工作内容，企业可根据价值差异和难度差异进行利益分配。

例如：情报链、营销链、催化链、交易链四个工作链，可以分别设定占团队效益的15%、30%、25%、30%，按这个比率来进行效益分配。

（2）外贸部经理或主管将一个月的工作任务分解到各个价值链，设定每个价值链的基本工作任务和工作量，以及对应工作的积分，按质按量完成即可获得满分。再将每个价值链的工作分解到个人，并设定每个人的目标分值，个人按质按量完成任务，即可获得满分。

（3）个人积分超标，可以作为个人专业级别的升级参考。

（4）一个价值链的总积分只有达标以后才可以获得全额的浮动奖金，不达标则按相应比率获得浮动奖金。这可以促使团队所有成员必须团结一致，全力实现团队目标，而不会各人自扫门前雪，不管他人瓦上霜。

(5) 利益分配方式采用从团队到个人的顺序。企业财务先根据当月业绩核算可以分配给外贸团队的总效益，然后根据团队的各价值链的比率关系，将总效益分配到四个价值链，再按个人绩效考核得分分配到个人。

(6) 个人绩效考核得分计算方法：

个人绩效考核得分＝个人积分÷（价值链总分÷价值链人数）×100%

(7) 价值链浮动奖金计算方法：

价值链浮动奖金＝（价值链总积分÷价值链目标积分）×（团队总效益×价值链浮动奖金比率）

(8) 个人浮动奖金计算方法：

个人浮动奖金＝（价值链浮动奖金÷价值链人数）×个人绩效考核得分

下面进行举例说明。

ABC公司的外贸团队有10个人，情报链2人，营销链4人，催化链2人，交易链2人。某月的外贸营业额为15万元，核算可分配给外贸团队的浮动奖金为2万元。

四个价值链的收益分配比率为：15%、30%、25%、30%，即四个价值链的浮动奖金分别为3 000元、6 000元、5 000元、6 000元。

我们来看看如何考评与分配。

1. 情报链（可得浮动奖金比率15%，2人）

(1) 部门主管根据公司的业务拓展要求，每个月会制定一个客户资源开发数量和质量的要求，并设定相应积分分值，分配给情报链成员完成。

(2) 个人绩效考核得分＝个人积分÷（情报链总分÷情报链人数）×100%。

(3) 超标完成的积分，可作为提升专业级别和专业津贴的参考。

例如：A、B两个情报链成员，A的积分是40分，B的积分是65分，总分是105分。目标要求每个人的积分是50分，那么B的积分高出目标分15分，可作为专业升级参考。他们的绩效考核得分如下：

$A = 40 \div (105 \div 2) \times 100\% \approx 76\%$；

$B = 65 \div (105 \div 2) \times 100\% \approx 124\%$。

(4) 个人浮动奖金＝（情报链浮动奖金÷情报链人数）×个人绩效考核得分。

他们的浮动奖金分别如下:

$$A = (3\,000 \div 2) \times 76\% = 1\,140(元)$$
$$B = (3\,000 \div 2) \times 124\% = 1\,860(元)$$

2. 营销链(可得浮动奖金比率30%,4人)

(1)部门主管根据公司的业务拓展要求,每个月会制定一个网络营销任务和具体要求,并设定相应积分分值,分配营销链成员完成。

(2)网络营销任务包括但不限于以下内容:客户开发邮件、传真的集中发送;B2B网络平台的建设;网络信息的发布和更新;营销工具和材料的制作,如图片处理、拍照、摄像;展会预订、布置等工作。

(3)超标完成的积分,可作为提升专业级别和专业津贴的参考。

(4)个人绩效考核得分 = 个人积分 ÷ (营销链总积分 ÷ 营销链人数) ×100%。

例如:A、B、C、D四个营销链成员的个人目标分值是50分,目标总分是200分。实际积分分别是40、55、45、50,总积分190分,比目标分少了10分。但B超标5分,可作为专业升级参考。根据公式可以计算出A、B、C、D的绩效考核得分。

$$A = 40 \div (190 \div 4) \times 100\% \approx 84\%$$
$$B = 55 \div (190 \div 4) \times 100\% \approx 116\%$$
$$C = 45 \div (190 \div 4) \times 100\% \approx 95\%$$
$$D = 50 \div (190 \div 4) \times 100\% \approx 105\%$$

(5)个人浮动奖金 = (营销链浮动奖金 ÷ 营销链人数) ×个人绩效考核得分。

这里,由于营销链整体没有达标,所以营销链的浮动奖金不能拿到全额,只能按比率获取,具体计算方式为:

营销链浮动奖金 = 营销链浮动奖金预算 × (营销链总积分 ÷ 营销链目标积分)

即营销链浮动奖金 = 6\,000元 × (190 ÷ 200) = 5\,700元

这样,个人浮动奖金就可以按公式计算出来:

$$A = (5\,700 \div 4) \times 84\% = 1\,197(元)$$
$$B = (5\,700 \div 4) \times 116\% = 1\,653(元)$$

$$C = (5\,700 \div 4) \times 95\% \approx 1\,354(元)$$
$$D = (5\,700 \div 4) \times 105\% \approx 1\,496(元)$$

（6）营销链未完成任务，被按比率扣除了300元浮动奖金，这笔奖金可以留在团队作为活动经费或其他奖金。

3. 催化链（可得浮动奖金比率25%，2人）

（1）对于催化链的考核，要抓住两点：量和质。

（2）对跟进的客户数量、每个客户的跟进邮件数量，做一个量的要求。比如说，要求催化链一个月内跟进500个客户，其中30%的客户跟进邮件不少于6封以上，60%的客户跟进邮件不少于3封，允许30%的客户跟进邮件少于3封。

（3）另外，对催化链提出质的要求。比如说，要求催化链每个月需要向交易链提交50个有效一级、二级客户资料。

（4）积分可以分开计算然后相加，邮件按0.1分/封，一、二级客户按1分/个计算。

比如说，按最低标准，500个客户的30%的跟进邮件要求是6封，折算后的数量是900封，积分就是90分。

60%的跟进邮件按3封计算，也是900封，积分90分。

30%的跟进邮件按1封计算，是150封，积分15分。

而50个客户对应的就是50分。按照这个目标考核每个人的业绩就可以得出个人绩效考核得分，以及个人浮动奖金金额。

具体计算方法，大家可以根据前面的公式计算。

4. 交易链（可得浮动奖金比率30%，2人）

（1）交易链考核的标准主要是成交金额与毛利润。

（2）对于产品比较单一的企业，可以只考核成交金额；而对于产品较多，产品毛利润相差较大的企业，则考核毛利润比较公平。因为交易链的价值最终体现在实际获得的利润上。

（3）个人绩效考核得分 = 个人业绩总额 ÷（团队业绩总额 ÷ 交易链人数）×100%。

如果这两名交易链成员实现了企业的业绩目标，其中小王完成了7万元，小张完成了8万元。那么可以计算出他们的绩效考核得分。

小王绩效考核得分 = 70 000 ÷ (150 000 ÷ 2) × 100% ≈ 93%

小张绩效考核得分 = 80 000 ÷ (150 000 ÷ 2) × 100% ≈ 107%

（4）个人浮动奖金 =（交易链浮动奖金÷交易链人数）× 个人绩效考核得分。

根据公式，可计算出交易链成员的浮动奖金为：

小王的浮动奖金 = 6 000 ÷ 2 × 93% = 2 790（元）

小张的浮动奖金 = 6 000 ÷ 2 × 107% = 3 210（元）

通过这样一个考评机制，外贸团队的所有成员的个人收益都将与团队业绩和企业效益挂钩，同时能够体现多劳多得的原则，以及体现每个成员的价值。

另外，量化的评价结果，能更客观、更清晰地反映员工的工作状态。面对数据，大家无可争辩。

但是需要注意的是，绩效考核的具体细节是灵活多变的，需要企业根据实际情况进行调整考评的项目和计分方式，以满足企业的制度导向要求。企业需要鼓励什么，就考评什么，要使鼓励的程度加大，就要求设置的分值比重加大，反之亦然。只有这样，才可以发挥评价机制的指挥棒作用。

有读者曾经提出疑问："你这里谈到的都是开发新客户的利益分配机制，那么针对新入职的外贸业务员，跟进老客户的老订单，该如何处理呢？"

我们学习别人的经验和知识，贵在灵活变通和触类旁通。我把这项工作列入跟单工作，而不是业务工作。针对跟单工作，我根据利润情况和价值贡献大小，拿出老客户订单总金额的一定比率，如0.5%作为跟进老客户的奖金。这个比率一定低于业务员的提成比率，但和客户订单总金额挂钩。如果能让老客户下新订单，则可以按业务员的利益分配机制进行利益分配。这样做，一方面，可以保证老客户的老订单有业务员愿意跟进，虽然提成低一点，但难度也小很多，只要能按时按质按量交货，这个提成基本就没问题了；另一方面，可以激发新人挖掘老客户的潜在需求，毕竟开发新订单是利润更丰厚的工作，这个道理每个业务员都懂。

第二节 标准化作业流程

一、情报链作业流程

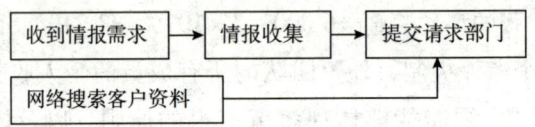

二、营销链作业流程

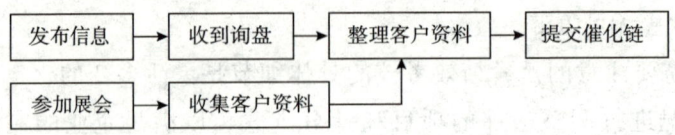

三、催化链作业流程

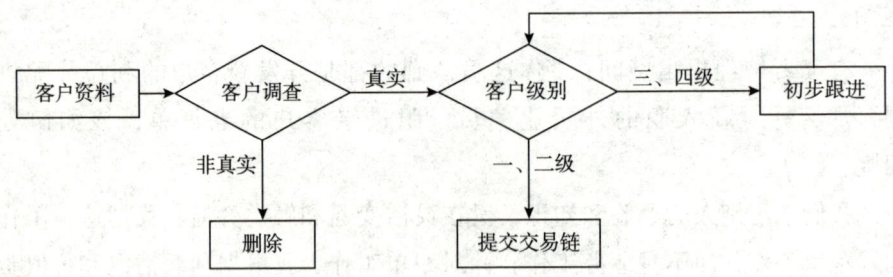

说明：

1. 诈骗询盘的识别方法

如出现以下特征的邮件或传真，为疑似诈骗邮件，须进行细致辨别后才可进行操作：

（1）在未详细了解我公司产品情况下，即确定要下金额巨大的订单。

（2）客户的要求或邮件内容明显超乎常规，如行内论个卖的东西客户却问多少钱一斤；在产品要求的表述上纰漏百出；可以用电子邮件发送的东西，客人一定要快递，而且一开始就希望你提供各种样品。

（3）客户要求你方赴对方公司面谈，有时还特别强调情况如何紧急，签单在即，耽误了一分钟上百万元的订单就可能丢失了。

（4）对于一些自称为大公司的客户，在搜索引擎上却难以搜索到几条信息，或者即使搜索到了，也是些负面信息。

（5）格式过于工整，以显示其是一个非常正规的公司。实际交易中的询价，大部分都不会像理论书籍里面所描述的那样正规、死板，都或多或少有些随意。

2. 客户级别界定

收到客户询价或获得相关客户信息后，必须先进行必要的客户调查，对客户进行初次分级后，才可以进行回复。经过初次分级后，根据客户的后期表现，可对客户级别进行修改。

每个企业可根据自己的实际情况来制定客户分类标准，以下是我为某企业制定的客户分类和判断标准：

级别	描述	识别基本特征
一级	已成交客户、准客户	1. 已经下过正式订单或样品单； 2. 直接从海外来我公司参观过； 3. 调查资料显示该客户在当地有一定的影响力。
二级	有明确意向、明显兴趣的客户	1. 对我公司产品有进行详细的了解，包括名称、图片、技术参数、包装运输等细节内容； 2. 往返邮件不少于6封，且对我公司产品表现出明显的兴趣； 3. 有提供完整的客户资料，包括正确的公司名称、地址、联络电话、传真、邮箱、即时通信工具等。
三级	有明确意向客户	1. 在邮件中有明确提到我公司的产品； 2. 有明确的产品或价格要求。
四级	无明确意向客户	1. 没有明确提到具体产品，最多只是提到大行业名称； 2. 没有表明客户的任何要求； 3. 没有提供客户的资料，甚至联系人都没有； 4. 邮件行文非常不规范。

3. 不同级别客户的处理方法

级别	处理方法
一级	此类客户必须全员配合，全力协助，在部门主管的协助下，重点跟进； 所有文件、邮件须经主管审查后才可以发送； 必要时，集体商议获取客户订单的方法； 动用一切可以利用的联络资源，包括邮箱、电话、传真、即时通信工具等，全面接触客户、深入了解客户。
二级	业务代表重点跟进，有任何疑问须及时请求上级和同事协助； 保持前期三天至少沟通一次，后期至少每周沟通一次，通过邮件、即时通信工具联络； 邮件处理优先于三级、四级客户。
三级	邮件24小时内回复； 采用公司邮件标准模板，快速回复，关注客户后期反应。
四级	在处理完一至三级客户邮件后，有时间再处理； 提醒客人明确要求、提供详细客户资料，采用公司邮件标准模板。

4. 客户跟进日报表

序号	客户国别	公司名	联络人	电话传真	邮箱	询问内容纪要	跟进内容纪要	客户级别	备注

四、交易链作业流程

关于邮件的回复与记录，企业也必须有明确的规定和要求，让业务代表有章可循。下面是我帮一家机械制造企业制定的一份操作标准，供大家参考：

（一）回复时间

（1）一级、二级、三级客户，非报价邮件要求 24 小时内回复，报价邮件 48 小时内回复；

（2）回复顺序按照一级、二级、三级的顺序依次完成；

（3）对于四级客户邮件，在完成上面三级客户邮件回复后处理，一律采用邮件模板。

（二）邮件内容

（1）三级、四级客户邮件采用邮件回复模板，一级、二级客户邮件采用个性回复；

（2）一级客户的邮件如涉及重要内容如：报价、还价、交易条件、来访安排等，须经主管确认后发送；

（3）回复涉及公司方面的宣传内容，须以既定的宣传内容模板为基础，统一宣传口径，不得随意发挥；

（4）署名标准内容如下：

Name：_____（Title _____）

Company：_____

ADD：_____

Tel：+86－_____ext_____

Fax：+86－_____

M – phone：+86 – _____
Web：_____
E – mail：_____
Skype：_____

（5）邮件内容尽量以电子邮件正文方式回复，少用附件；如果必须使用附件回复的内容，需保证附件大小不超过1MB。超过1MB的附件，尽量通过MSN等聊天工具传送。

（三）邮件存档

（1）所有回复的邮件须按照公司《外贸部工作基本原则》相关规定存档；

（2）存档邮件一式两份，一份保存在业务代表的电脑内，一份保存在主管电脑内，均以电子文档形式保存；

（3）所有往返的邮件，按照从下到上的顺序排版，按照邮件发生时间的先后顺序排版，复制粘贴到 WORD 文档中；

（4）每一封往返邮件中须包含：邮件发送或接收的具体时间，邮件正文的全部内容；

（5）收到的第一封邮件，须保留完整抬头：发件人、收件人、时间、主题等；

（6）邮件存档的文档命名规则：

国家/地区名称＋收到邮件的年月日＋产品名缩写＋客户联络人全名；

缩写（内部使用）：BM – 气泡膜机，FM – 发泡机，AE – 辅助设备，HP – 热泵，SH – 太阳能热水器；

（7）备份在主管电脑的电子邮件，每周五上午12点前更新一次，由业务代表通过网络或U盘传送到主管电脑。遇到节假日则提前到放假前一天上午12点前更新。

（四）客户跟进记录

（1）客户跟进情况，须按要求记录在册，以便随时掌握情况；

（2）客户跟进记录本，每周六下班前交主管处检查。

第三节　团队培训

世界著名的企业管理学教授沃伦·本尼斯说，员工培训是企业风险最小、收益最大的战略性投资。

优秀的民族是教育出来的，优秀的团队也一定是培训出来的。世界上没有生来就优秀的团队。团队培训包括多个层次和不同的内容，我只介绍几个关键内容。

一、建设高效外贸团队文化

团队的工作效率直接决定了团队的业绩。

一个低效的外贸团队，即使24小时连续工作，也只是浪费时间，同时也浪费了企业的大量资源。每一度电、每一滴水、机器每延长一小时开机，都是成本。这些小成本，积少成多，也很吓人。我曾经参观过一家世界500强企业的仓库，发现他们墙上公布的节约项目，单单是把一次性白板笔改成可以灌水、反复使用的白板笔，一年就为公司节省费用10多万元，这些钱足够养活几个员工了。所以，一个企业要良性发展，必须精打细算。而提高团队工作效率，是降低企业运营成本、增加业绩收益的一个很好的方法。

一个员工的高效工作，与他的工作习惯和方法有关。而一个团队的高效工作，则与它的组织架构和团队文化有关。我们必须把高效工作，当作团队文化的一个特征来处理。

外贸团队价值工作链解决的是外贸团队的组织架构问题，而这里我想解决的是团队文化的问题。团队文化的形成，有很多因素，但首先得从外贸团队制度建设和执行着手。对于我的团队，我提出了"九条军规"，旨在从大局出发，协助外贸部成员团结、互助、高效完成团队任务，达到企业、团队及个人目标，团队成员必须无条件执行这九项规定。

（1）一切以公司利益为重，以大局为重，严禁因私废公、因小误大。

（2）外贸部领导，必须从维护公司、团队利益出发，公正、公平地处理日常事务。

(3) 外贸部工作须按流程执行，严禁以任何理由执行非法操作。

(4) 一切工作员工须服从上级命令和指挥，个人不得以任何理由拒绝执行或怠慢执行。

(5) 业务代表发出和收到的所有电子邮件、文件等文字、声音、图像、实物资料，必须存档。

(6) 外贸部的所有客户资源，包括名片、电子邮件、电子文档、往来传真、文件、信件等，全部归公司所有，由公司统一管理，个人在公司的授权下对客户资源拥有使用权、维护权，但不享有所有权。个人离职前，必须移交所有客户资料。

(7) 个人意见和建议须在部门会议或公司会议上提出，决议一旦形成，必须无条件执行。

(8) 员工在接到任务以后，须主动与上级沟通，并向上级及时报告最新进展和结果。

(9) 全体成员须永远保持学习状态，不断加强个人修养，不断提升自己的外贸专业能力，不断拓展公司产品知识。

这九条是外贸工作的基本原则，外贸团队成员不仅要写在纸上，记在心里，还得彻底执行。当这九条原则在团队里不折不扣地执行了以后，团队就能够有序、高效地运作。

当然，高效团队文化建设光靠制度还不够，还需要通过一些活动来增强团队凝聚力，让团队成员以团队为荣，积极主动地投入团队工作中，而不是被制度逼迫工作。这些活动可以是企业内部的一些文娱活动、体育比赛、学习交流等，也可以是野外的一些集体游戏、旅游、野炊、爬山、游泳、骑自行车等活动，还可以是集体参加一些社会公益事业，如慰问敬老院、孤儿院、贫困山区，参加植树绿化活动、清洁社区活动等。

实践证明，这些活动非常有利于增强团队凝聚力，改变团队的精神风貌。而这种积极向上、开朗热情的精神风貌对于实现外贸团队高效运作是具有强大的推动作用的。

二、心态培训

心态培训需要持续进行，根据团队的实际情况及时做出培训内容调整。

团队领导者需要整理各种培训素材，用于各种情况的需要。下面，我提供一些关键素材供大家培训时选用。

（一）天下大事必做于细——野田圣子刷马桶

日本邮政大臣野田圣子刷马桶

野田圣子，女，1960年9月3日生于福冈县，1983年毕业于上智大学外国语系比较文化专业。她的工作经历是从负责清洁厕所开始的。

野田圣子1985年进入东京帝国饭店工作。没想到上司竟安排她做洗厕工，每天都必须将马桶擦洗得光洁如新。心理作用使她几欲作呕。本想立即辞去这份工作，但她又不甘心自己刚刚走上社会就败下阵来。因为她初来时曾经发誓：一定要走好人生的第一步！

就在圣子的思想十分矛盾的时候，酒店里一位老员工出现在她面前，二话不说，拿起工具亲手演示了一遍：她一遍又一遍地擦洗马桶，直到马桶光洁如新，然后将擦洗干净的马桶装满水，再从马桶中盛出一杯水，连眉头都没皱一下就一饮而尽，整个过程没有半丝做作。此时，野田圣子方发现自己的工作态度有问题，根本没资格在社会上肩负起任何责任，于是对自己说："就算一生要洗厕所，也要做个最出色的洗厕所人。"结果在训练课程的最后一天，当她清洁马桶之后，也毅然喝下了一杯厕所水，并且这次经历成为她日后做人、处事的精神力量的源泉。此后，野田圣子为了检验自己的自信，为了证实自己的工作质量，也为了强化自己的敬业心，曾多次喝过自己擦洗过后的马桶里装的水。

1987年，野田圣子当选为岐阜县议会议员，是当时最年轻的县议员；1998年7月担任第一次小渊惠三内阁的邮政大臣，是日本最年轻的阁员。

（二）应届毕业生如何获得职业机会——我的助理辞职了

我的助理辞职了
——写给那些浮躁的职场新人

当时公司招了大批应届本科和研究生毕业的新新人类，平均年龄25岁。

那个新的助理，是经过多次面试后，我亲自招来的一个女孩。这个女孩名牌大学本科毕业，聪明，性格活泼。私下里我得承认，我招她的一个很重要的原因，除了她在大学里优秀的表现之外，还因为她写了一手漂亮的字。女孩能写一手好字的不多，尤其像她，看起来长发飘飘，多么女性化的一个姑娘，一手字却写得铿锵倜傥，让我对她不由多了一些好感。

我手把手地教她，从工作流程到待人接物。她也学得快，很多工作一教就上手，一上手就熟练，而且她跟各位同事也相处得颇融洽。我开始慢慢地给她一些协调的工作，各部门之间以及各分公司之间的业务联系和沟通让她尝试着去处理。

开始她经常出错。她很紧张，来找我谈。我告诉她："错了没关系，你且放心按照你的想法去做。遇到问题了，来问我，我会告诉你该怎么办。"她仍然出错，又来找我，这次谈的比较深入，她的困惑是，为什么总是让她做这些琐碎的事情？我当时问她：什么是不琐碎的工作呢？

她答不上来，想了半天，跟我说："我总觉得，我的能力不仅仅能做这些，我还能做一些更加重要的事情。"那次谈话，进行了1小时。我知道，我说的话，她没听进去多少。后来我说："先把手头的工作做好，先避免常识性错误的发生，然后循序渐进吧。"

半年以后，她来找我，第一次提出辞职。我推掉了约会，跟她谈辞职的问题。问起辞职的原因，她跟我直言：本科四年，功课优秀，没想到毕业后找到了工作，却每天处理的都是些琐碎的事情，没有成就感。我又问她："你觉得，在你现在所有的工作中，最没有意义的最浪费你的时间精力的工作，是什么？"她马上回答我："帮您贴发票，然后报销，然后到财务去走流程，然后把现金拿回来给您。"

我笑着问她："你帮我贴发票报销有半年了吧？通过这件事儿，你总结出了一些什么信息？"她待了半天，回答我："贴发票就是贴发票，只要财务上不出错，不就行了呗，能有什么信息？"

我说："我来跟你讲讲，当年我的做法吧。1998年的时候，我从财务被调到了总经理办公室，担任总经理助理的工作。其中有一项工作，就是跟你现在做的一样，帮总经理报销他所有的票据。本来这个工作就像你刚才说的，把票据贴好，然后完成财务上的流程，就可以了。"

"其实票据是一种数据记录，它记录了和总经理乃至整个公司营运有关的费用情况。看起来没有意义的一堆数据，其实它们涉及了公司各方面的经营和运作。于是我建立了一个表格，将所有总经理在我这里报销的数据按照时间、数额、消费场所、联系人、电话等等记录下来。"

"我起初建立这个表格的目的很简单，我是想在财务上有据可循，同时万一我的上司有情况来询问我的时候，我会有准确的数据告诉他。通过这样的一份数据统计，渐渐地我发现了一些上级在商务活动中的规律，比如，哪一类的商务活动，经常在什么样的场合，费用预算大概是多少；总经理的公共关系常规和非常规的处理方式等。"

"当我的上级发现，他布置工作给我的时候，我会处理得很妥帖。有一些信息是他根本没有告诉我的，我也能及时准确地处理。他问我为什么，我告诉了他我的工作方法和信息来源。"

"渐渐地，他基于这种良性积累，交代给我越来越多的更加重要的工作。再渐渐地，一种信任和默契就此产生，我升职的时候，他说我是他用过的最好用的助理。"

说完这些长篇大论，我看着这个姑娘，她愣愣地看着我。我跟她直言："我觉得你最大的问题，是你没有用心。在看似简单不动脑子就能完成的工作中，你没有把你的心沉下去，所以，半年了，你觉得自己没有进步。"她不出声，但是收回了辞职报告。

又坚持了3个月，她还是辞职了。这次我没有留她，让她走了。

后来她经常在 MSN 上跟我聊天，告诉我她的新工作的情况。一年内，她换了三份工作。每一次都坚持不了多久。每一次她都说新的工作不是她想要的工作。2005年的时候，她又一次辞职了。她很苦恼，跑来找我，要跟我吃饭，我请她去写字楼后面的商场吃日本料理。吃到中途，她忽然跟我说："我有些明白你以前说的话是什么意思了。"

所谓的职业生涯，其实你很难预测到你将来真正要从事什么工作，将来所要从事的工作，是否跟你在大学里学的专业有关。大多数人，很有可能将来所从事的工作，跟他当初所学的专业一点关系都没有。从22岁大学毕业到26岁之间这四年，重要的不是你做了什么，重要的是你在工作中养成了怎么样的良好的工作习惯。这个良好的工作习惯，指的是：认真、踏实的工作作风,以及是否学会了如何用最短的时间接受新的事物,发现新事物的内在规律,比别人更短时间内掌握这些规律并且处理好它们。具备了以上的要素,你就成长为一个被人信任的工作的人。

人都有惰性,企业老板也都愿意用那些用起来顺手的人。当你具备了被人信任的基础,并且在日常的工作中逐渐表现出你的踏实、聪明和细致的时候,越来越多的工作机会就会提供到你面前。原因很简单,用一句话就能交代清楚并且能被你顺利完成的工作,谁愿意说三句话甚至半小时交代一个怎么都不明白的人呢?沟通也是一种成本,沟通的时间越少,内耗越少,这是作为管理者最清楚的一件事。

当你有比别人更多的工作机会去接触那些你没有接触过的工作的时候,你就有了比别人更多的学习机会。人人都喜欢聪明勤奋的学生。作为管理者,大概更是如此。

一个新手,大多数新手,在这四年里,是看不出太大的差距的。但是这四年的经历,为以后的职业生涯的发展奠定的基础,是至关重要的。很多人不在乎年轻时走弯路,很多人觉得日常的工作人人都能做好没什么了不起。然而就是这些简单的工作,循序渐进地、隐约地,成为今后发展的分水岭。

漫不经心地对待基层工作的最大的损失,就是将看似简单的事务性处理方式,分界成为长远发展的能力问题。

聪明的人,总是不认为自己的能力有问题。时间长了,他会抱怨自己运气不好,抱怨那些看起来资质普通的人,总比自己更能走狗屎运。抱怨她容貌比自己好,或者他更会讨领导欢心等。慢慢地,这些想法会影响自己的心态。所谓的怀才不遇,有时就是这种情况。

工作需要一个聪明人,工作其实更需要一个踏实的人。在聪明和踏实之间,我更愿意选择后者。而踏实,是人人都能做到的,和先天条件没有太大关系。

(三) 团队合作——德国最愚蠢的银行

德国最愚蠢的银行

2008年9月15日上午10时,拥有158年历史的美国第四大投资银行——雷曼兄弟公司，向法院申请破产保护，消息转瞬间通过电视、广播和网络传遍地球的各个角落。令人匪夷所思的是，10时10分，德国国家发展银行居然按照外汇掉期协议的交易，通过计算机自动付款系统，向雷曼兄弟公司即将冻结的银行账户转入3亿欧元。毫无疑问，这笔钱将是肉包子打狗有去无回。

转账风波曝光后，德国社会各界大为震惊，舆论哗然。民众普遍认为，这笔损失本不应该发生，因为此前一天，有关雷曼兄弟公司破产的消息已经满天飞，德国国家发展银行应该知道交易存在巨大风险，并事先采取防范措施才对。德国销量最大的《图片报》，在9月18日头版的标题中，指责德国国家发展银行是迄今"德国最愚蠢的银行"。此事惊动了德国财政部，财政部长佩尔·泰因布吕克发誓，一定要查个水落石出并严惩相关责任人。

人们不禁要问，短短10分钟里，德国国家发展银行内部到底发生了什么事情，从而导致出现如此愚蠢的低级错误？一家法律事务所受财政部的委托，带着这个问题进驻银行进行全面调查。

法律事务所的调查员先后询问了银行各个部门的数十名职员，几天后，他们向国会和财政部递交了一份调查报告，调查报告并不复杂深奥，只是一一记录了被询问人员在这10分钟内忙了些什么。这里，看看他们忙了些什么。

首席执行官乌尔里奇·施罗德：我知道今天要按照协议预先地约定转账，至于是否撤销这笔巨额交易，应该让董事会开会讨论决定。

董事长保卢斯：我们还没有得到风险评估报告，无法及时做出正确的决策。

董事会秘书史里芬：我打电话给国际业务部催要风险评估报告，可那里总是占线。我想，还是隔一会儿再打吧。

国际业务部经理克鲁克：星期五晚上准备带全家人去听音乐会，我得提前打电话预订门票。

国际业务部副经理伊梅尔曼：忙于其他事情，没有时间去关心雷曼兄弟公司的消息。

负责处理与雷曼兄弟公司业务的高级经理希特霍芬：我让文员上网浏览新闻，一旦有雷曼兄弟公司的消息就立即报告，现在，我要去休息室喝杯咖啡了。

文员施特鲁克：10 时 3 分，我在网上看到雷曼兄弟公司向法院申请破产保护的新闻，马上跑到希特霍芬的办公室。当时，他不在办公室，我就写了张便条放在办公桌上，他回来后会看到的。

结算部经理德尔布吕克：今天是协议规定的交易日子，我没有接到停止交易的指令，那就按照原计划转账吧。

结算部自动付款系统操作员曼斯坦因：德尔布吕克让我执行转账操作，我什么也没问就做了。

信贷部经理莫德尔：我在走廊里碰到施特鲁克，他告诉我雷曼兄弟公司的破产消息。但是，我相信希特霍芬和其他职员的专业素养，一定不会犯低级错误，因此也没必要提醒他们。

公关部经理贝克：雷曼兄弟公司破产是板上钉钉的事。我本想跟乌尔里奇·施罗德谈谈这件事，但上午要会见几个克罗地亚客人，觉得等下午再找他也不迟，反正不差这几个小时。

德国经济评论家哈恩说，在这家银行，上到董事长，下到操作员，没有一个人是愚蠢的，可悲的是，几乎在同一时间，每个人都开了点小差，加在一起，就创造出了"德国最愚蠢的银行"。

（四）激活"老油条"的活力——老鹰重生

老鹰重生的传说

老鹰是世界上寿命最长的鸟类。它一生的年龄可达 70 岁，可谓高寿。传说中，要活那么长的寿命，它在 40 岁时必须做出困难却又十分重要的决定。当老鹰活到 40 岁时，它锋利的爪子开始老化，无法有效地捕抓猎物。它的喙变得又长又弯，几乎碰到胸膛，不再像昔日那般灵活。它的翅膀开始变得十分沉重，因为它的羽毛长得又浓又厚，使得它飞翔十分吃力，昨日雄风不再。

它不得不面临两种选择：一种是等死，另一种是须经过一个十分痛苦的更新过程——150 天漫长的"修炼"。它必须费尽全力奋飞到一个绝高山顶，筑巢于悬崖之上，停留在那里，不得飞翔，从此开始过苦行僧般的生活。老鹰首先用它的喙用力击打岩石，这个过程无疑是十分痛苦的，也是个不断流血的过程，但它有着强烈的再展雄姿的意志，所以再痛再苦，依然坚持到底，直至它的喙完全脱落。然后，老鹰静静地等候新的喙长出来。新喙长出后，代表着老鹰已经成功了一半，真可谓万事开头难。之后，老鹰就用新长出的喙把脚趾甲一根一根地拔出来。大家可以想象一下这个过程的滋味。当新的脚趾甲长出后，老鹰再用它们把那些沉重的羽毛一根一根地拔掉。大家可以想象一下自己用力拔光头发的感觉。以上自我"虐待"、自我"煎熬"的过程，老鹰须持续5个月。

5个月后，当新的羽毛长出来后，老鹰一生一次"脱胎换骨"的工程便宣告结束。老鹰又开始飞翔，无限广阔的天空，再次成为它的天堂。它"重生"后，寿命可再添30年！

三、制度培训

所有员工在入职之前，一定要了解企业的制度，并自觉遵守。

培训的时候，很多人事部或行政部的领导仅仅是把制度念一遍，这样显然是收效甚微的。还有些甚至念都不念，让员工自己看看就行了，而员工也干脆看都不看，签个字就算看了。这样的培训只是一种浪费时间的形式。

制度是为企业服务的，如果制度没用就废除，有用的制度就一定要执行。

制度培训一定要和其他方面的培训一样，有时间保证，不能草草了事。而培训的形式，可以结合员工自学、交流感受、答疑解惑、案例分析、游戏活动等方式进行。

（一）员工自学

把制度发到员工手里，人手一册。员工先自学，仔细地阅读理解，形成自己的观点。

（二）交流感受

自学过后，大家肯定都会有一些感受，觉得哪些条款有利于防止操作失误、哪些条款有利于员工积极上进。企业可以让每个人都有机会到讲台前谈一谈，大家相互交流、讨论。

(三）答疑解惑

制度中有一些员工无法理解的内容，比如说员工可能会认为某条处罚措施纯粹就是为了克扣工资，心里大骂老板黑心。

如果员工不能很好地理解，就不可能很好地执行。但通过讲师或者同事为其答疑解惑，员工就能够真正理解企业的苦心了，也可以心平气和地接受这个条款了。

（四）案例分析

每个企业要善于编写属于自己企业的各种案例，作为后来者的教材。

通过案例来分析一个细微的失误导致企业大的损失，远比苦口婆心地唠叨要有效。除了这种反面的案例，还可以是正面的。比如说，一个员工及时将挡在逃生路口或救火专用物品前的杂物清理掉，这样可以有效地预防潜在的火灾风险导致人员伤亡。

案例是最生动的教材，也是最容易被员工接受的。

（五）游戏活动

可以组织员工根据工作内容排演一些工作场景，来体现这些制度在工作中的重要作用。还可以通过唱歌、跳舞、小品等各种文娱活动形式来加深企业制度的影响力。

四、产品培训

业务员对产品的熟悉程度，直接与业务员的专业度挂钩。

一个对产品不熟悉的业务员，在跟客户的第一轮 PK 中就极有可能被刷掉。所以，我的原则是，对产品不熟悉的业务员，坚决不让他上销售一线，否则只会丧失客户。

产品培训需把握几个关键：

（1）把握自己产品的基本参数、特点、价格。无论客人问到什么，你都可以很快地做出回应，这样会让客人对你的服务放心。

（2）把握同行的产品特征、大致价格。这样会使你在处理客户异议的时候，处于主动地位。否则，你一报价，客户马上说"张三和李四家的价格都比你便宜几百块呢，你这价格太贵了"。如果你了解同行，那么可以不急不慢地给客户分析，张三家用的是什么材料，李四家用的是哪个年代的技术，而你的产品采用了什么材料和什么技术，算下来总价比其他两家要高一些，但寿命更长、效率更高，其实更省钱。

（3）把握产品的发展历史和未来的变革趋势。这点会让你在客户的面前表现得像专家一样，无可挑剔。而客人也会像在医院找到了坐诊的专家医生一样，非常信赖你。

五、销售技能培训

从事外贸工作的很多人都没有接受过销售技能培训，他们参与外贸工作的唯一前提就是掌握了至少一门外语。这也是导致外贸业务员成长速度比较慢的原因。

外语对于外贸工作确实很重要，但绝对不是全部。你面对的客户，他们说的可能是自己的母语，而且都是在销售行业里面打拼了很长时间的，比较精通销售和谈判技巧。如果你对这些专业知识不懂，那么在未来的谈判中注定要处于下风。

外贸团队的销售技能培训，包括两个部分：

一方面是在课堂上进行理论传授。外贸团队成员必须了解订单成交的过程和一些基本规律。学会倾听和观察，学会找到客户的抗拒点，学会恰当地处理客户异议，学会抓住时机促成交易。

另一方面是在实践中不断练习。有条件的企业，可以让外贸团队成员至少在国内市场跑一个月业务，主要做面对面销售、电话沟通和陌生拜访，由经验丰富、业绩突出的内销业务员带队。在国内业务中，这些销售技能的运用机会更多。外贸业务因为其特性，即周期长、与客户直接面谈机会少，有些技能不像国内业务上使用得那么频繁，但每一次使用都是非常关键的，可能直接决定着订单的去向。

通过在国内市场的实战演习，外贸团队的销售技能可以获得很快的提升。

六、领导力培训

团队要发展，必须长期培养接班人。领导者的一些基本素养，需要在基层就开始训练。领导者和追随者最大的区别就是领导者在面对诸多问题时往往能独当一面，而追随者往往缺少主见或没有能力找到正确的解决方案。刚刚从基层提拔的领导者，并不是马上能胜任，要完成角色转换还要一个过程。即使任职已经一年以上的中层干部，如果培训不到位，也不见得能完全胜任领导岗位。

领导者常见的三大问题包括：不能发现问题、不善于分析问题、不能解决问题。这三大问题都和一个人的思维习惯和思维能力有关。

每周需要通过《周总结》文件或周总结会议的形式，要求大家找出本周内自己工作的最主要的三个问题，然后分析每个问题产生的三大主要原因，再针对每个原因找到相应的三个解决方案。

长期坚持这种方式来训练团队的领导力，团队未来能独当一面的人会越来越多，具备领导潜力的人才越来越多。这样就为人才的培养挖掘了永不枯竭的源头活水。

第四节　团队领袖的七项修炼

一头狮子带领一群羊，可以使羊群像狮子一样去战斗。而一头羊带领一群狮子，只能使狮群像羊一样软弱，任人宰割。

团队的每一个人一定都希望自己的团队领导人能够给他们带来希望，带来收获，让他们充满激情，让他们前进的动力永不枯竭。对于外贸团队来说，外贸主管或经理就是团队成员的依靠。

做一个下属敬重的团队领袖，不仅是团队领导人个人价值的体现，更是团队发展的要求。

一、良好的品行

一个品行良好的团队领导，才能够以德服人，他的领导力和影响力才能够长久。

有些领导，在位的时候有人拥护，一旦离职则无人问津，甚至遭人责骂。而另一些领导，则无论是否在职，都能受到下属的敬重和爱戴。这之间的区别，很大程度上在于他的个人品行。

【案例：领导品行不好的后果】

某公司的一个中层领导，利用手中的职权压迫下属听命于自己，并明示或暗示下属给他送礼。他善于经常向上级打小报告，如果下属不服从于自己，下属的一点小错误就可能被他夸大，使下属受到严厉惩罚。一些对他不满的下属也经常遭排斥，这些下属的正当利益和晋升机会也会因他而损失。某日，该领导离职，自己开了一个小公司，给他的老部下们发了不少宣传单，希望他们给自己介绍一些相关客户。他本以为大家会鼎力支持的，可是，一个月过去，无人回应。大家早已将他的宣传单扔到垃圾桶了。这位领导不禁感叹，"人走茶凉啊"！

表面上看，这似乎是人走茶凉的问题。实际上，这与领导在职时的品行密不可分。正是因为领导以权谋私，公报私仇，才使领导失去民心。

一个领导品行端正，下属才能从内心敬重他。周恩来总理品德高尚是众所周知的。他全心全意为人民服务，连他的对手都敬重他，联合国甚至在他逝世后为他降半旗志哀。周总理可以说是优秀领导人的典范。

二、深厚的营销专业素养

外贸团队领导人的营销专业素养对团队业绩的实现起着非常重要的作用。

外贸主管或经理应该时刻保持对市场的敏锐性和洞察力，他们应该有像狼一样的嗅觉。如果说团队是一艘大船，领导人就是舵手，掌握着船的前进方向。方向一错，再多努力都是白费。

其次，团队领导者对于营销策略的正确运用和执行，直接决定着企业营销战略的生死。所以领导人要时刻保持学习的心态，不断进步。故步自封，只能让过去成功的经验变成以后失败的教训。

三、把下属当亲人一样对待（亲和力）

团队领导把下属当亲人一样对待，一方面体现在他对下属的生活要给予关注。发现下属在个人的生活中遇到问题或麻烦，团队领导要及时给予帮助或动员大家一起给予支持。这会让下属真正感受到团队的力量和团队的温馨。另一方面则体现在领导人对下属工作的指导上。对于我的团队成员，我会主动问他们在工作中遇到的问题，并及时协助他们解决这些问题，或给他们一些建议。对于英语基础不是很好的下属，我甚至会阅读他们的英文邮件，一字一句地教他们如何写好英文邮件。只要你是在真心帮助他们，他们就会诚心地配合你的工作，而不需要任何权力的强迫。

需要注意的是，把下属当亲人一样对待，并不是对他们的错误视而不见，对他们的不合理行为听之任之。相反，团队领导人应该站在下属良性成长的角度和立场来处理这些问题，严师出高徒，该批评的要批评，该处罚的要处罚。

很多领导者都知道要关爱下属，下属也都期望得到领导者的关爱，但什么是真正的关爱，大家理解却并不一致。

为下属解决一些生活实际问题，是一种关爱；

隔三差五和下属分享一些水果零食，是一种关爱；

下属生病去看望他，也是一种关爱。

但这些都不是最大的关爱，相比下面的事情，这都只能算是小恩小惠。领导对下属最大的关爱，就是要对下属的未来负责任，让他在你的团队里不断成长、成熟、成功。所以，作为领导者要敢于向你最爱的下属开罚单，批评教育，严格要求。他当时也许不理解你，甚至会恨你，但当他真正在你的团队里成长起来，并小有成就的时候，他便会明白你的苦心，并感谢你。

四、原则性强，不当好好先生

一个受下属敬重的团队领导绝对不是好好先生。"慈不养兵"，团队领导者在管理上面心慈手软、没有原则，就是对整个团队不负责任，这样做也带不好队伍。

好好先生对谁都笑脸相迎，谁都不得罪，实际上是领导者没有原则、没有立场的体现。

一个优秀的领导人，应该有自己的工作原则和立场，敢于与不合理或错误的人和事交锋。为了团队和企业的利益，他不怕得罪人，无论这个人是下属还是上级，不惜牺牲个人利益。

一个企业，无论大小，总会有一些内部矛盾。有很多矛盾是无法回避的，处理了就要得罪人，不处理则企业和团队利益受损。在这种情况下，领导人出面处理是义不容辞的责任。不能因为事件棘手就作壁上观，或相互推诿。这主要强调的是我们领导人的心理底线和办事原则。

具体到处理一个问题的方式和方法，还是可以艺术一点的，尽量避免挑起企业内部矛盾。毕竟，对于任何一个单位，安定、团结是非常重要的。比如说，虽然意见相左，但你可以在语气上缓和一点；虽然你不赞同别人，但你至少应该尊重别人发表意见的权利；虽然你内心怒火万丈，但你还是可以冷静处理问题，有条不紊地工作；即使在与别人争辩的时候，你也应该尽量以理服人，避免辱骂对方或人身攻击。

五、责任心

责任心其实也是一个优秀领导人的职业道德修养问题，尤其体现在那些从职责上看可做可不做的事情上。

比如说，你发现一个水龙头没有关好，在滴水。从职责上看，这和你没啥关系，因为这是别人用了没关好，不是你的责任。而责任心则会驱使你去把水龙头关好，责任心会警告你，这是在浪费企业的资源。

引申开来，这责任心可以体现在很多方面。如：为企业请客吃饭的时候，账目可以多报一点，也可以少报一点；在辅导下属工作的时候，可以多做一点，也可以少做一点；在企业开拓创新上，可以多想一点，也可以少想一点。能力相同而责任心各异的领导，其工作成绩会相距甚远。

说到底，责任心是一种主人翁精神的体现，它使个人与企业紧密相连，与企业同甘苦、共命运。

六、建系统的能力

团队领导者很重要的一个任务是解决团队存在的问题。不同的领导者解决团队问题的方式存在很大差异：一种是领导会亲自出马或组织团队直接解决一个一个的实际问题；而另一种是领导在解决实际问题的同时，会对运营系统做出反省和修改完善，从根本上解决问题。第一种方式是优秀员工懂得的方式，而第二种方式只有优秀领导者才懂得使用。

所以，建系统的能力是团队领袖非常重要的一项修炼。

团队成员的工作积极性不高，可能是员工的个人问题，但更多的可能是系统的问题：团队激励制度是否能激活大家的积极性，是否有可行的淘汰机制淘汰不适应团队发展的成员，团队文化是否能给大家带来无穷活力等。通过对企业文化、制度、流程、标准等方面的调整，可以从根本上解决团队的大部分问题。

作为团队领袖，你懂得如何设定组织架构吗？

你懂得如何制订团队激励制度吗？

你懂得如何客观、公正地考评队员的工作结果和能力吗？

你懂得如何制订和修改绩效考核方案吗？

你懂得如何制订工作标准吗？

你懂得如何制订和执行员工培训机制和培训内容吗？

……

这些都是对团队领袖建系统的能力要求。简而言之，建系统的能力就是让团队运作脱离人治并进化成法治，让团队趋于自动化运作并达到团队预定目标的能力。

七、团队激励能力

电视连续剧《亮剑》的主角李云龙在接手一支新的队伍时，就在全军中展现了他卓越的团队激励演讲。"狼行千里吃肉，狗行千里吃屎"，他决心要把队伍打造成嗷嗷叫的狼。演讲完毕，这支刚刚犯了错误、斗志不高的队伍士气迅速高涨，人心迅速聚集。我们深深感受到，作为团队领袖，团队激励能力是多么重要。

公众演讲是团队领袖激励团队的重要工具。几乎所有的世界政治伟人都是非常善于做公众演讲的，比如毛泽东、丘吉尔、罗斯福等。反面人物纳粹头子希特勒也是非常善于做具有煽动性的公众演讲的，这种煽动性极强的演讲使整个德国为他而疯狂。公众演讲能力是可以通过学习和训练获得的。

要做好公众演讲，除了做语言方面的技巧训练之外，更重要的是要有对人心和人性的洞察力。缺乏这种洞察力，即使你的演讲技巧再好也只能是中看不中用的花瓶。只有具备了这种洞察力，我们才能迅速找到激发人动力的关键按钮，启动整个团队的活力和斗志。

这种洞察力源自我们对事物的观察和思考，尤其是思考。长期坚持思考、善于思考才会有独立的思想和独特的观察事物的视角。语言是表象和工具，思想才是内在和根基。成就任何一个伟大领袖最重要的是其伟大的思想。

第五节 创建高效工具

一、模板：让复杂的工作简单化

一个团队要想高效、低成本运作，就一定要用到模板。通过对模版的制作和使用，一方面可以大大减少烦琐、低价值工作的工作量；另一方面可以很大程度上降低复杂工作的难度，把有难度的工作分解成普通员工可以完成的普通工作。

人才是需要支付成本的，所以人才一定要用在刀刃上，不要招一个人才回来天天端茶倒水拖地，你浪费不起，也留不住人家。

工作模板化，就是把复杂的工作分解，然后制作成一定的格式，只需要稍作填充更改，或者照搬原文就可以完成工作。

（一）信件模板

对于一个外贸新手，让他写一封有冲击力的客户开发信，不是件容易的事情。如果一个团队共同研究，最后确定一个或两个最好的客户开发信模版，事情就简单了。不管是外贸新手还是老手，只要会复制、粘贴，外贸开发信就能轻松完成了。一个外贸新手可以做得和高级外贸业务代表一样好。

另外，对于不同级别客户的信件回复，也可以制作相应的模板，这样可以使外贸工作更简单、更高效。

【案例：客户开发信模板】

下面这封信，是一个服装辅料企业的客户开发信模板，经过外贸业务团队仔细修改和确定，被无数次复制和粘贴发给成千上万的目标客户。这项客户开发工作，就由一个专业度非常高的工作，变成了一个小学生都能做的事情。所以，再笨的员工也可以通过勤奋的工作而收获客户的询盘。

Dear Tom,

I am Michael, from Trim Networks Co., Ltd of Dongguan. It is my pleasure to know you at Hong Kong Fashion Week!

Our factory operation started in 2008 in Dongguan, China. We have offices in USA, Bangladesh and Mexico.

We provided global packaging solutions for apparel and retail brand names.

Our global team can grasp the most fashionable information in the market. Furthermore, with several years of providing good services to various brands, we have been able to win good reputations at home and abroad. We have been trying our best to help the clothing designers realize their creation more fluently and perfectly.

Our products are varied including buttons, labels, tags, boxes, chains and other trimmings.

Our strategic location gives us the freedom to provide our services to the entire Asia – Pacific.

Looking forward to hearing from you!

Best regards!

一旦获得客户的询盘，这些邮件和所有相关资料就会被转发到专业的业务员邮箱，由业务员进行深度沟通和跟进。

（二）单据模板

外贸工作经常需要用到的报价单、形式发票、装箱单等单据，如果每次都重新做，肯定浪费时间。如果做成模板，放在电脑的公共文件夹里，需要什么就去复制一个过来，填上相关数据就完成了。如果有了这些单据模板，那外贸新手完成这项工作一点都不会吃力。

（三）客户异议处理模板

客户经常会提出一些问题，这些都是客户不下单的理由，我们称之为客户异议。如果你能够很好地解决客户异议，那么你离成交的距离就越来越近了。所以，对于经常遇到的客户提出的问题，企业可以集体研究一些对策，做一些回答的模板,只要客户提出这种问题,就按这模板答复客户。这样,一个外贸新手也可以回答得像外贸高手一样专业、高水平,让客户刮目相看。这点,很多内销业务团队做得比较好。这是外贸团队需要学习的地方。

(四) 宣传模板

大部分小企业在进行外贸宣传的时候,都是靠业务代表八仙过海各显神通,没有统一的宣传文案。所以,很多时候会漏洞百出,让客户疑虑。这些漏洞主要表现在:

(1) 文案组织形式不一样,每个人都有不同的文案写作方式,同一个公司会有很多不同的写法,有些写得很通俗,有些则比较正式。

(2) 文案内容各不相同,甚至矛盾。有些说公司有 1 000 人的规模,有些则说只有五六百人。有些说公司主要出口东南亚,另一些则说主要出口中南美。企业文案不能够传达准确的声音,对同一个事件的评价也各不相同。

(3) 文案的写作水平不一。一些业务代表甚至把机器翻译的那些文理不通的英文也发布到网站上和宣传单、目录册上,看得老外一头雾水。

所以,要想提升企业的形象,宣传模板非常重要。一个企业,对外必须是一个声音,要给客户传达非常明确的概念。

这些模板包括:企业介绍、产品规格、产品介绍、企业文化、企业和产品图像资料、图像资料命名等,都必须统一。

(五) 客户参观模板

客户来企业参观是会经常发生的事情。

与其临时组织语言,临场发挥,还不如事先做好准备。我一般会组织团队对客户来参观的全过程做一个预设,从机场接客户、订酒店、参观、吃饭、送客、礼品等各方面都做好准备。这样,只要把模板都熟悉了,团队成员的心里就有了底,有事也不慌。

二、低成本、高效率管理客户资源

企业如果买一套客户管理软件,少则要花费几千到一万元左右,多则十几万甚至几十万元。各种各样的外贸软件都有,只要你的经济上能够承受。

尽管各软件公司的推销员将软件的功能夸得能上天能入地，但作为资源极度有限的小企业，需要谨慎考虑，量力而行。能用简单的方式实现管理效果的，就没必要去赶时髦。

外贸客户的资料管理，MS OFFICE 软件里的 ACCESS 程序就可以完全实现。而成本几乎是免费的，因为每一台安装了完整的微软 OFFICE 系统的电脑，都有这个软件。既然有现成的软件，企业就要充分利用，没有必要花钱去购买其他软件。

ACCESS 是一个数据库程序，只要有一点电脑基础的人，花一两个小时就可以基本掌握使用方法了。可以说，这个程序易学、易用、实用。所以，关于这个软件的使用方法，我以 MS Access 2003 为例，仅做简单介绍。只需五步，即可轻松建立数据库：

第一步：打开 Access 软件，点击右侧的"空数据库…"选项，即出现下面的界面。在文件名后的输入框内输入你需要的文件名，如"海外客户档案"。

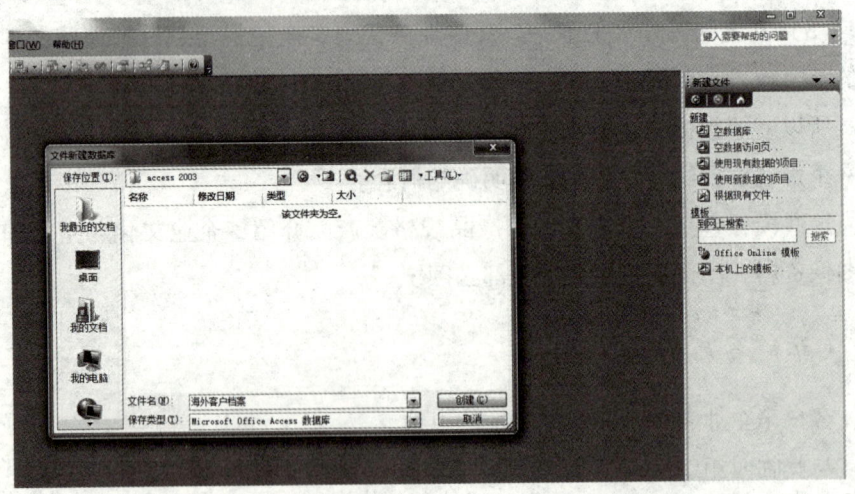

第二步：点击"创建"按钮，即出现下面的对话框。我们选定第一项"使用设计器创建表"。

第三步：双击上面的选定项，出现下面的对话框。我们在"字段名称"下输入数据库需要的各数据项目，如序号、国别、公司名、地址等，并在右侧"数据类型"项下的空白处选择数据类型，从自动编号、文本、数字、日期/时间、备注、是/否等项目中选择一个。如有需要，还可在最右侧的说明项下对这个字段名进行说明或规定。

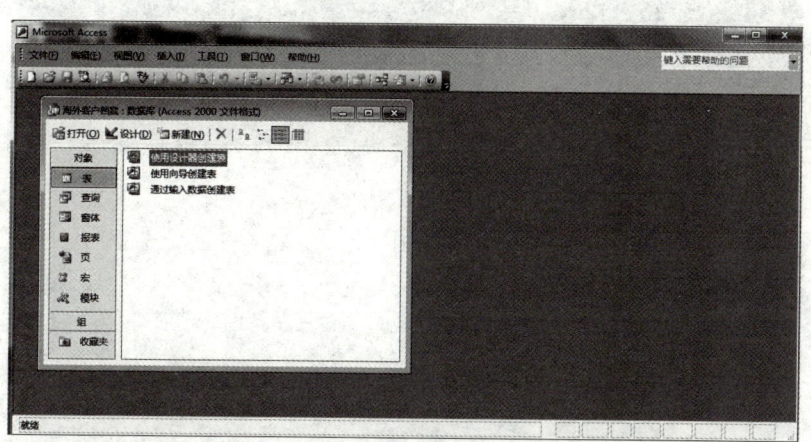

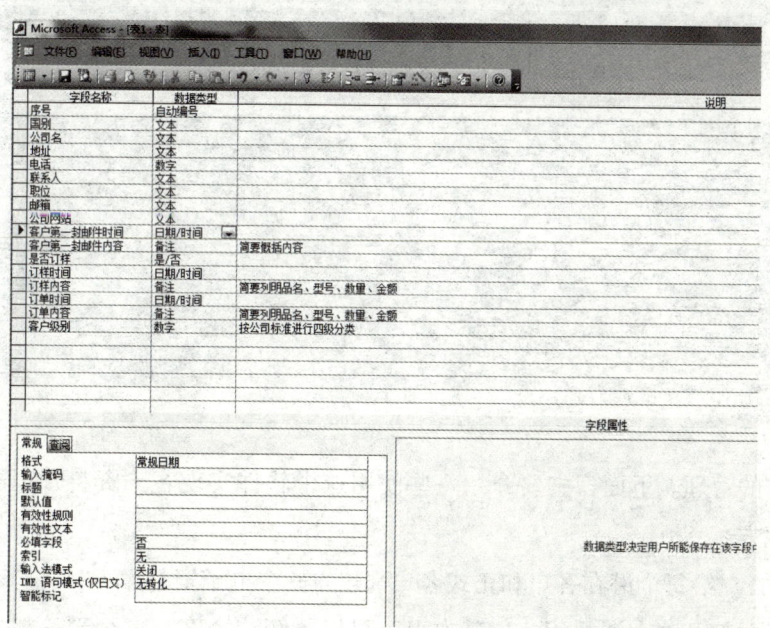

第四步：保存上面的内容，软件会提示给这个表命名，我们根据需要设定表的名字，如"客户成交记录表"。再重新打开 Access 软件，就出现下面的界面，我们选择刚刚保存的"客户成交记录表"。

第五步：双击上面的选定项，就出现下面的空表格。现在就可以开始录入所有客户资料了。输入完成后，保存即可。

从上面的步骤可以看出来，建立这个数据库文件并不难，操作几次就熟练了。同时，建数据库也不是最终目的，目的是通过对数据库的使用来实现

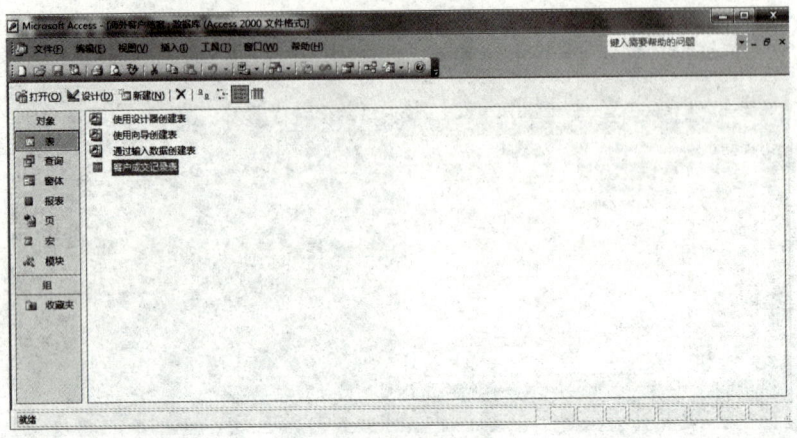

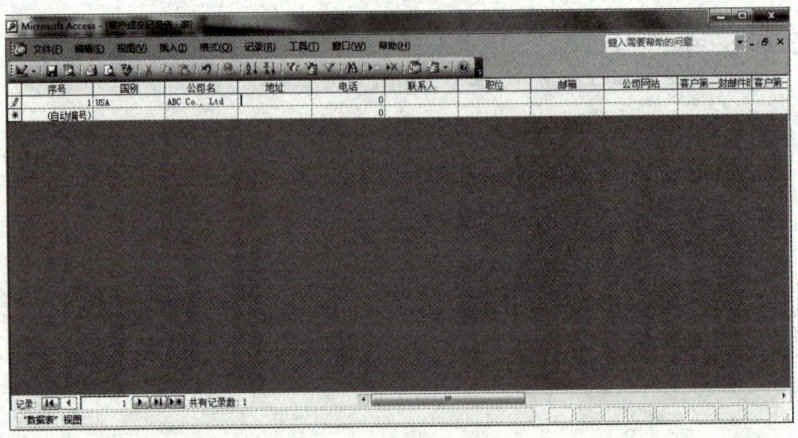

对工作的管理。下面,主要介绍一些使用这个软件实现客户资料管理需要注意的地方。

(一)给每个潜在客户和正式客户都建立一个电子资料库

只要打开这个资料库,你基本上就可以了解这个客户的全部,如公司名称、地址、电话、联系人、基本情况介绍、与自己公司的业务往来情况、业务洽谈进展等。这样一来有利于企业完整地掌握客户情况,以便更好地了解客户需求,提供更有竞争力的产品和方案;二来有利于客户移交,避免在业务员之间移交客户的时候,新业务员对过去的事情一无所知,无从跟进。

(二)客户电子资料库须尽可能完善,资料越完整越有利于后期的业务跟进和成交

资料库的基本字段包括:国别、公司名、地址、电话、联系人、职位、

邮箱、公司网站、客户第一封信的时间、客户第一封信的内容、是否订样、订样时间、订样内容、订单的时间、订单的内容、客户级别等。如果有条件，可以增加一些其他字段，如客户主营产品、客户主要市场区域、客户主要渠道、客户特点等。

(三) 客户资料要定期更新

一般来说，每周更新一次或两周更新一次比较合适。客户的电子资料是动态的，比如一个客户在第一封询价邮件后一个星期下了样品单，一个月后下了正式订单，那么他的样品单、订单的内容要及时进行相应的更改，同时客户的级别也要进行相应调整，从最低级调整到正式客户级别。

这个资料库在最开始录入的时候，需要花费一些时间，但一旦建成便可以发挥巨大的作用。

功能举例：

（1）查看公司在埃及的客户情况：通过字段"国别"搜索"Egypt"，马上就可以把所有的埃及客户资料全部调出来，而其他国家的客户资料则不会显示。

（2）查询印度尼西亚下过样品单的客户：通过设置字段"是否订样"的搜索条件为"是"，就可以显示出所有下过样品单的客户。你就可以继续跟进客户对样品的确认情况,以便生成正式订单。

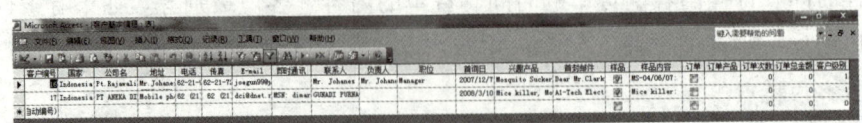

(3) 筛选出来的结果,可以以文本形式导出来,显示该客户的详细情况,也可以打印出来进行详情分析和安排后期跟进,详情参见表1。

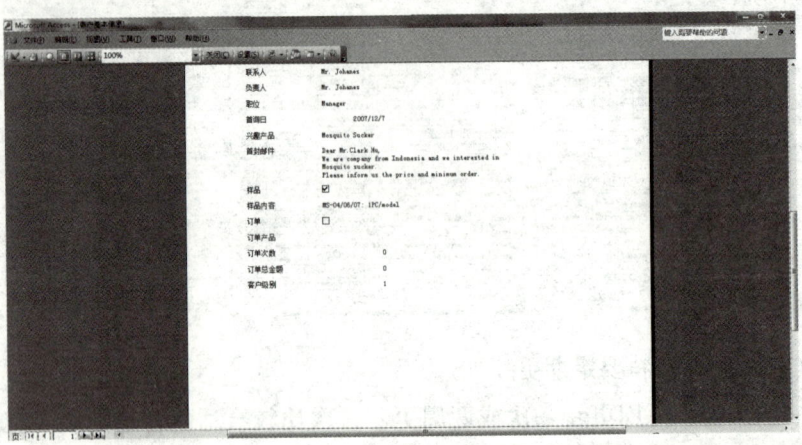

表一

(4) 将所有数据按选定项目进行排序。比如,按第一封询价邮件收到的时间进行排序,按降序排列如表二所示。

表二

ACCESS 的功能很强大，这里只是举例一二，以供参考。ACCESS 更复杂和更高级的功能，有兴趣的朋友可以继续学习和训练。这些资料可以用于销售数据统计和分析、客户跟进管理与提醒等，科学合理地使用这些数据，可以有效提高客户成交率和成交额。

企业需要根据自己的实际情况来设定字段名，对数据库进行精细的规划设计、持续的更新，那么就可以从这些客户资料管理中获得巨大的回报。

书目介绍

乐贸系列

书名	作者	定价	书号	出版时间
📖 跟着老外学外贸系列				
1. 优势成交：老外这样做销售	Abdelhak Benkerroum（阿道）	45.00元	978-7-5175-0216-6	2017年10月第1版
📖 外贸SOHO系列				
1. 外贸SOHO，你会做吗？	黄见华	30.00元	978-7-5175-0141-1	2016年7月第1版
📖 跨境电商系列				
1. 跨境电商多平台运营，你会做吗？	董振国 贾卓	48.00元	978-7-5175-0255-5	2018年1月第1版
2. 跨境电商3.0时代——把握外贸转型时代风口	朱秋城（Mr. Harris）	55.00元	978-7-5175-0140-4	2016年9月第1版
3. 118问玩转速卖通——跨境电商海外淘金全攻略	红鱼	38.00元	978-7-5175-0095-7	2016年1月第1版
📖 外贸职场高手系列				
1. 向外土司学外贸1：业务可以这样做	外土司	55.00元	978-7-5175-0248-7	2018年2月第1版
2. 向外土司学外贸2：营销可以这样做	外土司	55.00元	978-7-5175-0247-0	2018年2月第1版
3. 阴阳鱼给外贸新人的必修课	阴阳鱼	45.00元	978-7-5175-0230-2	2017年11月第1版
4. JAC写给外贸公司老板的企管书	JAC	45.00元	978-7-5175-0225-8	2017年10月第1版
5. 外贸大牛的术与道	丹牛	38.00元	978-7-5175-0163-3	2016年10月第1版
6. JAC外贸谈判手记——JAC和他的外贸故事	JAC	45.00元	978-7-5175-0136-7	2016年8月第1版
7. Mr. Hua创业手记——从0到1的"华式"创业思维	华超	45.00元	978-7-5175-0089-6	2015年10月第1版
8. 外贸会计上班记	谭天	38.00元	978-7-5175-0088-9	2015年10月第1版
9. JAC外贸工具书——JAC和他的外贸故事	JAC	45.00元	978-7-5175-0053-7	2015年7月第1版
10. 外贸菜鸟成长记(0~3岁)	何嘉美	35.00元	978-7-5175-0070-4	2015年6月第1版
📖 外贸操作实务子系列				
1. 外贸高手客户成交技巧2——揭秘买手思维	毅冰	55.00元	978-7-5175-0232-6	2018年1月第1版
2. 外贸业务经理人手册(第三版)	陈文培	48.00元	978-7-5175-0200-5	2017年6月第3版

书名	作者	定价	书号	出版时间
3. 外贸全流程攻略——进出口经理跟单手记(第二版)	温伟雄(马克老温)	38.00元	978-7-5175-0197-8	2017年4月第2版
4. 金牌外贸业务员找客户(第三版)——跨境电商时代开发客户的9种方法	张劲松	40.00元	978-7-5175-0098-8	2016年1月第3版
5. 实用外贸技巧助你轻松拿订单(第二版)	王陶(波锅涅)	30.00元	978-7-5175-0072-8	2015年7月第2版
6. 出口营销实战(第三版)	黄泰山	45.00元	978-7-80165-932-3	2013年1月第3版
7. 外贸实务疑难解惑220例	张浩清	38.00元	978-7-80165-853-1	2012年1月第1版
8. 外贸高手客户成交技巧	毅冰	35.00元	978-7-80165-841-8	2012年1月第1版
9. 报检七日通	徐荣才 朱瑾瑜	22.00元	978-7-80165-715-2	2010年8月第1版
10. 外贸实用工具手册	本书编委会	32.00元	978-7-80165-558-5	2009年1月第1版
11. 快乐外贸七讲	朱芷萱	22.00元	978-7-80165-373-4	2009年1月第1版
12. 危机生存——十位经理人谈金融危机下的经营之道	本书编委会	22.00元	978-7-80165-586-8	2009年1月第1版
13. 外贸七日通(最新修订版)	黄海涛(深海鱿鱼)	22.00元	978-7-80165-397-0	2008年8月第3版

出口风险管理子系列

书名	作者	定价	书号	出版时间
1. 轻松应对出口法律风险	韩宝庆	39.80元	978-7-80165-822-7	2011年9月第1版
2. 出口风险管理实务(第二版)	冯斌	48.00元	978-7-80165-725-1	2010年4月第2版
3. 50种出口风险防范	王新华 陈丹凤	35.00元	978-7-80165-647-6	2009年8月第1版

外贸单证操作子系列

书名	作者	定价	书号	出版时间
1. 外贸单证经理的成长日记(第二版)	曹顺祥	40.00元	978-7-5175-0130-5	2016年6月第2版
2. 跟单信用证一本通	何源	35.00元	978-7-80165-849-4	2012年1月第1版
3. 信用证审单有问有答280例	李一平 徐珺	37.00元	978-7-80165-761-9	2010年8月第1版
4. 外贸单证解惑280例	龚玉和 齐朝阳	38.00元	978-7-80165-638-4	2009年7月第1版
5. 信用证6小时教程	黄海涛(深海鱿鱼)	25.00元	978-7-80165-624-7	2009年4月第2版
6. 跟单高手教你做跟单	汪德	32.00元	978-7-80165-623-0	2009年4月第1版
7. 外贸单证处理技巧(第3版)	屈韬	42.00元	978-7-80165-516-5	2008年5月第1版

福步外贸高手子系列

书名	作者	定价	书号	出版时间
1. 外贸技巧与邮件实战(第三版)	刘云	38.00元	978-7-5175-0221-0	2017年8月第2版
2. 外贸电邮营销实战——小小开发信 订单滚滚来(第二版)	薄如骢	45.00元	978-7-5175-0126-8	2016年5月第2版
3. 巧用外贸邮件拿订单	刘裕	45.00元	978-7-80165-966-8	2013年8月第1版

国际物流操作子系列

书名	作者	定价	书号	出版时间
1. 货代高手教你做货代——优秀货代笔记(第二版)	何银星	33.00元	978-7-5175-0003-2	2014年2月第2版

书名	作者	定价	书号	出版时间
2. 国际物流操作风险防范——技巧·案例分析	孙家庆	32.00 元	978-7-80165-577-6	2009 年 4 月第 1 版
3. 集装箱运输与海关监管	赵宏	23.00 元	978-7-80165-559-2	2009 年 1 月第 1 版

📖 通关实务子系列

书名	作者	定价	书号	出版时间
1. 外贸企业轻松应对海关估价	熊斌 赖芸 王卫宁	35.00 元	978-7-80165-895-1	2012 年 9 月第 1 版
2. 报关实务一本通（第 2 版）	苏州工业园区海关	35.00 元	978-7-80165-889-0	2012 年 8 月第 2 版
3. 如何通过原产地证尽享关税优惠	南京出入境检验检疫局	50.00 元	978-7-80165-614-8	2009 年 4 月第 3 版

📖 彻底搞懂子系列

书名	作者	定价	书号	出版时间
1. 彻底搞懂关税（第二版）	孙金彦	43.00 元	978-7-5175-0172-5	2017 年 1 月第 2 版
2. 彻底搞懂提单（第二版）	张敏 张鹏飞	38.00 元	978-7-5175-0164-0	2016 年 12 月第 2 版
3. 彻底搞懂信用证（第二版）	王腾 曹红波	35.00 元	978-7-80165-840-1	2011 年 11 月第 2 版
4. 彻底搞懂中国自由贸易区优惠	刘德标 祖月	34.00 元	978-7-80165-762-6	2010 年 8 月第 1 版
5. 彻底搞懂贸易术语	陈岩	33.00 元	978-7-80165-719-0	2010 年 2 月第 1 版
6. 彻底搞懂海运航线	唐丽敏	25.00 元	978-7-80165-644-5	2009 年 7 月第 1 版

📖 外贸英语实战子系列

书名	作者	定价	书号	出版时间
1. 让外贸邮件说话——读懂客户心理的分析术	蔡泽民（Chris）	38.00 元	978-7-5175-0167-1	2016 年 12 月第 1 版
2. 十天搞定外贸函电	毅冰	38.00 元	978-7-80165-898-2	2012 年 10 月第 1 版
3. 外贸高手的口语秘籍	李凤	35.00 元	978-7-80165-838-8	2012 年 2 月第 1 版
4. 外贸英语函电实战	梁金水	25.00 元	978-7-80165-705-3	2010 年 1 月第 1 版
5. 外贸英语口语一本通	刘新法	29.00 元	978-7-80165-537-0	2008 年 8 月第 1 版

📖 外贸谈判子系列

书名	作者	定价	书号	出版时间
1. 外贸英语谈判实战（第二版）	王慧 仲颖	38.00 元	978-7-5175-0111-4	2016 年 3 月第 2 版
2. 外贸谈判策略与技巧	赵立民	26.00 元	978-7-80165-645-2	2009 年 7 月第 1 版

📖 国际商务往来子系列

书名	作者	定价	书号	出版时间
国际商务礼仪大讲堂	李嘉珊	26.00 元	978-7-80165-640-7	2009 年 12 月第 1 版

📖 贸易展会子系列

书名	作者	定价	书号	出版时间
外贸参展全攻略——如何有效参加 **B2B** 贸易商展（第三版）	钟景松	38.00 元	978-7-5175-0076-6	2015 年 8 月第 3 版

书名	作者	定价	书号	出版时间
📖 区域市场开发子系列				
中东市场开发实战	刘军 沈一强	28.00元	978-7-80165-650-6	2009年9月第1版
📖 国际结算子系列				
1. 国际结算函电实务	周红军 阎之大	40.00元	978-7-80165-732-9	2010年5月第1版
2. 出口商如何保障安全收汇——L/C、D/P、D/A、O/A精讲	庄乐梅	85.00元	978-7-80165-491-5	2008年5月第1版
📖 国际贸易金融工具子系列				
1. 出口信用保险——操作流程与案例	中国出口信用保险公司	35.00元	978-7-80165-522-6	2008年5月第1版
2. 福费廷	周红军	26.00元	978-7-80165-451-9	2008年1月第1版
📖 加工贸易操作子系列				
1. 加工贸易实务操作与技巧	熊斌	35.00元	978-7-80165-809-8	2011年4月第1版
2. 加工贸易达人速成——操作案例与技巧	陈秋霞	28.00元	978-7-80165-891-3	2012年7月第1版
📖 乐税子系列				
1. 外贸企业免抵退税实务——经验·技巧分享	徐玉树 罗玉芳	45.00元	978-7-5175-0135-0	2016年6月第1版
2. 外贸会计账务处理实务——经验·技巧分享	徐玉树	38.00元	978-7-80165-958-3	2013年8月第1版
3. 生产企业免抵退税实务——经验·技巧分享(第二版)	徐玉树	42.00元	978-7-80165-936-1	2013年2月第2版
4. 外贸企业出口退(免)税常见错误解析100例	周朝勇	49.80元	978-7-80165-933-0	2013年2月第1版
5. 生产企业出口退(免)税常见错误解析115例	周朝勇	49.80元	978-7-80165-901-9	2013年1月第1版
6. 外汇核销指南	陈文培等	22.00元	978-7-80165-824-1	2011年8月第1版
7. 外贸企业出口退税操作手册	中国出口退税咨询网	42.00元	978-7-80165-818-0	2011年5月第1版
8. 生产企业免抵退税从入门到精通	中国出口退税咨询网	98.00元	978-7-80165-695-7	2010年1月第1版
9. 出口涉税会计实务精要(《外贸会计实务精要》第2版)	龙博客工作室	32.00元	978-7-80165-660-5	2009年9月第2版
📖 专业报告子系列				
1. 国际工程风险管理	张燎	1980.00元	978-7-80165-708-4	2010年1月第1版
2. 涉外型企业海关事务风险管理报告	《涉外型企业海关事务风险管理报告》研究小组	1980.00元	978-7-80165-666-7	2009年10月第1版

书名	作者	定价	书号	出版时间

外贸企业管理子系列

书名	作者	定价	书号	出版时间
1. 小企业做大外贸的制胜法则——职业外贸经理人带队伍手记	胡伟锋	35.00元	978-7-5175-0071-1	2015年7月第1版
2. 小企业做大外贸的四项修炼	胡伟锋	26.00元	978-7-80165-673-5	2010年1月第1版

国际贸易金融子系列

书名	作者	定价	书号	出版时间
1. 国际结算与贸易融资实务（第二版）	李华根	55.00元	978-7-5175-0252-4	2018年3月第1版
2. 信用证风险防范与纠纷处理技巧	李道金	45.00元	978-7-5175-0079-7	2015年10月第1版
3. 国际贸易金融服务全程通（第二版）	郭党怀 张丽君 张贝	43.00元	978-7-80165-864-7	2012年1月第2版
4. 国际结算与贸易融资实务	李华根	42.00元	978-7-80165-847-0	2011年12月第1版

毅冰谈外贸子系列

书名	作者	定价	书号	出版时间
毅冰私房英语书——七天秀出外贸口语	毅冰	35.00元	978-7-80165-965-1	2013年9月第1版

"实用型"报关与国际货运专业教材

书名	作者	定价	书号	出版时间
1. e时代报关实务	王云	40.00元	978-7-5175-0142-8	2016年6月第1版
2. 供应链管理实务	张远昌	48.00元	978-7-5175-0051-3	2015年4月第1版
3. 电子口岸实务（第二版）	林青	35.00元	978-7-5175-0027-8	2014年6月第2版
4. 报检实务（第二版）	孔德民	38.00元	978-7-80165-999-6	2014年3月第2版
5. 进出口商品归类实务（第二版）	林青	45.00元	978-7-80165-902-6	2013年1月第2版
6. 现代关税实务（第2版）	李齐	35.00元	978-7-80165-862-3	2012年1月第2版
7. 国际贸易单证实务（第2版）	丁行政	45.00元	978-7-80165-855-5	2012年1月第2版
8. 报关实务（第3版）	杨鹏强	45.00元	978-7-80165-825-8	2011年9月第3版
9. 海关概论（第2版）	王意家	36.00元	978-7-80165-805-0	2011年4月第2版
10. 国际集装箱班轮运输实务	林益松 郑海棠	43.00元	978-7-80165-770-1	2010年9月第1版
11. 国际货运代理操作实务	杨鹏强	45.00元	978-7-80165-709-1	2010年1月第1版
12. 航空货运代理实务	杨鹏强	37.00元	978-7-80165-707-7	2010年1月第1版
13. 进出口商品归类实务——实训题参考答案	林青	12.00元	978-7-80165-692-6	2009年12月第1版

"精讲型"国际贸易核心课程教材

书名	作者	定价	书号	出版时间
1. 国际货运代理实务精讲（第二版）	杨占林 汤兴 官敏发	48.00元	978-7-5175-0147-3	2016年8月第2版

书名	作者	定价	书号	出版时间
2. 海关法教程（第三版）	刘达芳	45.00元	978-7-5175-0113-8	2016年4月第3版
3. 国际电子商务实务精讲（第二版）	冯晓宁	45.00元	978-7-5175-0092-6	2016年3月第2版
4. 国际贸易单证精讲（第4版）	田运银	45.00元	978-7-5175-0058-2	2015年6月第4版
5. 国际贸易操作实训精讲（第2版）	田运银 胡少甫 史 理 朱东红	48.00元	978-7-5175-0052-0	2015年2月第2版
6. 国际贸易实务精讲（第6版）	田运银	48.00元	978-7-5175-0032-2	2014年8月第6版
7. 进出口商品归类实务精讲	倪淑如 倪 波 田运银	48.00元	978-7-5175-0016-2	2014年7月第1版
8. 外贸单证实训精讲	龚玉和 齐朝阳	42.00元	978-7-80165-937-8	2013年4月第1版
9. 外贸英语函电实务精讲	傅龙海	42.00元	978-7-80165-935-4	2013年2月第1版
10. 国际结算实务精讲	庄乐梅 李 菁	49.80元	978-7-80165-929-3	2013年1月第1版
11. 报关实务精讲	孔德民	48.00元	978-7-80165-886-9	2012年6月第1版
12. 国际商务谈判实务精讲	王 慧 唐力忻	26.00元	978-7-80165-826-5	2011年9月第1版
13. 国际会展实务精讲	王重和	38.00元	978-7-80165-807-4	2011年5月第1版
14. 国际贸易实务疑难解答	田运银	20.00元	978-7-80165-718-3	2010年9月第1版
15. 集装箱运输系统与操作实务精讲	田聿新 杨永志	38.00元	978-7-80165-642-1	2009年7月第1版

"实用型"国际贸易课程教材

书名	作者	定价	书号	出版时间
1. 海关报关实务	倪淑如 倪 波	48.00元	978-7-5175-0150-3	2016年9月第1版
2. 国际金融实务	李 齐 唐晓林	48.00元	978-7-5175-0134-3	2016年6月第1版
3. 外贸跟单实务	罗 艳	48.00元	978-7-80165-954-5	2013年8月第1版
4. 国际贸易实务	丁行政 罗艳	48.00元	978-7-80165-962-0	2013年8月第1版

电子商务大讲堂·外贸培训专用

书名	作者	定价	书号	出版时间
1. 外贸操作实务	本书编委会	30.00元	978-7-80165-621-6	2009年5月第1版
2. 网上外贸——如何高效获取订单	本书编委会	30.00元	978-7-80165-620-9	2009年5月第1版
3. 出口营销指南	本书编委会	30.00元	978-7-80165-619-3	2009年5月第1版
4. 外贸实战与技巧	本书编委会	30.00元	978-7-80165-622-3	2009年5月第1版

中小企业财会实务操作系列丛书

书名	作者	定价	书号	出版时间
1. 小企业会计疑难解惑300例	刘华 刘方周	39.80元	978-7-80165-845-6	2012年1月第1版
2. 做顶尖成本会计应知应会150问	张 胜	38.00元	978-7-80165-819-7	2011年8月第1版
3. 会计实务操作一本通	吴虹雁	35.00元	978-7-80165-751-0	2010年8月第1版

2018年中国海关出版社乐贸系列
新书重磅推荐 >>

《外贸高手客户成交技巧2：揭秘买手思维》

作者：毅　冰

定价：55.00 元

出版日期：2018 年 1 月

书号：978-7-5175-0232-6

内容简介

只懂正向思考的工作方式，可能正是你错失客户的原因！

本书从买手视角破解了诸多外贸成交"陷阱"，让业务员换位思考，彻底了解买手的真实想法，突破思维局限，建立自己的"套路"，顺利成交。